著 | 青木義次
浅野平八
木下芳郎
広田直行
村阪尚徳

一目でわかる建築計画
設計に生かす計画のポイント

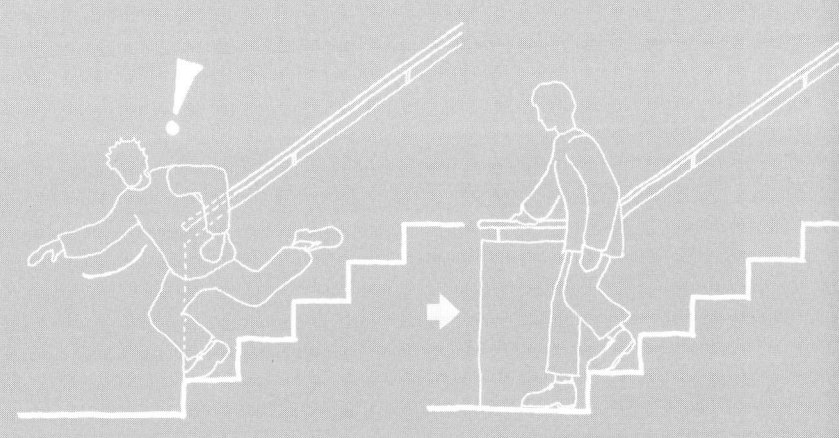

学芸出版社

まえがき

　建築計画学の内容は多岐にわたる．設計方法，人間工学，環境心理，空間知覚，コミュニティ論，住居論，各種建築，地域計画など，どれ一つを学ぶだけでも大変なのに，これらを一まとめにして議論することになる．教える方も大変だが，学ぶ側の学生からすると「知るべき知識や理屈が多いわりにすぐに設計が上手くなるわけでもない」と，建築計画的な内容を軽視する風潮もある．

　内容の多様さの他にも，このような不幸な理解が生じることに別の原因がある．建築計画が建築を計画・設計していくための学問であるものの，大きく二つの性質の異なる面があり，これを区別しないことによる混乱が建築計画学の誤った理解へつながっているように思える．

　一つは，これまでに培ってきた計画・設計のノウハウを，新たに学ぶ人に体系だって伝達するという側面である．したがって，計画・設計で知らないと困る種々雑多な知識である．教科書や講義で習うものや建築士の試験に出るのは，これである．

　もう一つは，これまでにない，まったく新たな建築の可能性を追求するという側面である．建築計画の研究に携わっている人々が関心があるのが，この領域であり，ときには，これまでの常識を否定したりする．一例をあげると『分居論』がある．家族が一緒に生活する空間こそが住居なのであるという常識に対して，近年では父親が単身赴任し別の都市で生活したり，離れた都市の大学に通学する子供も下宿して家にいないということもあるので，家族が分かれて生活することもあるという前提で住居を考えておこうというものである．どのような分居がありうるか，そのためには，どのような住宅空間であるべきかなど，新たな研究が展開している．このような常識の枠の外の問題については過去のノウハウも役立たないことが多い．むしろ，新たな研究から，過去の常識にとらわれない認識枠組みが生みだされているというのが建築計画学の第2の側面なのである．

　さて，前おきが長くなったが，本書が目指したのは，前者の常識として知っておくべきすぐに役立つ計画・設計のノウハウの方である．わかりやすくするために，第2の新たな知見の方については一切議論していない．読者はまず本書の内容を確実に理解し，設計する際に無意識のうちにできるようになっておいて欲しい．本書は，学習者が直感的に一目で理解し，設計段階でその知識が活用できるようになることに主眼を置いた．そのため，「不都合なこと」と「こうした方がよいこと」を左右にイラストで表示し，イラストだけで基本的には理解できるようにした．

　著者らが，最終的に期待しているのは，本書の内容をマスターし，常識的ノウハウを身につけた読者が，いつの日か，その常識を疑っていただきたいということである．常識や流行に流されずに自分自身で真摯に考えることこそが建築を創造するということだからであり，そのときに，先に述べた建築計画学の第2の側面の意義が理解できると信じている．

著者一同
平成14年7月

本書の使い方

本書は，建築設計段階での基本的な計画のポイントが一目でわかるよう，明解なイラストで悪い例，よい例を左右に並べて表現してある．ポイントをできるだけわかりやすく表現するために，イラストには次頁左中の図にあげた記号を用いている．イラストの他に，理解を深めるためにタイトル，解説，用語解説を加え，また必要な項目を探しやすいようインデックスをつけた．それぞれの説明として，本書の構成を次頁に示す．

本書の目的は，読者が自分の設計課題や他人の図面，さらに実際に建っている建築を見たとき，そこに隠れている問題点を直感的に発見し，かつその問題点の解決方法をすぐに思いつくようになってもらうことである．そのために以下のような学習方法が役立つと思われる．ぜひ参考にして欲しい．

初級編　本書のポイントを理解しよう

まず読者には，イラストを見て，悪い例はどの点に問題があるのか，よい例はその問題点をどのように解決しているのかを瞬時に理解できるようになって欲しい．各項目には，イラストで示したポイントのタイトルと解説が書いてあるので，併せて理解を深めて欲しい．解説のなかで，やや専門的と思われる用語については太字で示し，巻末に用語解説を付したので，そちらも参照されたい．

中級編　学習用シートを使って学習しよう

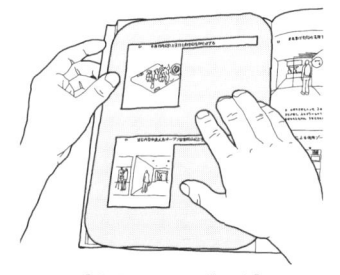
【学習用シートの使い方】

イラストの悪い例からその解決方法を直観的に思いつくよう学習するために，p15「学習用シートのつくり方」を参考にして，ぜひ学習用シートをつくってみて欲しい．このシートは，本書にかぶせた時に，各項のタイトルと悪い例のイラストだけが見えるように作成する．左の図に示すように，このシートを各頁にかぶせて，悪い例の解決方法を自分で考え，答え合わせをしながら読んでいってみよう．英単語や歴史の年号のように，悪い例から解決方法がぱっとひらめくように考えつくようになったら，本書の内容の理解は完璧といえるだろう．

上級編　自分で続編をつくってみよう

本書で解説した各種施設は，読者が設計課題などで取り組む施設をほぼカバーしているだろう．ただし，美術館など，本書で取り上げることのできなかった施設がいくつかある．そのような施設については，応用問題として読者の皆さん自身で計画のポイントを考えてみていただきたい．本書で取り上げられなかった施設のポイントといっても，立地や，主要な空間と事務室，売店などの位置関係など，似たような多くの事項が本書にあげられているので，参考にするとすぐに考えつくだろう．先ほどの美術館の例であれば，「展示スペースだけでなく，収蔵，補修，研究のスペースが必要」「観客が展示物を見るスペースを確保しておく」など，いくつかの施設固有の特徴に注意すれば，比較的容易に新しい施設のポイントをあげることができるだろう．

本書の構成

▶タイトル
イラストで表現しているポイントを簡潔に文章で表現してあるので，イラストと併せて覚えておくとよいだろう．目次にはこのタイトルをすべて載せてあるので，復習する時にこのタイトルからイラストを想像してみるのもいいだろう．

▶イラスト
二つのイラストで建築計画のポイントを表している．左は問題点を含んだ都合の悪い例を示し，右側にはそれを解決したよい例を表現してある．イラストだけをみて，問題点と解決法がすぐにわかるようになるまで学習しよう．

【イラストで用いた主な記号】

 安全・便利

 危険・不便

 驚き・発見

 迷い

 人，車の動線

 空気の流れ

 光

 音

 視線

 熱

▶インデックス
本書は，共通事項として5章，各種施設として12章の計17章からなる．一通り学習した後は，設計課題などに取り組む前に，設計する施設に応じて必要な部分をインデックスで探し，本書に目を通しておくとよいだろう．

▶解説
イラストで示したポイントの詳しい説明や，関連して知っておきたいことなどが書かれている．ポイントの理解を深めるために，この解説にもぜひ目を通して欲しい．

▶用語解説
本書の巻末には，本書に出てくるやや専門的な用語についての解説を載せてある．解説の載っている用語については太字にして参照頁を示してあるので，これを読んで理解して欲しい．

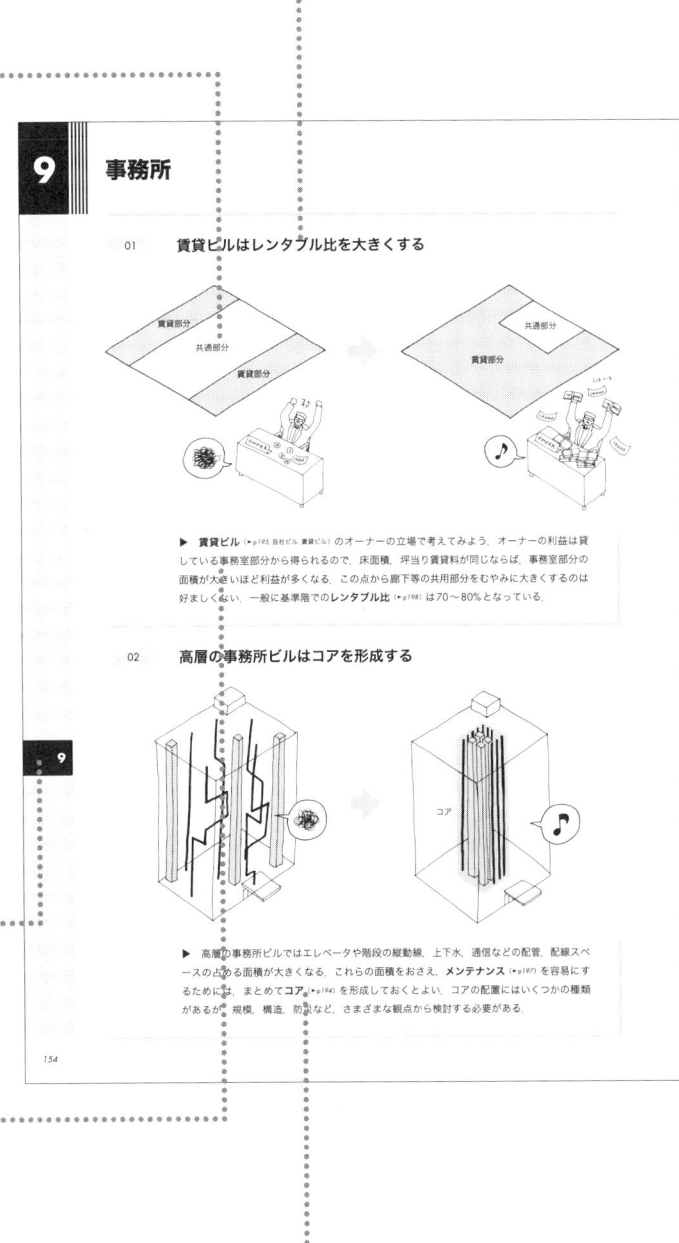

目次

まえがき 3
本書の使い方 4

コラム

第1部　共通事項

a　設計方法 18

01　想像力が第1──さまざまな状況を想像しておく 18
02　プランの中を自分が歩くイメージ・シミュレーションで考える 18
03　全体と部分を同時に考える──バブル・ダイヤグラムの活用 19
04　設計は改良の繰り返しで徐々によくなる 19
05　将来の変化をみこして予備スペースを確保しておく 20
06　動線で人の動きを捉え，人の動きがスムーズかを確認する 20
07　異なる目的で同時に発生する動線は交差させない 21
08　動線は短いのが原則──頻繁に行き来する空間は近づけて配置する 21

b　安全設計 22

01　火災を拡大させないように区画をする 22
02　火煙の伝播経路となる竪につながる空間は区画で遮断する 22
03　エレベータロビーを区画し，避難ルートとしない 23
04　火災時の煙を排出し，避難者を守ることを考える 23
05　二方向避難として，どこで出火しても避難経路を確保する 24
06　人の集まる大きい部屋でも二方向避難とする 24
07　避難階段は避難階まで直通させる 25
08　逃げられない時の一時退避場所を確保する 25
09　避難階段の入口扉幅は階段幅よりも狭くする 26
10　一つの階段での踏面，蹴上げ寸法は同一にする 26
11　エスカレータの上り（下り）きったところに十分なスペースをとる 27
12　小さな段差ほど危ない 27
13　開き扉は避難方向に開くように設計する 28
14　階段の上り口，下り口に向かって開く扉は避ける 28
15　狭い部屋の開き扉は外開きとする 29
16　1か所に集中した扉は避ける 29
17　手すりの端は，滑らかで引っ掛からないように 30
18　バルコニーの手すりには，子供が登れないよう横桟は設けない 30
19　階段の手すりは，ステップの部分だけでなく，その前後にも必要 31
20　濡れる場所では，滑りにくい床材を使用する 31
21　落下物による事故防止に植え込みが役立つ 32
22　植栽でもガラスへの衝突防止対策になる 32
23　ガラスの破損による怪我を防止する 33
24　廊下に障害物が出ないように設計する 33

c　バリアフリー設計　34

- 01　車椅子の寸法を覚えておこう　34
- 02　車椅子が通行できる幅は約800mm以上である　34
- 03　車椅子使用を想定した狭い廊下は角に注意して設計する　35
- 04　車椅子の方向転換には十分なスペースが必要　35
- 05　車椅子から手の届く操作盤高さは700〜1,200mmの範囲にする　36
- 06　車椅子使用者の便器は腰掛け式で，便座の高さは420mm程度　36
- 07　車椅子使用を想定した場所では毛脚の長いじゅうたんは避ける　37
- 08　無意味な段差は解消する　37
- 09　スロープの勾配は1/12（外部空間では1/15）以下にする　38
- 10　車椅子使用者のためにカウンターや洗面器の下は空けておく　38
- 11　便器の両側手すりは車椅子の幅よりも広くしておく　39
- 12　車椅子の接触・衝突によるガラスの破損事故を避ける　39
- 13　車椅子使用者にとっての扉の開閉の可能性をチェックしておく　40
- 14　車椅子使用者のための駐車スペースは出入口の近くに配置する　40
- 15　形だけのデザインではなく人にやさしいデザインを心掛ける　41
- 16　公共性の高い空間では視覚障害者のための触知図を用意しておく　41
- 17　途中で途切れる点字ブロックはかえって危険　42
- 18　音響装置で視覚障害者を誘導する　42
- 19　手すりはできるだけ連続的に設置する　43
- 20　病院では下レールのない引き戸が望ましい　43

d　環境設計　44

- 01　建物の配置は北向き斜面よりも南向き斜面の方が日照をとりやすい　44
- 02　夏期の西日受熱に注意した開口とする　44
- 03　天井と屋根の間は断熱のためのスペースでもある　45
- 04　庇で日照をコントロールする　45
- 05　植栽で日照をコントロールする　46
- 06　濃い色のブラインドは，日光を遮っても熱を室内に持ち込む　46
- 07　反射ガラスは迷惑がかからないようにチェックが必要である　47
- 08　開口部高さが人に与える感覚を理解しておく　47
- 09　完璧な視線遮断は避け，植栽で柔らかく視線を遮る　48
- 10　廊下の照明は，照明光が届かない死角が発生しないように注意　48
- 11　昼と夜を想定した照明を考える　49
- 12　室内の雰囲気づくりに照明を活用する　49
- 13　光源を見たくないときには間接照明を使う　50
- 14　一面開口よりも反対の面に開口があると換気効率は高い　50
- 15　上下の開口をとると換気効率はよくなる　51
- 16　地階居室にはドライエリアで通風・採光を確保する　51
- 17　内外の温度差があるところでは結露しやすいことに配慮する　52
- 18　積雪地では冬期の積雪対策を考えた設計が必要である　52
- 19　屋上や人工地盤の植栽には，必要な深さの土と排水処理を忘れない　53

- 20 どんな音がどこから来るかに注意して設計する 53
- 21 外部騒音を植栽で軽減することも可能である 54
- 22 排水系配管からの騒音に注意しておく 54
- 23 水まわりはまとめて配置する 55
- 24 居室天井は2,100mm以上とする 55

e 設計に必要な基礎知識 56

- 01 引き違い戸や窓では右が手前となる 56
- 02 ラーメン構造は柱と梁でフレームができて床がのる 56
- 03 梁断面は縦長の方が有利である 57
- 04 階段の下りはじめの位置は梁断面が欠損しないようにする 57
- 05 エレベータシャフトには上下にスペースが必要である 58
- 06 寸法の体系を考えておかないと無駄な隙間ができやすい 58
- 07 配管が付く設備では，梁との取り合いをイメージして位置を決める 59
- 08 壁や柱をバランスよく配置する 59

第2部 各種施設

1 病院 62

- 01 敷地は安全で地域に密着した場所を選ぶ 62
- 02 敷地には空きスペースを確保しておく 62
- 03 全体を部門別に大きく区分して構成する 63
- 04 病院の出入口は1か所にまとめない 63
- 05 水平避難区画で患者を守る 64
- 06 不安感を与える色彩は避ける 64
- 07 中央診療部門の位置は外来診療部門と病棟の中間におく 65
- 08 手術室は無菌ゾーンの奥に配置する 65
- 09 手術室の隅は丸くする 66
- 10 放射線部門は低層部に配置する 66
- 11 リハビリテーション室は訓練内容別に区分して使う 67
- 12 サプライセンターの動線は交差しないようにする 67
- 13 外来診療部門はわかりやすい空間構成にする 68
- 14 診察室のプライバシーは守られなければならない 68
- 15 病棟は看護単位を基本にして構成する 69
- 16 多床室は4床が望ましい単位である 69
- 17 ナースステーションは患者の近くに置く 70
- 18 病室は医療と生活の場である 70
- 19 ベッドまわりに必要な物品や装置を配備する 71
- 20 病棟デイルームは関係者以外入れないようにする 71
- 21 伝染病棟の出入口は負圧にする 72

22	産婦人科は24時間対応とし，面会者のゾーンを区分する　*72*
23	霊安室の位置には十分な配慮が必要である　*73*
24	サービス部門の搬入出経路は衛生に配慮する必要がある　*73*
25	大病院の待合室は外待合いと中待合いに分ける　*74*
26	小病院の受付は診察室の近くに置く　*74*
27	廊下など移動空間の幅員は広くとる　*75*
28	廊下の曲がり角は隅切りとする　*75*
29	通路には壁面ガードを付ける　*76*
30	医療機器の更新に備えて予備のスペースを設置しておく　*76*
31	特別な仕上げが必要な部屋がある　*77*
32	管理部門は独立したゾーンとする　*77*

2　高齢者施設　*78*

01	高齢者施設は玄関に車寄せを付ける　*78*
02	床材は滑りにくい仕上げ材とする　*78*
03	入所者の居室は在宅感覚にする　*79*
04	ベッド配置はプライバシーを考慮する　*79*
05	サンルームには換気が必要である　*80*
06	テラスの出入口は広めにし，段差をなくす　*80*
07	共用リビングは多用途にする　*81*
08	痴呆症対応施設は回廊的な動線にする　*81*
09	廊下の途中に休憩場所を置く　*82*
10	便器は見えた方がよい　*82*
11	複数の各種浴室より大浴室を一つ設ける　*83*
12	狭い歩道では車椅子がすれ違えない　*83*

3　住宅　*84*

01	隣地や街並みへの配慮が必要である　*84*
02	敷地全体を計画する　*84*
03	日当たりを考慮した建物配置にする　*85*
04	集合住宅の共用廊下は住戸から離す　*85*
05	廊下などの避難経路が使用不可能な時でもバルコニーがあれば安心　*86*
06	衛生的な住居にするために風が室内を巡る経路をつくる　*86*
07	大きな家具や荷物を搬入できる経路が必要　*87*
08	開口部は光と視線のコントロールが必要　*87*
09	集合住宅では生活騒音対策が必要である　*88*
10	パイプスペース (PS) の位置は構造体と分離する　*88*
11	玄関のドアは開き勝手が重要である　*89*
12	玄関の段差解消のために式台を付ける　*89*
13	就寝スペースとリビングスペースを分離する　*90*
14	子供の行動がわかる間取りにする　*90*
15	建具で部屋の広さを調整する　*91*

- 16　室名だけでは設計したことにはならない　*91*
- 17　畳の間は開放的にする　*92*
- 18　壁の暗色は部屋を広くみせる　*92*
- 19　階段の位置は転落の危険のないところにする　*93*
- 20　家具の置き場所を考えて開口部を設ける　*93*
- 21　床の間は光の入る方向に向ける　*94*
- 22　照り返しを考慮した日照調整が必要である　*94*
- 23　集合住宅では物干しバルコニーが必要である　*95*
- 24　遮音に効果のある室配置にする　*95*
- 25　住居内収納総面積は12〜14％以上あることが望ましい　*96*
- 26　食卓は落ち着ける場所に置く　*96*
- 27　居間はゆとりのある家具配置とする　*97*
- 28　寝室の窓には多種類の建具が必要　*97*
- 29　ベッドのまわりにはゆとりが必要である　*98*
- 30　高齢者の居室の近くに便所を置く　*98*
- 31　器機の配列が台所の使い勝手を決める　*99*
- 32　調理台の高さは作業しやすい高さとする　*99*
- 33　車椅子用の調理台は下を空けておく　*100*
- 34　台所の仕上げ材料は耐火性があるものにする　*100*
- 35　便所には介助ができるスペースが必要である　*101*
- 36　便所の手すりはL字型にする　*101*
- 37　洗面台の高さは高すぎないようにする　*102*
- 38　高齢者には浴室出入口の段差解消が必要である　*102*
- 39　浴室は動作寸法を考慮したスペースが必要である　*103*
- 40　高齢者用の浴槽の縁は低めにする　*103*

4　保育所　*104*

- 01　園舎は避難経路が重要である　*104*
- 02　外部からの自由な出入りは防犯上好ましくない　*104*
- 03　保育室は年齢別に区分する　*105*
- 04　遊戯室は円陣が組める広さにする　*105*
- 05　出入口は引き戸が安全である　*106*
- 06　幼児の衝突事故を避ける配慮が必要である　*106*
- 07　コンセントは手の届かないところに付ける　*107*
- 08　便所の扉はのぞける高さにする　*107*

5　学校　*108*

- 01　人と車のアプローチは分離する　*108*
- 02　地域開放ゾーンがわかりやすい配置計画を行う　*108*
- 03　昇降口はグラウンドへ出やすい位置とする　*109*
- 04　職員室は校門からの出入りが確認できる位置とする　*109*
- 05　職員室は校庭が見える位置とする　*110*

- 06 校庭内に死角となる場所を設けない　*110*
- 07 保健室は救急車が近接できるように配慮する　*111*
- 08 児童・生徒数の変化を考慮した計画が必要である　*111*
- 09 多目的スペースの通過動線に注意する　*112*
- 10 音が出る教室は一般教室から離して配置する　*112*
- 11 廊下は明るく，十分な幅を確保する　*113*
- 12 多目的スペースは姿勢を限定しない床仕上げがよい　*113*
- 13 ランチルームの床材は汚れがとれやすい仕上げとする　*114*
- 14 教室付近には流しを設ける　*114*
- 15 掲示のための壁面を確保する　*115*
- 16 コンピュータ教室は防塵と遮光に配慮する　*115*
- 17 教科教室型の方式は，教科ごとに教室群と教員ブースを備える　*116*
- 18 幼稚園には玄関付近に待合いスペースが必要である　*116*
- 19 柱や家具の出隅は面取りする　*117*
- 20 扉は引き戸が望ましい　*117*

6　図書館　*118*

- 01 外部空間に増築スペースを計画しておく　*118*
- 02 書庫と閲覧を構造的に分けるとコスト上有利　*118*
- 03 利用者，職員，図書の動線を分ける　*119*
- 04 固定壁は少ない方がレイアウトに有効　*119*
- 05 書籍の階層移動のためにリフトを設置する　*120*
- 06 ブックモビル専用の車庫が必要である　*120*
- 07 出入口にはBDSを設置する　*121*
- 08 利用者用の出入口は1か所とする　*121*
- 09 図書館内の床に段差を設けない　*122*
- 10 カウンター前面には十分なスペースを確保する　*122*
- 11 カウンターから館内が見渡せるように配慮する　*123*
- 12 書架の間隔はすれ違いに十分な幅で設定する　*123*
- 13 書架の近くで本が読めると便利である　*124*
- 14 児童閲覧室には読み聞かせコーナーを設置する　*124*
- 15 児童スペースはカウンター付近に設置する　*125*
- 16 児童と成人の利用スペース間は遮音を考慮する　*125*
- 17 利用者のための休憩コーナーを設ける　*126*
- 18 グループで利用できる学習スペースを設ける　*126*
- 19 資料のマルチメディア化に対応する　*127*
- 20 視覚障害者向けの資料や設備を整える　*127*

7　コミュニティ施設　*128*

- 01 玄関の位置はわかりやすくする　*128*
- 02 敷地内には地域住民の憩いの場所を設ける　*128*
- 03 事務室は玄関の正面を避けて配置する　*129*

04 時間帯による使用ゾーン分けを考慮する　*129*
05 自由利用空間と予約利用空間を明確にする　*130*
06 活動内容が見えるオープンな空間構成とする　*130*
07 各室への動線はできるだけ単純にする　*131*
08 廊下の一部にアルコーブを設置する　*131*
09 ロビーは明るく開放的にする　*132*
10 情報提供型のロビー空間によって利用者が増加する　*132*
11 可動間仕切り壁によって収容人数に対応する　*133*
12 室を専門ごとに分けすぎないように配慮する　*133*
13 学習室の外部に植樹帯を設けると室内環境に効果的である　*134*
14 上履きのホールは履き替え線を明確にする　*134*
15 平土間ホールにも舞台設備や映写室を設ける　*135*
16 ホール固定席は，幅500mm以上，間隔900mm以上が目安　*135*
17 簡易な舞台でも照明の演出効果を考慮する　*136*
18 大ホールにはキャットウォークを設ける　*136*
19 多目的ホールの倉庫は大きめにとる　*137*
20 視聴覚室は遮光・遮音効果を高くする　*137*
21 視聴覚室には収納や編集作業室を設ける　*138*
22 会議室には出入口を室の前後に設ける　*138*
23 工作室から発生する騒音に配慮した配置とする　*139*
24 工作室の床・壁材は補修しやすいものを使う　*139*
25 工芸室には材料・工具の収納庫を設ける　*140*
26 料理実習室は臭いや熱の換気に配慮する　*140*
27 料理実習室には試食スペースを備える　*141*
28 体育室には更衣室・便所を備える　*141*
29 託児室には幼児用便所を備える　*142*
30 地域活動の拠点となる室と資料庫を備える　*142*
31 レストランは外部から利用できる位置がよい　*143*
32 食堂は配膳⇨食卓⇨下膳の動線を明確にする　*143*
33 住民の学習を支援する学習情報を受信・発信する場が必要である　*144*
34 パソコン用の机と椅子は高さ調整ができる物にする　*144*
35 共用の椅子や机は移動が便利な物にする　*145*
36 人数に対応した机のレイアウトができる家具とする　*145*

8　スポーツ施設　*146*

01 エントランス前に滞留スペースを確保する　*146*
02 競技者と観客の動線が交差しないようにする　*146*
03 アリーナの採光方向と照明計画に配慮する　*147*
04 アリーナ部分の天井高さを十分にとる　*147*
05 アリーナ入口前に履き替えのスペースを確保する　*148*
06 競技場内に柱などの出隅をつくらない　*148*
07 人やボールによるガラスの破損を防ぐ　*149*
08 アリーナの分割利用のネットを備える　*149*

- 09　容積により空調の系統分けを考慮する　*150*
- 10　アリーナと客席の換気は別系統とする　*150*
- 11　室内プール部分は他室より負圧にする　*151*
- 12　更衣（便所）⇨強制シャワー⇨プールの動線を確保する　*151*
- 13　ウエットゾーンとドライゾーンの動線を分離する　*152*
- 14　プールに階段・スロープの入口を設ける　*152*
- 15　便所利用の集中に配慮した便器数を設定する　*153*
- 16　ロッカールームは部外者が立入りにくい動線にする　*153*

9　事務所　*154*

- 01　賃貸ビルはレンタブル比を大きくする　*154*
- 02　高層の事務所ビルはコアを形成する　*154*
- 03　事務室の一人あたり面積の標準は5〜10m²である　*155*
- 04　執務空間内の柱はなるべく少なくする　*155*
- 05　事務室へ外部の人が直接立ち入らないようにする　*156*
- 06　商業施設等との動線を分ける　*156*
- 07　守衛室は夜間通用口の近くに設ける　*157*
- 08　わかりやすい位置にエレベータを配置する　*157*
- 09　超高層ビルのエレベータは停止階を分ける　*158*
- 10　並べるエレベータの数は3，4台程度とする　*158*
- 11　大規模な事務所ビルはサービス用エレベータを設ける　*159*
- 12　自社ビルは開放的なエントランスでイメージアップ　*159*
- 13　日常用いる動線から避難階段がわかるようにする　*160*
- 14　コンピュータ等への配線のスペースを確保する　*160*
- 15　ペリメータゾーンの空調をオフィスゾーンと分ける　*161*
- 16　メンテナンスの困難な形を避ける　*161*

10　商業施設　*162*

- 01　大規模物販店舗は2面以上道路に接するようにする　*162*
- 02　客と搬入出の動線を分ける　*162*
- 03　生鮮食品と他の商品の搬入口を分ける　*163*
- 04　搬入車が荷物を効率よく搬入口へ運び込めるようにする　*163*
- 05　ショッピングセンターの核店舗は奥に配置する　*164*
- 06　物販店舗は間口をなるべく広くとり，有効に活用する　*164*
- 07　歩行者動線に合わせてショーウィンドーと入口を配置する　*165*
- 08　スーパーでは入口と出口を明確に分ける　*165*
- 09　動線に回遊性を持たせる　*166*
- 10　回転率の高い商品は主動線沿いに配置する　*166*
- 11　避難経路をわかりやすくする　*167*
- 12　陳列棚が置かれても通路幅がとれるようにする　*167*
- 13　物販店舗には十分な倉庫（ストックヤード）を設ける　*168*
- 14　生鮮食品，惣菜売場の裏に作業室を設ける　*168*

15　歩道に不法駐輪があふれないようにする　*169*
　　16　営業時間帯ごとに店舗をまとめてにぎわいを出す　*169*
　　17　一部の店が閉まっても避難経路が確保されるようにする　*170*
　　18　防火シャッターが降りる場所をわかりやすくする　*170*
　　19　反射光でショーウィンドー内が見えづらくならないようにする　*171*
　　20　エスカレータからの視界を広くとる　*171*
　　21　柱スパンを大きくし，見通し，レイアウトの自由度を増す　*172*
　　22　入口で客と店員の視線が合わないようにする　*172*
　　23　店員から死角になる場所をつくらない　*173*
　　24　接客の仕方に応じたレイアウトを行う　*173*
　　25　商品が傷まないよう西側の大きな開口を避ける　*174*
　　26　厨房の天井高を高くする　*174*
　　27　調理室の床は防水性材料を使用し，排水溝を設ける　*175*
　　28　飲食店では便所の水洗音が聞こえないようにする　*175*
　　29　飲食店舗で調理を見せると集客力が増す　*176*
　　30　高級感を出すためには照明を暗くする　*176*
　　31　大規模店舗の駐車場には屋根付きの通路を設ける　*177*
　　32　大規模な物販店舗の便所にはベビーベッドを設置する　*177*

11　複合施設　*178*

　　01　各施設の連係を機能図，相関図によって検討する　*178*
　　02　施設個別のゾーンと共用ゾーンを明確に分ける　*178*
　　03　業務時間の異なる施設を分けて配置する　*179*
　　04　施設内容と配置が一覧できる案内板を設ける　*179*
　　05　劇場では大型トラックが出入りしやすい搬入口を設ける　*180*
　　06　劇場では反射音が1点に集中する断面，平面を避ける　*180*
　　07　良い音を聞くためには騒音を遮断しておかなければならない　*181*
　　08　舞台近くの端に客席を設けない　*181*

12　交通施設　*182*

　　01　駐車場出入口は交通量の多い道路を避ける　*182*
　　02　駐車場の出入口は，交差点や曲がり角から離れた場所に設ける　*182*
　　03　車と歩行者の動線を分離する　*183*
　　04　駐車場出入口からの視界をふさがない　*183*
　　05　斜路を設ける場合は前後に緩和勾配を設ける　*184*
　　06　避難経路が建物内の駐車場を通過しないようにする　*184*
　　07　駐車場の中は右回りとする　*185*
　　08　車道を何度も横断するような駐車場配置にしない　*185*
　　09　敷地内の車道をなるべく短くする　*186*
　　10　駐車場の基本スケール（普通車）をおさえよう　*186*
　　11　駐車場の梁下高さは一般車両が通行可能な寸法を確保する　*187*
　　12　駅と他の交通機関どうしの連携をよくする　*187*

13　駅前の道路が通過交通として使用されるのを避ける　*188*
14　ロータリーは車の乗降を考慮した回り方にする　*188*
15　駅付近で送迎の自動車が待てるようにする　*189*
16　駅には待ち合わせ等に利用できる場所を設ける　*189*
17　駅員の動線を客動線と分ける　*190*
18　動線が交錯しないよう券売機，改札を配置する　*190*
19　駅事務室と券売機を隣接させる　*191*
20　駅内での車椅子の動線をわかりやすくする　*191*

用語解説　*193*
あとがきにかえて——本書作成の経緯と謝辞　*199*

▶学習用シートのつくり方
① 下の学習用シートの型紙を200%に拡大し，厚紙に貼り付ける．
② シートの大きさに合わせて厚紙を切り，点線部分を切り抜くと完成．
③ 各頁に学習用シートをかぶせて，悪い例から解決方法を思いつくことができるか試してみよう．

コラム1　人間観察の勧め

　設計者は人間をどこまで理解しているかが問われる．普段から人間を知る努力が必要だ．

　ではどうするか．簡単にできることは，観察をすることである．ただぼんやりと眺めていてもだめで，法則のようなものを見つけるつもりで観察することを勧めたい．

　二人が対面して歩こうとすると無理な細道で，片方の人が脇によって待たなければならないような場所で観察をする例を紹介する．「同時に，こちらからと向こうから人が来るときに，どちらの人が脇によって待つのか」．数回の観察で，面白い傾向に気が付く．筆者が見つけた法則は，1) 青年男子どうしの場合は肩幅が広い方の人が優先権を持つ，2) 青年男子どうしの場合で肩幅がほぼ等しいときは身長の高い人が優先権を持つ，3) 青年男子と青年女子の場合は女子の方が優先権を持つである．また，この法則には明らかに次の例外があることもわかる．「すごく怖い感じの人は優先権を持つ」である．この例外では，体型だけではなく，歩き方，服装などが影響する．典型例は暴力団風の人である．

　以上の結果から，人間は無意識のうちにも，相手が「強そうかどうか」で判断しているらしいのである．人間は知的生物であると言っても，無意識にする行為の中にはプリミティヴな原理の行動が多い．

　類似したことは横断歩道などで集団どうしが交差するような場合にも起こる．この場合，人数が多い集団の方が優先権を持ち，真っ直ぐ歩くのに対し，人数の少ない集団や単独の人は進路を曲げて歩くことになる．最初の観察例は，興味本位であまり役立たないが，この集団どうしの場合は，駅，コンコース，地下道など，多くの人が行き交う空間の設計では，群集による事故防止の上でも知っておいた方がよい知識である．

　読者諸氏も，ときには人間の観察をしてみてはどうだろう．

コラム2　複合と連携

　建築物は，単体として自己完結的に存在することより，何らかの他者との関わりの中で存在することで，多くの意味を伝えている．

　広大な田園の中で一軒ぽつんと建っている農家は，大自然と人間の営みの関わりを物語る．その建物の素材，屋根の形，周辺にあるもの，いずれもが自然を相手にした生産活動の道具である．このような自然景観の中では，人工の創造物はいっそう対比的に映える．ぽつんと一軒あることがふさわしく見えるから不思議だ．

　都心に出てみよう．人工創造物が入り乱れ，自己主張し，絶え間なく続いている．一軒の建物は否応なく隣地との関わりを強いられて，何らかの対応を迫られている．

　多くの建築物の混成，複雑に入り組み錯綜する複合建築が街を圧倒する．寄せ集めることがスケールメリットとなり活力を生む．しかしそんな建築物ばかりの街で，情緒は薄れ，記憶に留まる風景もなく，微力なものの寄せ集めは所詮，都市の雑踏のなかに沈んでしまう．そんな都市でも枯れ草が次の年の春を待っているから不思議だ．

　ターミナル駅周辺で，個々の建築物が連携し融合して，一つのエリアを形成している場所が，いくつも見られるようになった．これは寄せ集めか，連携し融合したものか，見定めるには時間が必要である．寄せ集めたものが時間をかけて連携していく場合がある．その逆もある．一つひとつの相互の関係には，一つひとつの背景があり，個別の状況が生まれる．これらを同調させたり統合させたりする技が，まちづくりには必要である．

　建築することのおもしろさは，さまざまな関係をつくり出すことにある．

a 設計方法

b 安全設計

c バリアフリー設計

d 環境設計

e 設計に必要な基礎知識

第1部 共通事項

　建築設計の基礎的な事項と，さまざまな建築に共通して必要となる事項をまとめた．環境工学などの工学とも関連した事項だが，そのうち数式などを用いることなく直感的に判断できなくてはならない点について述べる．これらのうちで，安全確保，バリアフリーはどんな建築の設計でも必要なことなので，確実に理解し，設計段階で無意識のうちに判断できるようにしておいて欲しい．

設計方法

01　想像力が第1 ── さまざまな状況を想像しておく

雨が降ったら

▶　自分が設計した建築がどうなるかを想像しよう．さまざまな状況，たとえば「夜になって暗くなったら」「雨降りの日には」と考えていけば，夜間照明の設置，傘たてを置くスペースの確保などが自然と設計案に組み入れられる．「そこに高齢者が訪れたら」や「火事になったら」を想像したのが**バリアフリー設計**（▶p.197,バリアフリー）や安全設計である．

02　プランの中を自分が歩くイメージ・シミュレーションで考える

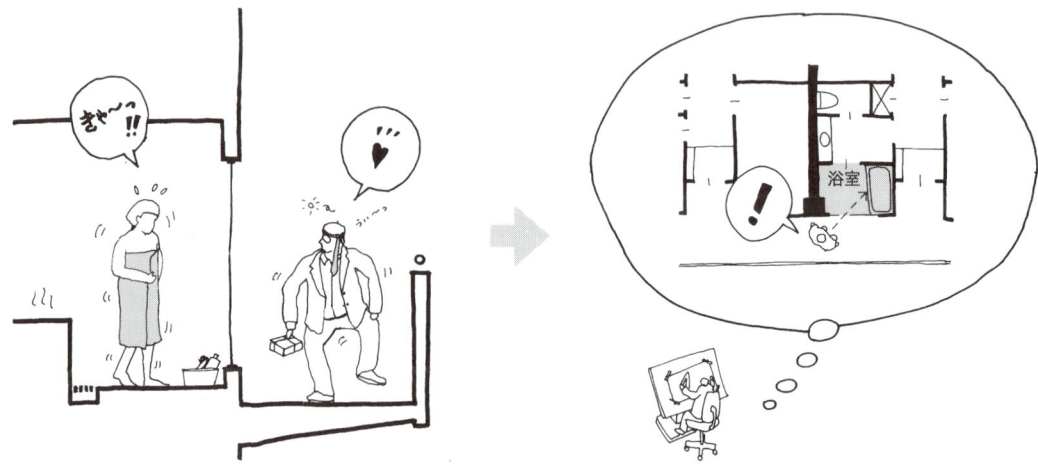

▶　プランはただの絵ではない．実現した空間が実際どのようになるのかをはっきりと認識しながら設計を進める．たとえば「浴室から寝室に戻るときにはどのように移動することになるのか」「廊下の窓からは何が見えているのか」などを確実に把握しておくため，自分自身がプランの中を歩くことをイメージしながら設計を進めるとよい．

03　全体と部分を同時に考える──バブル・ダイヤグラムの活用

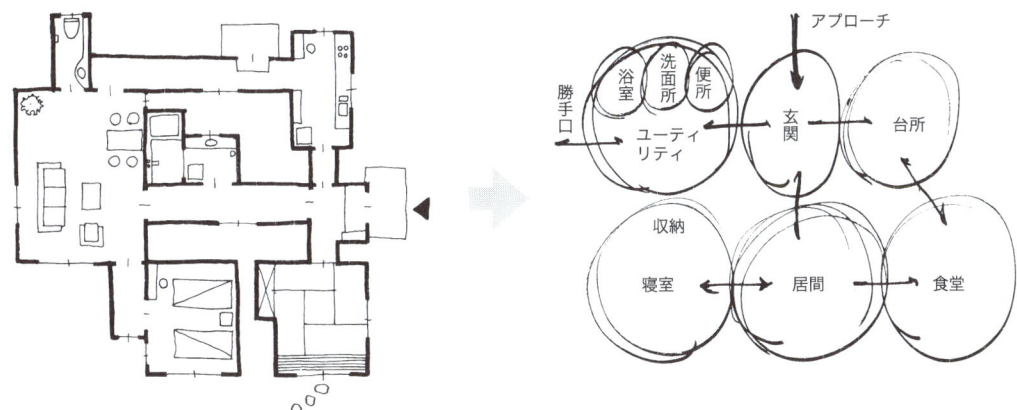

▶　多くの部分空間があるような建築設計では，混乱しやすく，部分的には細部まで検討されていても，全体的にはバランスの悪いものとなりやすい．設計の初期段階では，空間（部屋）を一つの固まりとして「バブル（泡）」のように描いておき，徐々に具体的に描きなおしてゆくと考えやすい．このような描き方をバブル・ダイヤグラムと言う．

04　設計は改良の繰り返しで徐々によくなる

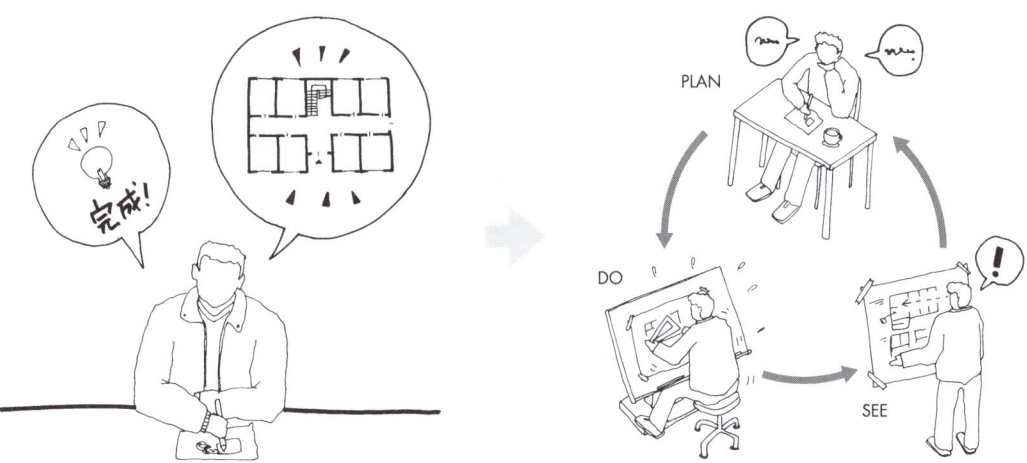

▶　最初から最終プランを考えつくわけではない．最初の案をある程度具体化して描く（エスキス）と，難点や自分のイメージにそぐわない点が顕在化してくる．それを修正して描きなおす．この繰り返しで徐々によいプランになってくる．発想し，具体化し，それを評価し改良してゆくプロセスをPLAN⇨DO⇨SEEサイクルと呼ぶこともある．

設計方法

05　将来の変化をみこして予備スペースを確保しておく

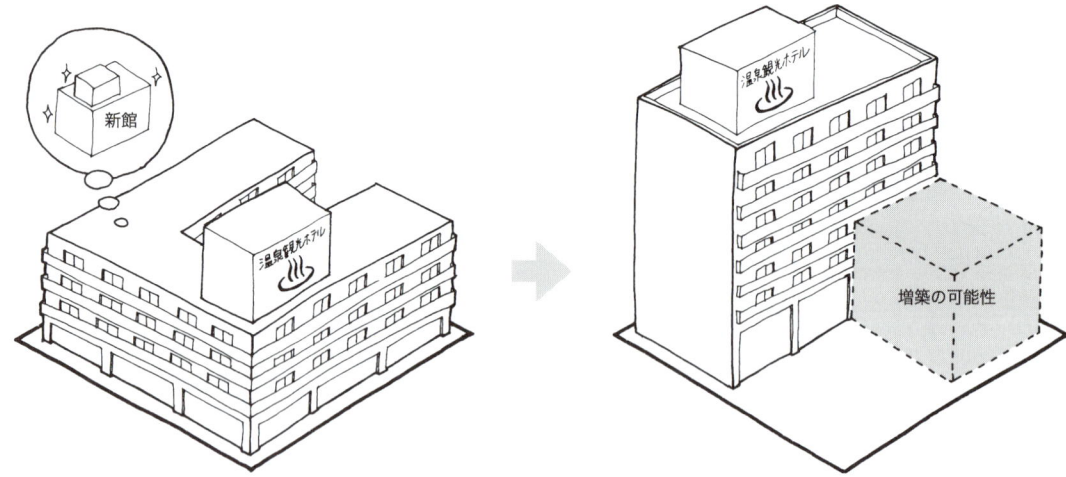

▶ 長期的に考えると増改築もありうる．学校では地域の児童数の変化にともない，必要教室数も変化する．また，医療技術の急速な進歩にともなってレイアウト変更の必要な病院建築，客数の変動の大きい旅館も増改築の発生しやすい施設である．これらの施設では，将来の増築のために予備のスペースを確保しておかないと，新たな需要に対応できなくなる．

06　動線で人の動きを捉え，人の動きがスムーズかを確認する

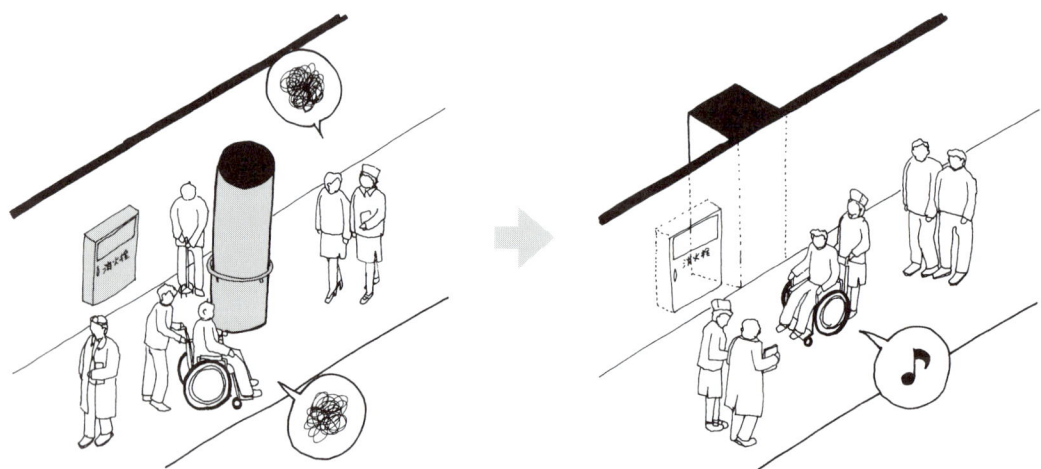

▶ 空間の中で人がどのように移動するのか，この移動経路が「動線」である．常に人が移動するときに不都合が生じないかを確認することが必要だ．たとえば，人が頻繁に行き来する場所には，歩行しにくくなるような障害物がないようにしておく．

共通事項

| 07 | 異なる目的で同時に発生する動線は交差させない |

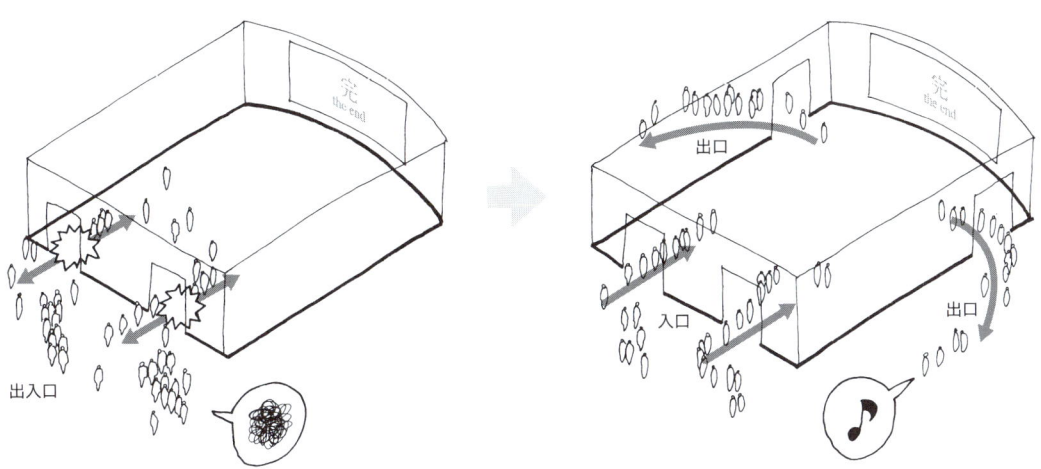

▶ 同時刻に発生する異なる目的を持った動線が，もしも交差していると，そこで両者の歩行が互いに阻害し合うこととなり，歩き難いばかりか衝突事故の原因にもなる．とくに狭い場所での動線の交差は避ける．もちろん，人々が集うようなゆったりした空間では，動線がゆるやかに出合うようにする場合もある．

| 08 | 動線は短いのが原則——頻繁に行き来する空間は近づけて配置する |

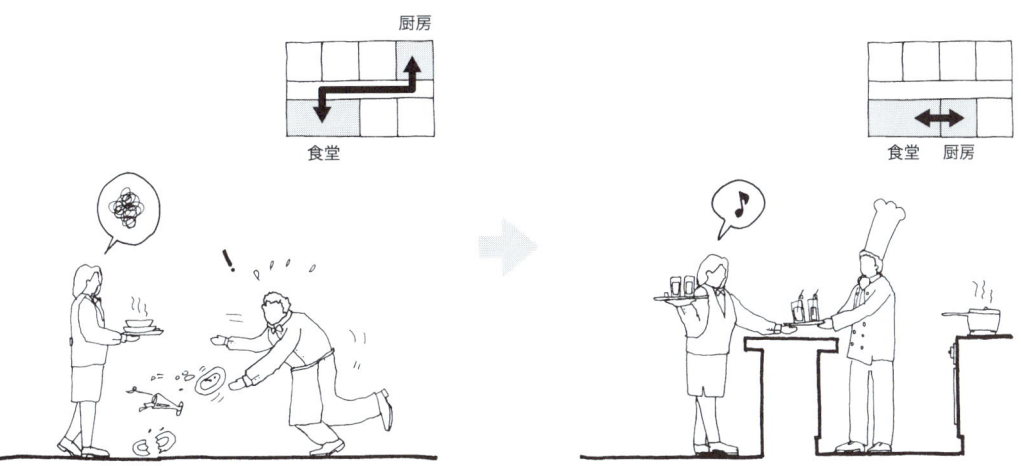

▶ 頻繁に行き来する動線が長すぎると，行き来にかかる時間や労力が無駄となる．台所のレイアウトなどでは，動線は短いのが原則である．室のレイアウトでも，行き来の多い室どうしは近くに配置したほうがよい．

b 安全設計

01 火災を拡大させないように区画をする

▶ オープンな空間は気持ちがよいが，火災のときには一気に火災が拡大して悲惨な人命被害につながる可能性が高い．火災は出火した室内から出ないように計画する．たとえ広がったとしても，他の階に拡大しないように**防火区画**（▶p194,区画）するのが原則である．防火区画は，コンクリート壁の他，防火扉，防火シャッター等で構成する．

02 火煙の伝播経路となる竪につながる空間は区画で遮断する

▶ 火炎や煙の広がるスピードは，上方へ向かうのが一番速い．また，出火階だけでなく上階へ拡大した場合に火災被害が大きくなる．そこで，火煙の上方向への伝播経路となりやすい**アトリウム**（▶p193），吹き抜け，エレベータシャフト，階段などは**竪穴**（▶p195）と呼び，徹底的に**区画**（▶p194）する必要がある．

03 エレベータロビーを区画し，避難ルートとしない

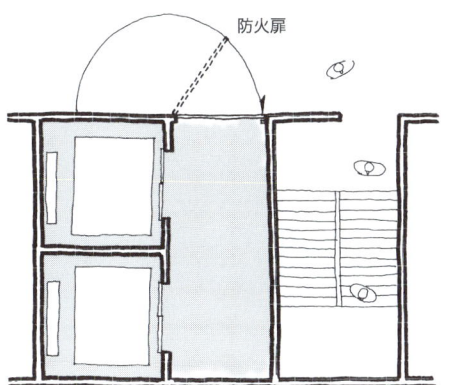

▶ **竪穴**（▶p195）は**区画**（▶p194）し，火炎の上階への伝播を防止する必要があるが，エレベータ扉の部分からの煙の漏出防止は難しい．そこで，エレベータロビーと廊下との間を防火扉や防火シャッターで区画する．したがって，避難経路はエレベータロビーを経由しないようにしておく．

04 火災時の煙を排出し，避難者を守ることを考える

▶ 火災時の人的被害の1番大きな要因は，煙により息ができなくなり意識をなくすことにある．火炎よりも煙の拡大スピードが速いからである．したがって，避難者の安全を守るためには，充満する煙を外部へ排出する必要がある．大きな開口で煙を外部へ排出する**自然排煙**（▶p196,排煙），ダクトとファンによって煙を引く**機械排煙**（▶p196,排煙）が標準的である．

安全設計

05　二方向避難として，どこで出火しても避難経路を確保する

 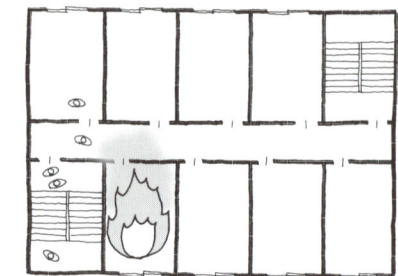

▶ 建物内のどこで出火するかは事前にはわからない．そこで，どこで出火したとしても避難経路が確保できるように最低二つの避難方向がどの地点でも用意されるように平面を考える．自分が設計したプランで，出火点をいろいろな場所に想定し，**二方向避難**（▶p196）となっているか確認しておこう．

06　人の集まる大きい部屋でも二方向避難とする

 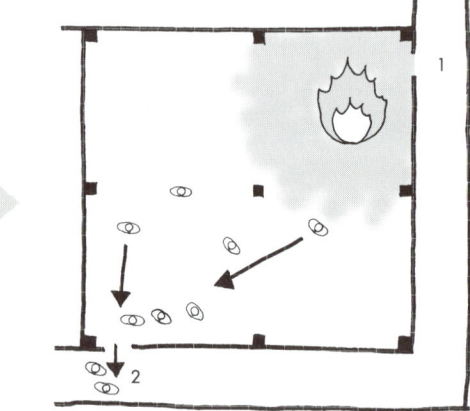

▶ 大きい部屋では，それだけ出火の可能性が高い．扉が一つでは，その付近から出火した場合には避難できなくなってしまう．そこで，どこで出火したとしても使用できる扉が確保できるように，最低二つ扉があるように設計する．宴会場などの多人数の利用する部屋では，このようにしておく必要がある．

07　避難階段は避難階まで直通させる

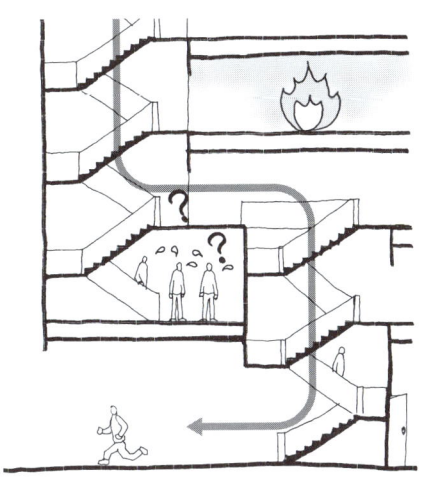 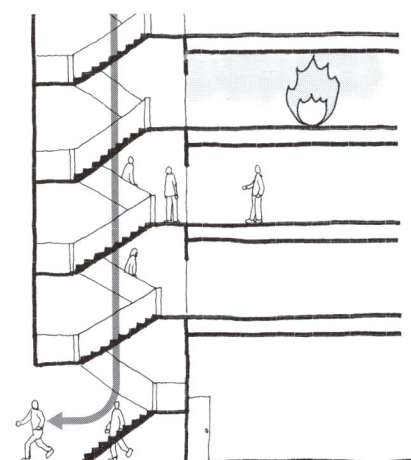

▶ 避難階段は**避難階**（▶p197）まで一気に避難できるようにする必要がある．途中で，階段の乗り換え等を必要とする階段では，火災時の避難者が避難方向を見失ったり避難者の滞留が生じて危険である．1階に大広間をとるための設計変更により1階—2階間の階段が上階の階段と別位置となった温泉ホテルで，火災時に多数の死傷者を出した例もある．

08　逃げられない時の一時退避場所を確保する

▶ 火災時には，火災に気がつくのが遅れたり，自力で避難できない人もいる．こういう人のために，一時退避場所を確保する．具体的には，階段室の手前に附室を設け，車椅子の人が消防隊員による救助まで待機できるようにする．また，バルコニーも一時退避場所となるので安全上の効果は大きい．

09　避難階段の入口扉幅は階段幅よりも狭くする

▶ 避難階段の入口扉幅は一見広いほどよいと思いがちだが，階段幅よりも広いと，避難時にどっと入口から入った避難者が狭い階段の中で押し合うことになる．平らな場所でも群衆が急に狭いところに来ると押し合って転倒しやすいが，階段の場合にはいっそう転倒しやすく危険である．

10　一つの階段での踏面，蹴上げ寸法は同一にする

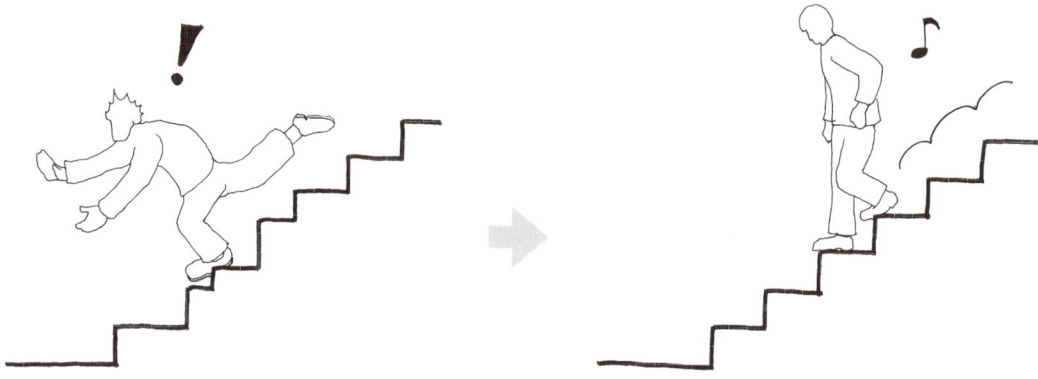

▶ 階段の踏面，蹴上げの寸法を階段の途中で変えてはいけない．人間は自分の足元を常に見ているわけではない．階段を上り（下り）始めると，後は一定のリズムで続くものとして移動する．このため，途中でこれらの寸法を変化させると転倒につながる．

11 エスカレータの上り（下り）きったところに十分なスペースをとる

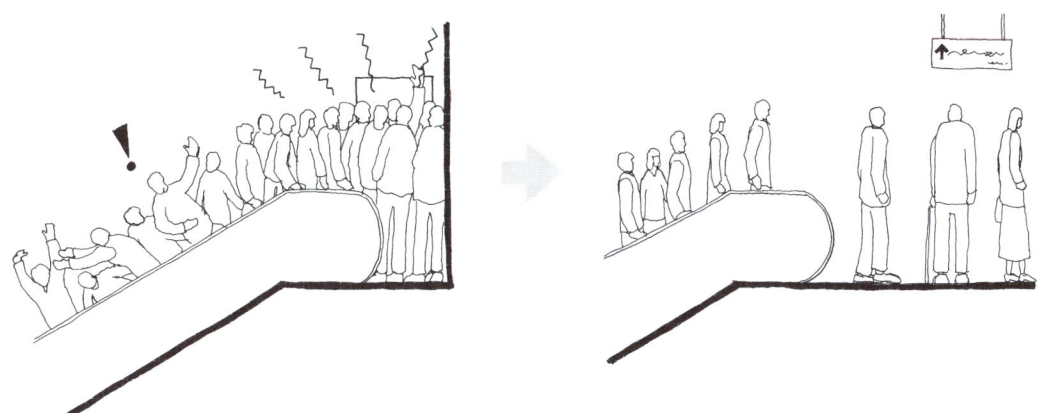

▶ エスカレータの上り（下り）きったところに十分なスペースがないと，人々の押し合い状態が発生してきわめて危険である．エスカレータの上り（下り）きったところは，人がその階で向かう方向を決定する場所であり，十分なスペースの確保と同時に，サインなどの適切な提示も必要になる．

12 小さな段差ほど危ない

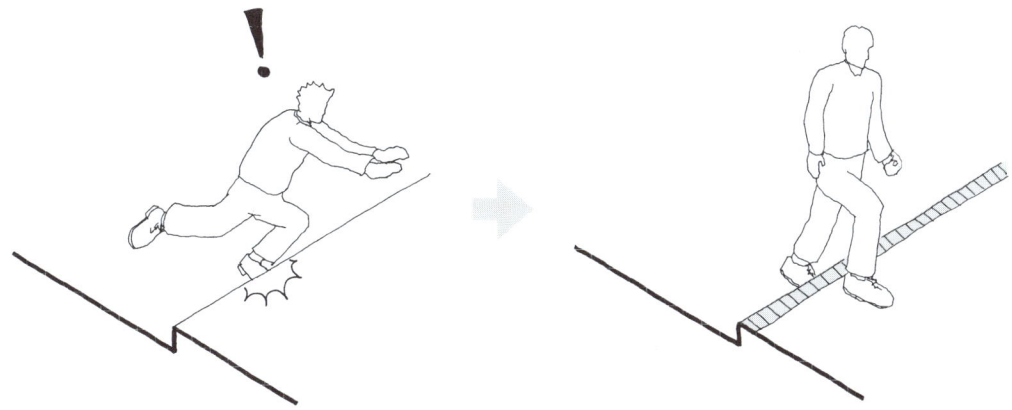

▶ 1段だけの段差は気が付かず転倒原因になりやすい．こうした段差が生じないように設計するのが基本で，とくに配膳経路となるような足元が見にくくなる場所では避ける．どうしても段差が生じるケースでは，テクスチャーや色彩の違いを利用して段差に気が付きやすく設計する．

13　開き扉は避難方向に開くように設計する

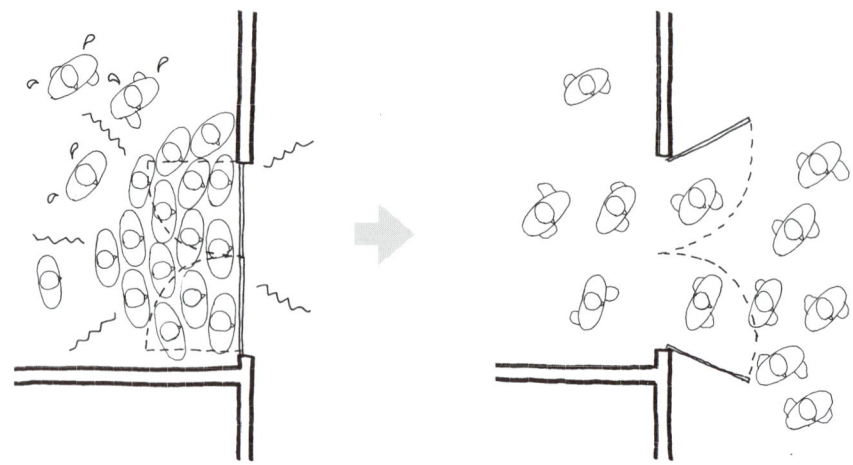

▶　火災などの緊急避難時をイメージしてみる．扉を室内側に開く左図の場合では，扉を開けようとしても，後ろから次々に人が押し寄せてくると扉を開けることができなくなる．圧死者が発生した事例もある．主要な避難経路の他にも，多数の群衆が移動しなければならない劇場やスポーツ施設の帰路の場合でも同様の対策が必要となる．

14　階段の上り口，下り口に向かって開く扉は避ける

▶　部屋の開き扉が廊下側に開く場合，そこが階段の上り口であったりすると，階段を上って来た人と開いた扉があたって危険である．同様に階段の下り口や他の部屋の扉と近いところでの外開き扉は避けるべきである．

15　狭い部屋の開き扉は外開きとする

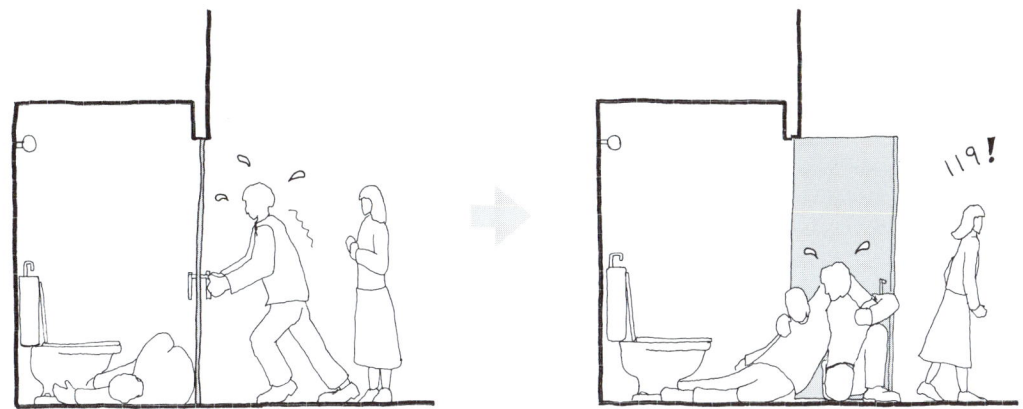

▶ 便所で内開きの扉では，中で病気などで人が倒れた場合，扉が開かなくなることがある．同様に，収納部屋でも内部の荷物が塞いで扉が開かなくなることがある．こうした場合を想定して外開き扉とする．

16　1か所に集中した扉は避ける

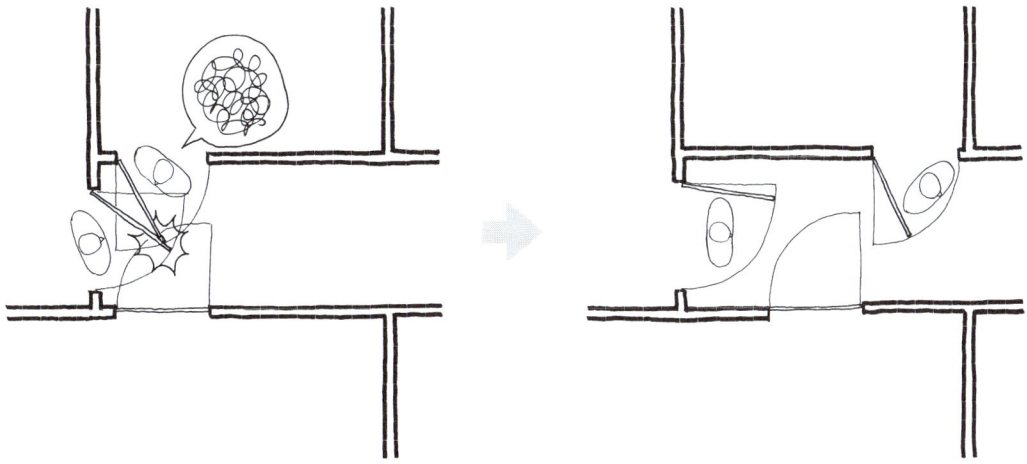

▶ 3室の扉が1か所に集中していると，扉の開き勝手が制限されるばかりでなく，出入りする人の衝突の原因にもなる．また，扉の集中する場所はたとえ室内であっても移動スペースとなってしまうので，動線と扉の位置を常に把握しながら，空間を構成するようにしたい．

17　手すりの端は，滑らかで引っ掛からないように

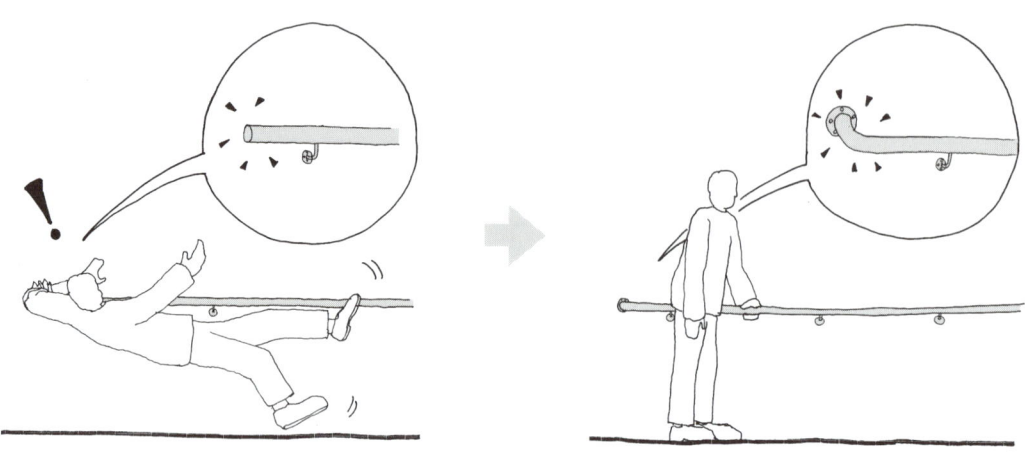

▶　手すりの端部に袖など服の一部を引っ掛けて転倒する事故が多い．また，鋭角的な端部に衝突して怪我をする場合もある．せっかく弱者のために設置した手すりが逆効果になってしまわないように，手すりの端部は滑らかで引っ掛からない形状にする．

18　バルコニーの手すりには，子供が登れないよう横桟は設けない

▶　横桟のある手すりでは，幼児がこれに足を掛けて登り落下事故につながる．これを防止するために，バルコニーの手すりには横桟を設けない．また，100mmを越える隙間があると，幼児が挟まるという事故にもなるので，縦桟でも100mm以下のピッチとする．手すりに限らず，幼児がいる空間ではこうした配慮が必要である．

共通事項

19　階段の手すりは，ステップの部分だけでなく，その前後にも必要

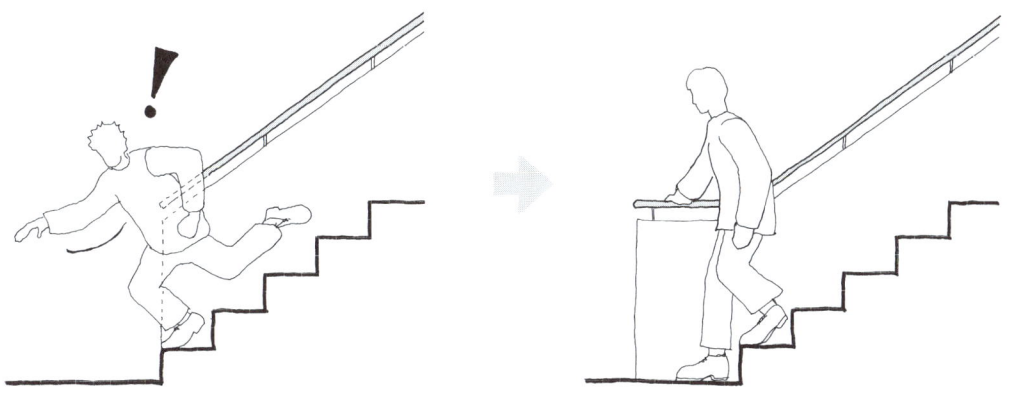

▶ 人間が階段を上り下りするときは，身体がやや斜めになっている．そのため，階段のステップの部分だけではなく，その前後にも手すりが必要となる．したがって，この部分の寸法を余分にみて踊り場の寸法を決めることを忘れないようにしたい．

20　濡れる場所では，滑りにくい床材を使用する

▶ 水まわり（水を使用する所）ではねた水滴で床が濡れることがある．こうしたことから，防水や拭き取りのしやすい材料を選択することが多い．しかし，濡れた床が大変滑りやすくなり，転倒事故につながることもある．外部エントランス付近や室内の水まわりでは，濡れて滑ることがないように床仕上げ材の選定で十分注意を要する．

31

安全設計

| 21 | 落下物による事故防止に植え込みが役立つ |

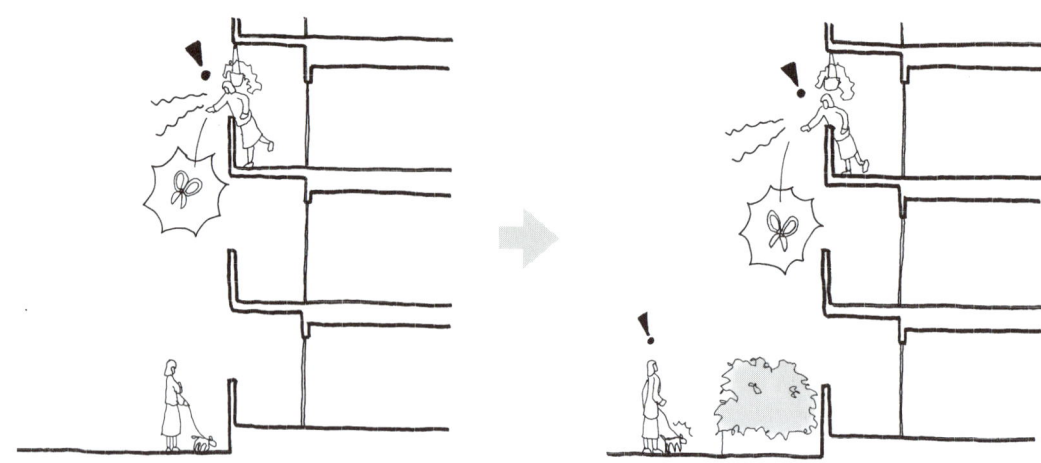

▶ 集合住宅のバルコニーからの落下物によって下を通りかかった人が怪我をすることがある．たとえ布団のように柔らかなものでも首の骨折につながった例もある．そこで，モノが落下しそうな場所を植え込みにして，人が来ないように設計することでスマートな安全対策となる．さらに，この植え込みは1階のプライバシー対策にもなる．

| 22 | 植栽でもガラスへの衝突防止対策になる |

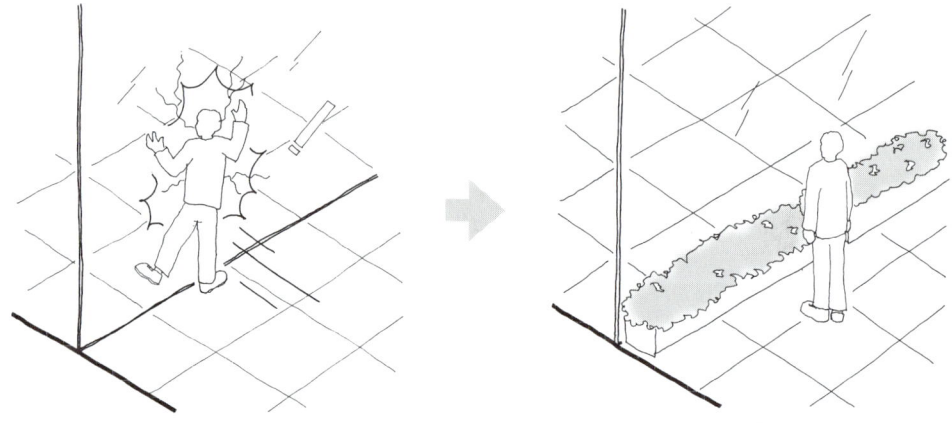

▶ 近年大きなガラスを使用することが多い．これにともないガラス部分を通過できる開口部と勘違いしてガラスに衝突する事故が増加している．ガラス表面にガラス面であることをわからせるものを張りつける方法がとられる．しかし，ガラスの内側下部にプランターを置いたり，外部の下部を植え込みとすることで通過できないことを認知させる方法もある．

| 23 | ガラスの破損による怪我を防止する |

▶ ガラスに物が当たることで破損し，怪我の原因となる．車椅子使用者が多い廊下の腰壁部分や扉下部にガラスを用いるのは避けたい．また，ガラスで囲まれたシースルーエレベータでは，火災時に割れて飛散する可能性が高いので，飛散防止フィルムを張る．主要動線の上部にあるトップライトのガラスも網入りもしくは飛散防止フィルム張りとする．

| 24 | 廊下に障害物が出ないように設計する |

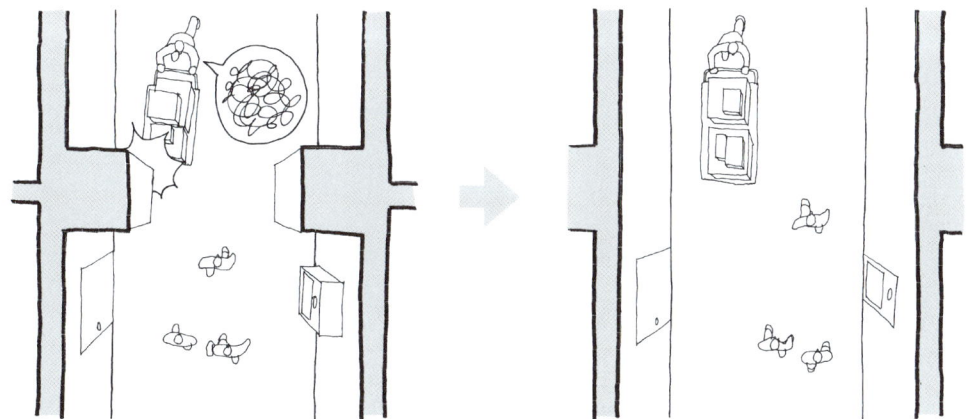

▶ 廊下に柱の一部が出ていたり，設置物が置かれると，そこに衝突したり引っ掛かる事故のもとになる．設計初期段階から柱と壁の位置を考え，廊下の側壁は滑らかになるように設計する．また，火災報知機等の必要な設備も壁に埋め込むような配慮をしておく．

バリアフリー設計

01 車椅子の寸法を覚えておこう

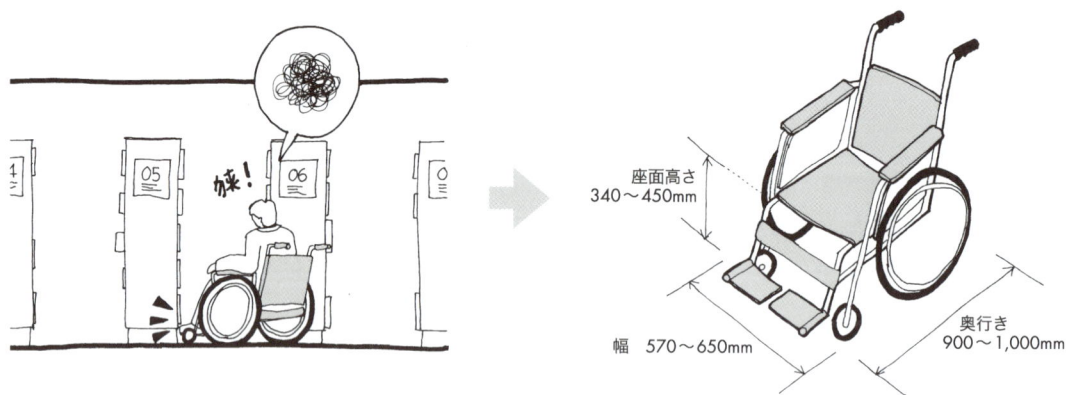

▶ せっかく車椅子のために斜路や通路を設計しても，適切な幅員が確保されていなければ使用できない．このため，車椅子の寸法を覚えておくとよい．幅が570〜650mm，奥行き900〜1,000mm，座面高さ340〜450mm程度である．寸法は数字だけでなく，自分の身体と比較して身体で覚えておくのがよい．

02 車椅子が通行できる幅は約800mm以上である

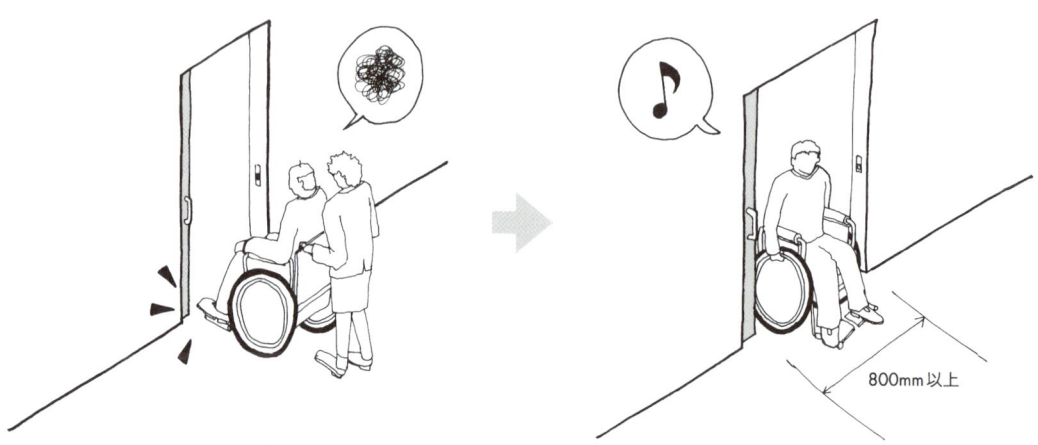

▶ 車椅子で通過するスペースは，約800mmの幅が必要になってくる．したがって，車椅子動線にはこの幅が必要であり，車椅子で使用する扉は扉幅800mm以上，車椅子の使用者が交差できる通路幅は1,500mm以上確保しておく．折れ曲がる場所では，さらに余裕がないと曲がれないことになる．

03 車椅子使用を想定した狭い廊下は角に注意して設計する

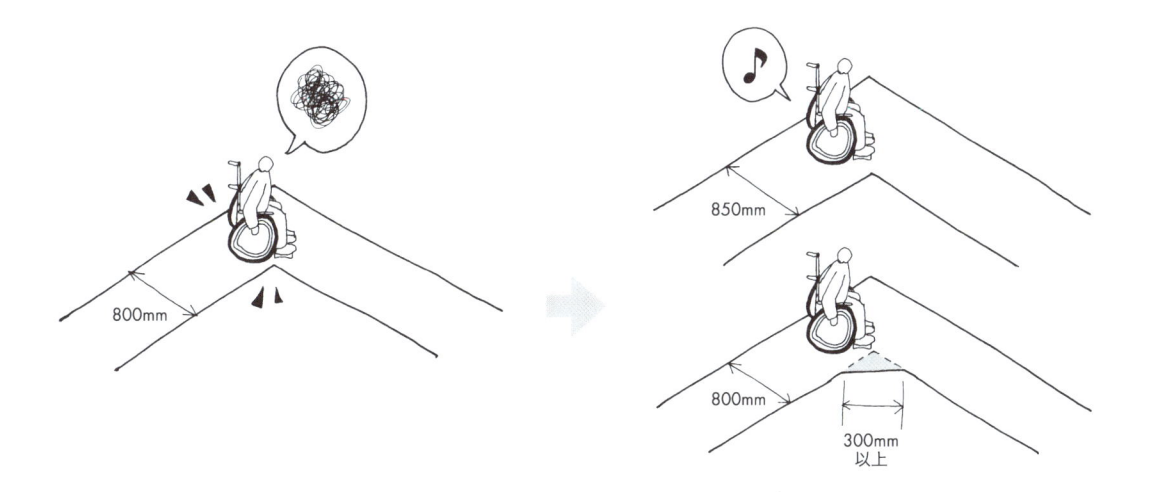

▶ 幅員800mmの通路では，角のところで車椅子は曲がれない．最低850mm以上欲しい．角をとるのも方法の一つで，幅員800mmの場合，図のように斜めに角をとった部分が300mm以上確保できれば車椅子が曲がれるようになる．いずれにしても余裕を持った寸法としたい．

04 車椅子の方向転換には十分なスペースが必要

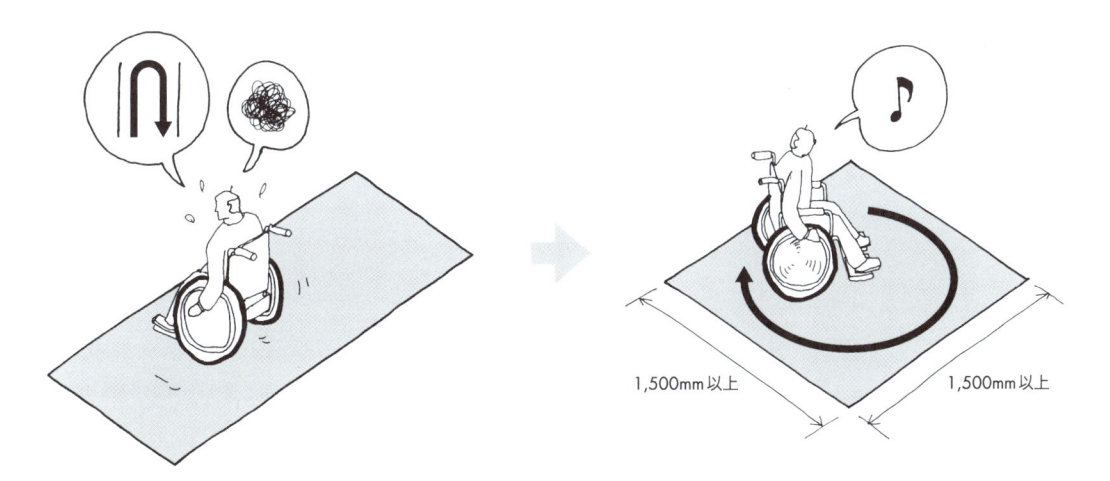

▶ エレベータの出入口や扉の前などで，車椅子の進行方向を反転させる場合がある．こうしたところでは，最低直径1,500mm程度の円が描けるスペースが必要である．

バリアフリー設計

05　車椅子から手の届く操作盤高さは700〜1,200mmの範囲にする

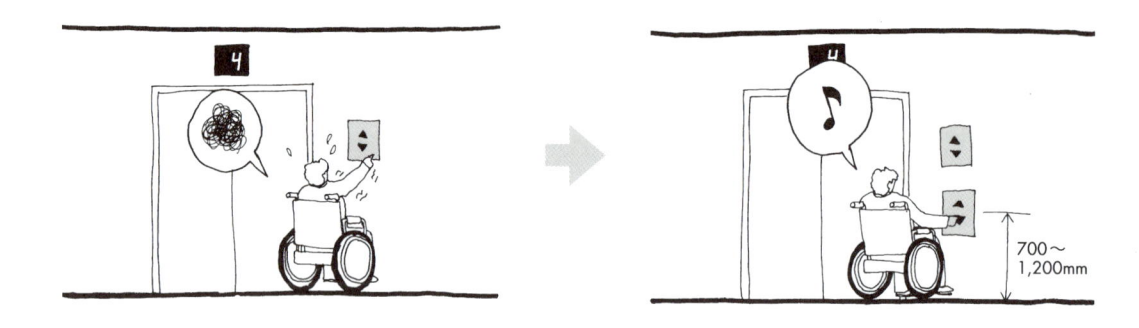

▶　エレベータの操作盤は，立った人を想定して設置すると車椅子の人からは届かなくなる．車椅子使用者が手を延ばして操作することを想定すると，その高さは700〜1,200mmの範囲になければならない．室内の棚などの高さを決める場合にも，この寸法を基準に考えるとよいだろう．

06　車椅子使用者の便器は腰掛け式で，便座の高さは420mm程度

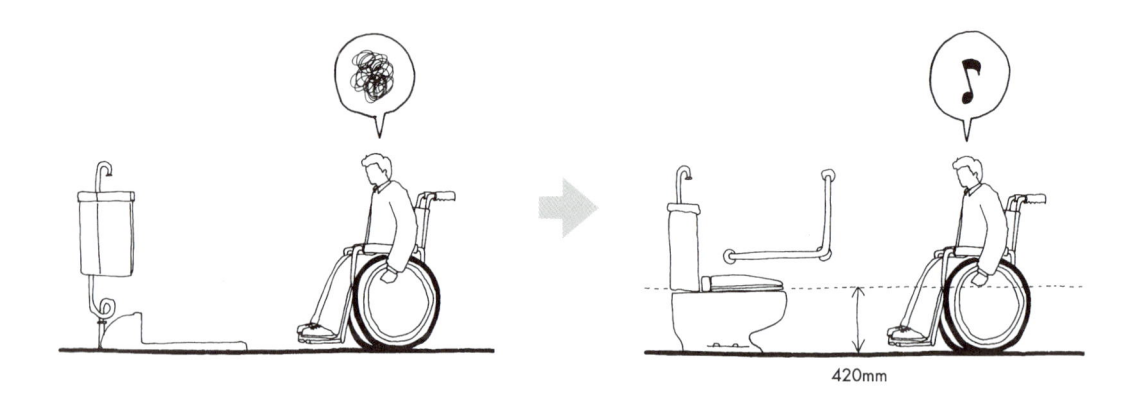

▶　車椅子使用者が便座の上に移ることを考えておこう．このとき，便器は腰掛け式でなければならないことがわかる．便座の高さは，車椅子の座面とほぼ同じ420mm程度とすると移動しやすい．便座への移動以外でも，この寸法を覚えておくと，車椅子から容易に移動できる高さの目安となる．

共通事項

07　車椅子使用を想定した場所では毛脚の長いじゅうたんは避ける

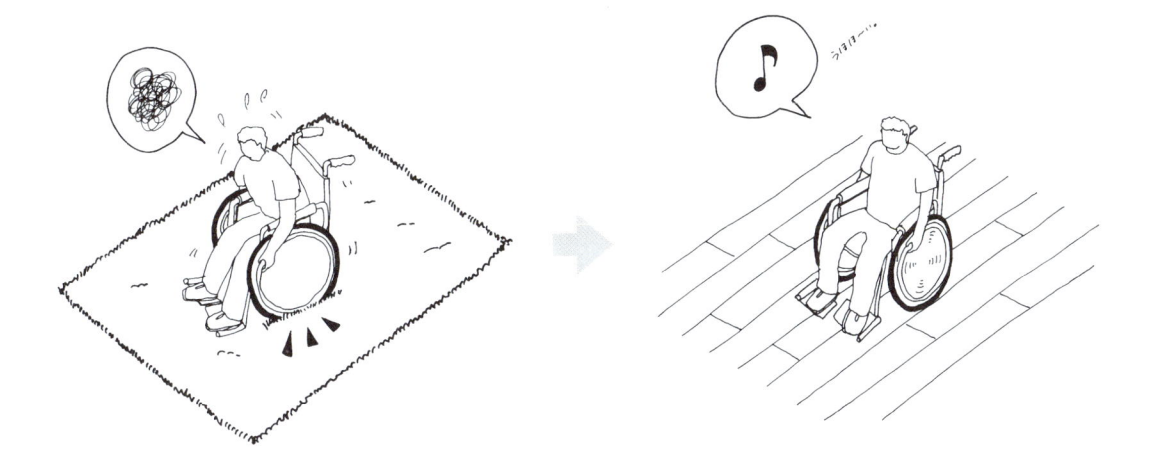

▶　毛脚の長いじゅうたんの上では，車椅子がスムーズに動き難くなる．不必要にカーペット類を敷くことは避けた方がよい．カーペットを敷く場合でも毛脚の短いものを使用する．

08　無意味な段差は解消する

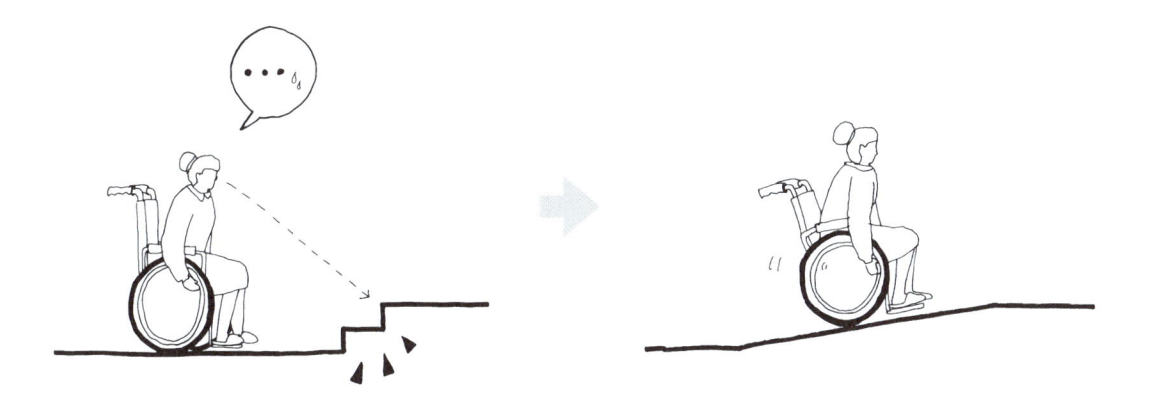

▶　車椅子使用者のアプローチや移動を想定すると，無意味な段差は避けるべきである．高低差がある場合，スロープで段差は解消しておく．また，熟練した設計者が雨仕舞いを考えて無意識に段差をつける場合があるが，車椅子使用者を想定して段差を解消するように設計すべきである．

バリアフリー設計

| 09 | **スロープの勾配は1/12（外部空間では1/15）以下にする** |

1
―
12
（外部空間では15）

▶ 滑らかなスロープにしたからといって車椅子で移動できることにはならない．勾配が急なスロープは車椅子使用者にとって危険であり使用できなくなる．このため，スロープの勾配は1/12（外部空間では1/15）以下にする．また，長いスロープでは上りやすくまた下りるときには加速しないように，途中に水平な部分を入れる．

| 10 | **車椅子使用者のためにカウンターや洗面器の下は空けておく** |

▶ カウンターや洗面器の下部を有効利用するため収納スペースとすることが多いが，車椅子使用者にとっては，この部分が当たり，カウンターや洗面器の上に手が伸ばせない．十分，カウンターや洗面器に近づくことができるように下部にクリアランスが必要である．また，高過ぎては使用が困難になるので，床面より750mm程度の高さが望ましい．

共通事項

11　便器の両側手すりは車椅子の幅よりも広くしておく

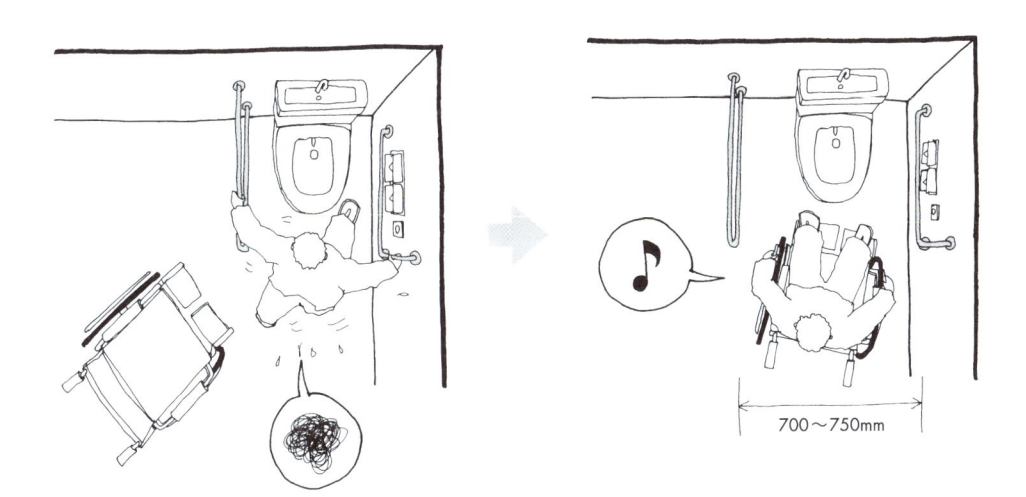

▶ 車椅子使用者のための便器に，両側に手すりを設けて車椅子から便座への移動を容易にしようとする際，両手すりの間隔幅が車椅子の幅よりも狭いと車椅子使用者は便器に接近できず使用できなくなる．多少の余裕をみて，700～750mm程度の間隔とするのがよい．

12　車椅子の接触・衝突によるガラスの破損事故を避ける

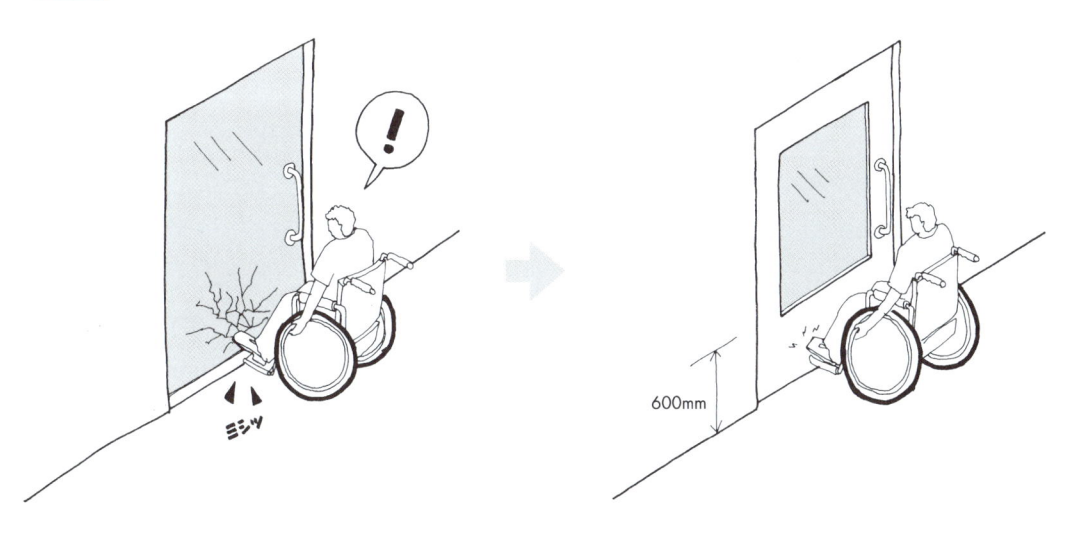

▶ 床面までがガラスの扉や窓が意匠的に好まれることが多いが，車椅子使用者を想定した空間では，車椅子の接触・衝突によるガラスの破損事故の可能性がある．窓の場合には車椅子が接近できないような配慮で対応することもよいが，扉の場合には，下部600mm程度の範囲はガラスでない材質としたい．

13 車椅子使用者にとっての扉の開閉の可能性をチェックしておく

▶ 扉の把手の高さが車椅子使用者から届くようにするというのはもちろんだが，本当に開閉可能なのかまでチェックしておく必要がある．コーナーぎりぎりの扉の把手では高さは適切でも車椅子では壁に当たって接近できず把手に届かない．引き戸にするのか開閉方向をどちらにするのか，障害となるものがないか常にチェックすることを心掛ける．

14 車椅子使用者のための駐車スペースは出入口の近くに配置する

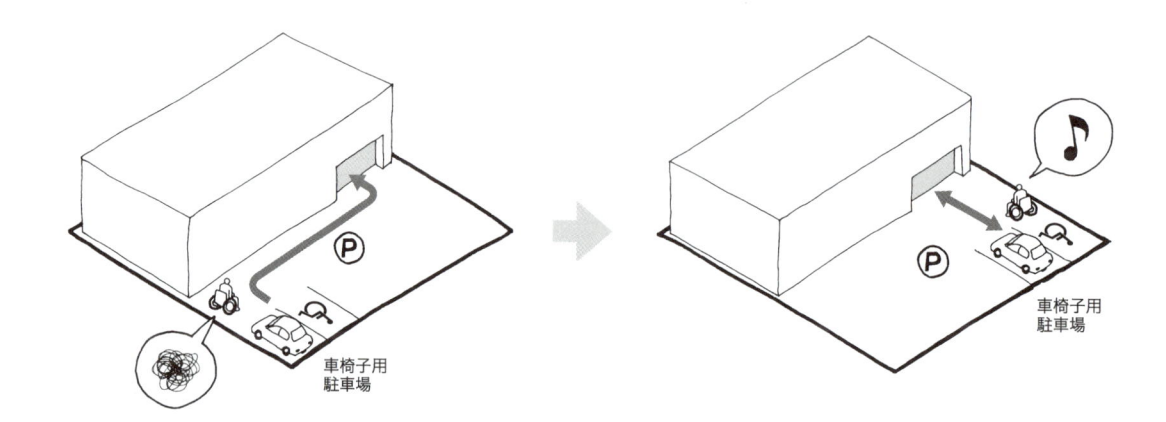

▶ 車椅子使用者のための駐車スペースを出入口から離して配置すると，車椅子動線が長くなり，その間に歩行動線，車両動線との交差の可能性が増え，結果的に危険性が増加する．したがって，車椅子使用者のための駐車スペースを出入口近くに配置し，周囲に車両から車椅子への乗り換えのために十分なスペースを確保しておく．

共通事項

15　形だけのデザインではなく人にやさしいデザインを心掛ける

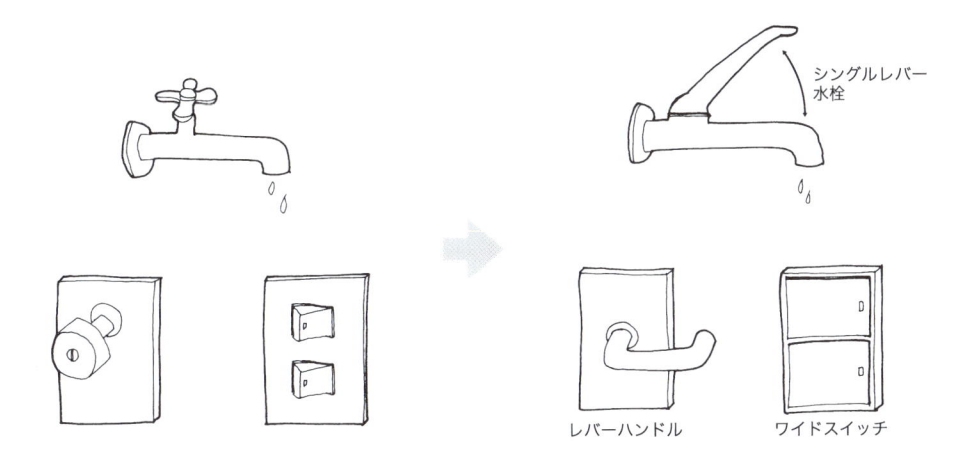

シングルレバー水栓

レバーハンドル　　ワイドスイッチ

▶　健常者に比べて，握る力が弱い人，細かなものをつかめない人などが，健常者が気がつかないところで困っていることを考えるべきだろう．そうした人のために既にさまざまなデザインのものが提案されており，規格化も進んでいる．ほんのわずかな心掛けで，人にやさしいデザインが生まれる．

16　公共性の高い空間では視覚障害者のための触知図を用意しておく

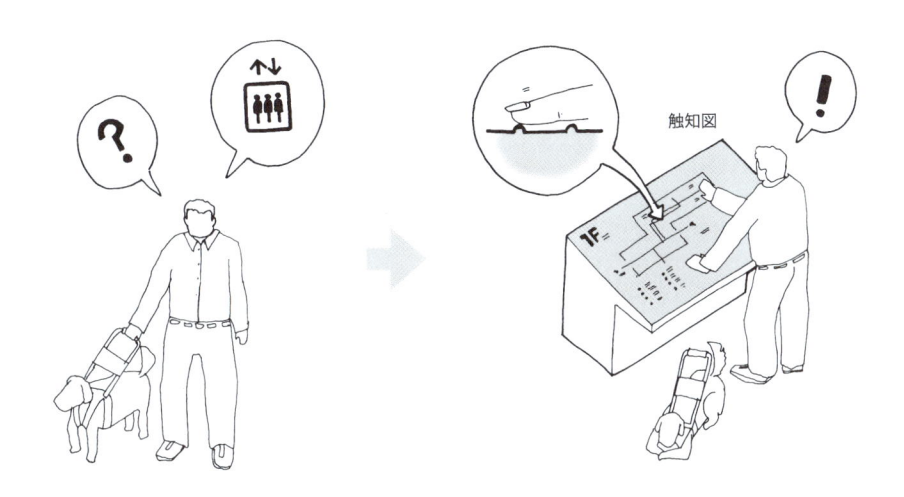

触知図

▶　公共建築では，しばしばプランが複雑で初めての訪問者にはどこにゆけばよいのか理解しづらい．視覚障害者にとっては，さらに，わかりにくくなる．エントランス・ホールなどに，建物内の案内・地図が点字で理解できるような触知図を設置しておくとよい．これらは，一般利用者にも案内板の役割をする．

17　途中で途切れる点字ブロックはかえって危険

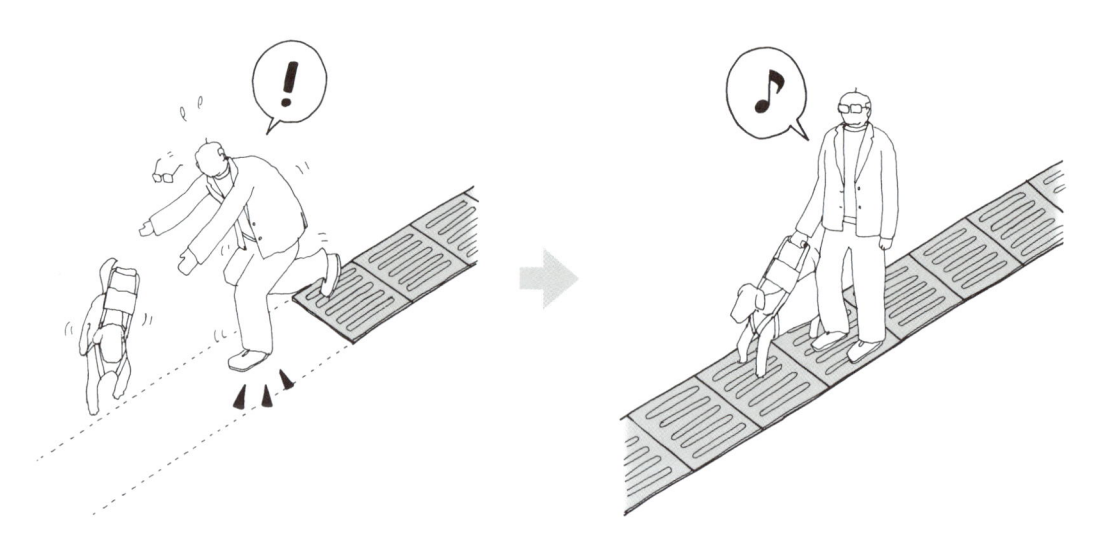

▶　公共性の高い建築においては，視覚障害者のために誘導用点字ブロックを敷設するべきだが，途中で途切れてはかえって危険である．設計の初期段階から視覚障害者のために段差などの危険のないルートの全体を想定しておき，誘導用点字ブロックを敷設するようにしたい．

18　音響装置で視覚障害者を誘導する

▶　誘導用点字ブロックだけでは不十分な箇所では，音響装置を活用することを考える．たとえば，誘導用点字ブロックが複雑に交差したり枝分かれするような場合には点字ブロックだけだとわかりにくい．そうした箇所では音響装置を活用し，音声やメロディなどでの誘導も検討しておく．

共通事項

| 19 | 手すりはできるだけ連続的に設置する |

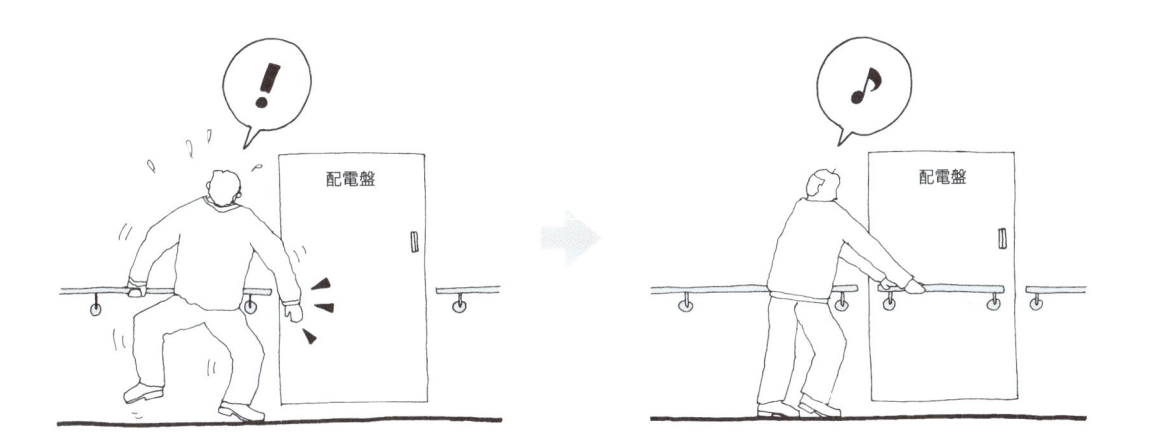

▶ 手すりにつかまりながら歩行する人をイメージしよう．廊下の片方にあった手すりが途中から反対側というのではつかまりながらの歩行には使用できない．このため，廊下壁面に沿ってできるだけ連続した手すりとなるように，プラン決定段階で，各室の扉位置等廊下壁面の状況をはっきり認識しておく．

| 20 | 病院では下レールのない引き戸が望ましい |

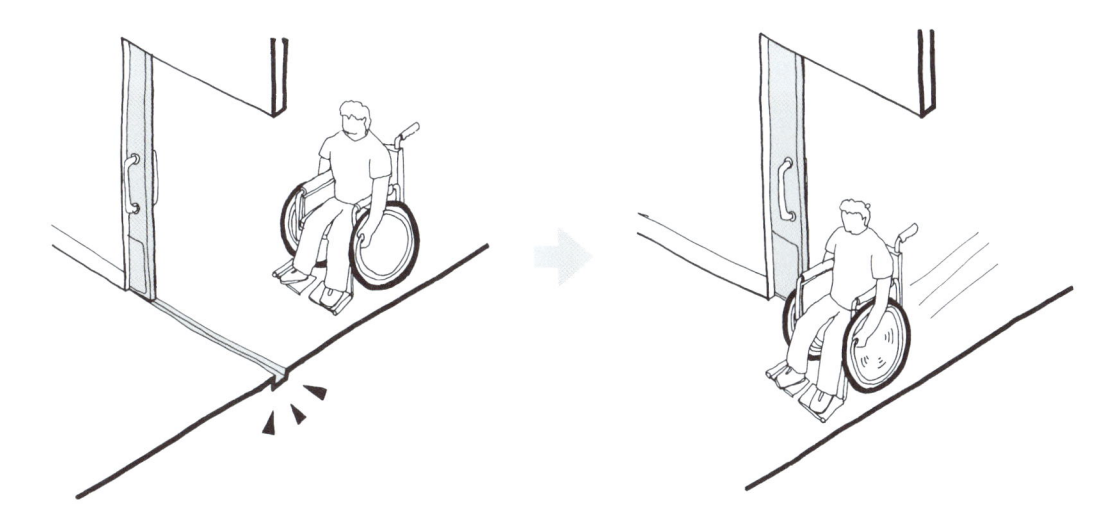

▶ 病院のように，車椅子使用者や歩行能力に障害を持った人の多いところでは，引き戸のレールが障害となるケースが発生する．健常者にとっては問題がないように見えるレールによる床面の凹凸であっても危険要因である．これを回避するためレールで受ける引き戸ではなく上部から吊るタイプの引き戸で床面にレールが無いものを用いる．

環境設計

01 建物の配置は北向き斜面よりも南向き斜面の方が日照をとりやすい

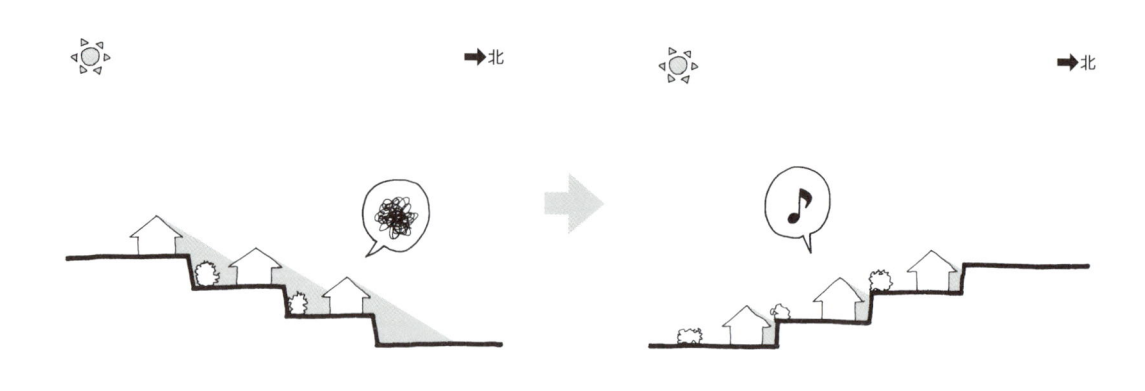

▶ 土地の起伏の多い場所での宅地開発の場合には，北向き斜面では日照を確保するのが難しくなるので，敷地全体の中での建物配置に注意しておこう．また，日照ばかりではなく，日本では高湿高温の**不快指数**（▶p197）の高い夏期の主風向が南なので，通風上も南斜面が有利になりやすい．

02 夏期の西日受熱に注意した開口とする

▶ 西側に大きな開口を持つ居室では，夏期の太陽が西に傾いてから日没までの時間が長いために受熱量がきわめて多くなる．冷房設備の無い場合は夏期には耐えがたいし，冷房設備があっても負荷が大きくエネルギーの無駄使いとなる．開口部の方位を常に念頭において設計を進める．

| 03 | **天井と屋根の間は断熱のためのスペースでもある** |

▶ 屋根は雨をしのぐためだけにあるのではない．強い日射を遮り，そこで受けた熱量を居室空間まで来ないようにする仕掛けでもある．陸屋根で直付け天井のような場合には屋根で受けた熱が直接室内に伝搬してしまい夏期には耐えがたい．和風小屋組は，その隙間に通風をとることで屋根で受けた熱を排出する仕掛けでもある．

| 04 | **庇で日照をコントロールする** |

▶ 冬期にはできるだけ多く日照を受け，夏期にはできるだけ日照を受けないようにしたい．冷暖房のエネルギーを抑えることが経済的にも地球環境の面からも重要である．そうした目的を，庇で達成できる．夏の太陽光は高い位置から差し込むので，庇で室内への受熱を抑えられ，冬の低い角度からの光は庇があっても室内に届くからである．

環境設計

05　植栽で日照をコントロールする

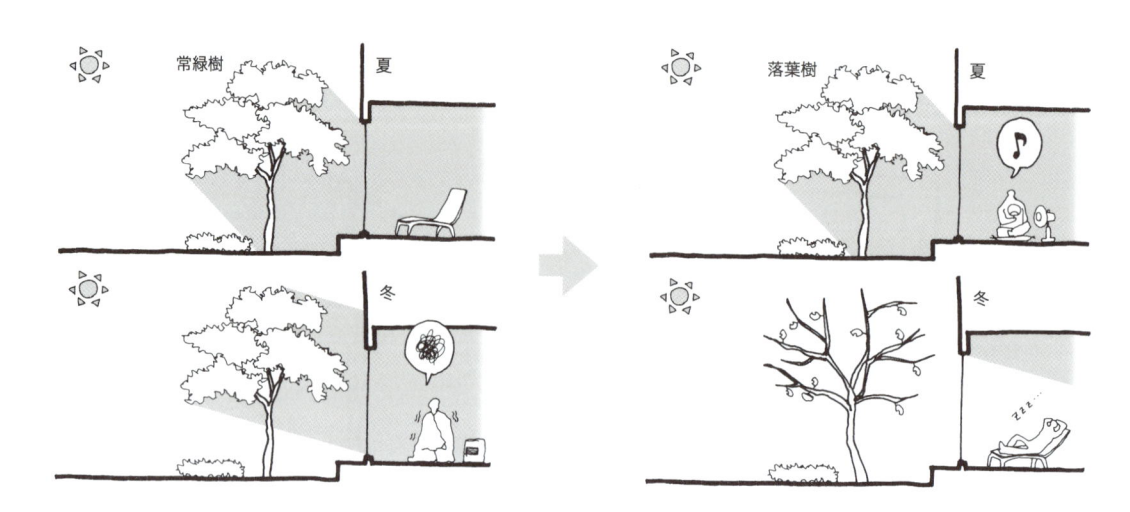

▶ 冬期に多く日照を受け，夏期には日照が少なくなる仕掛けとして植栽が利用できる．夏期には大きな葉が茂り，冬期には落葉する樹木を建物南面に植えると，葉によって夏期には日照を遮り，冬期には枝の隙間からの日照が期待できる．日照だけではなくプライバシー保護のための視線の遮りや景観の効果を総合的に考えて検討しておく．

06　濃い色のブラインドは，日光を遮っても熱を室内に持ち込む

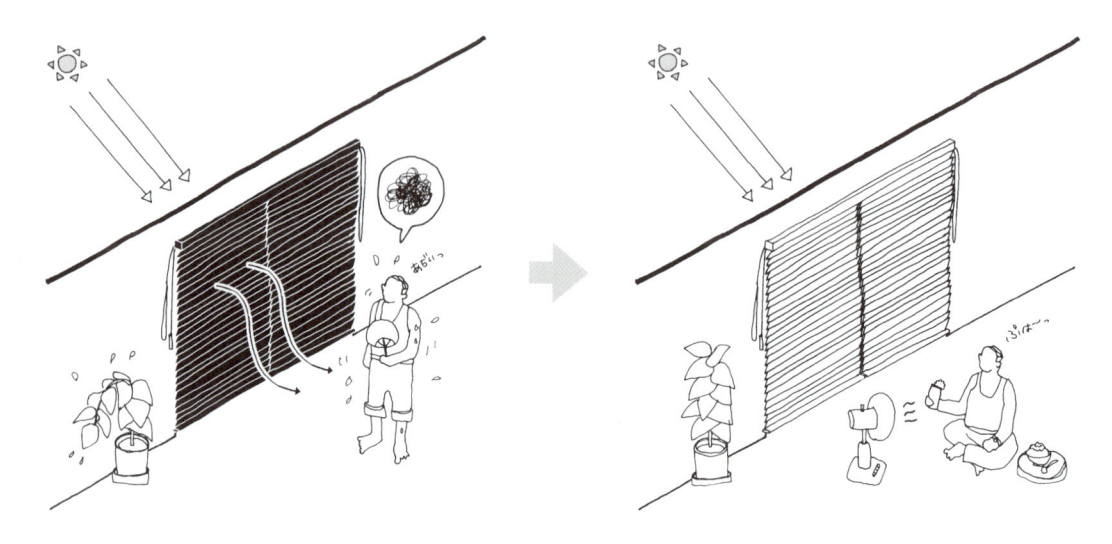

▶ 室内インテリアだけを考えて濃い色（受熱しやすい黒など）のブラインドを取り付けるデザインは注意したい．日光や視線を遮るものの，夏期の南面窓では，ブラインド自体が受熱し，そこからの熱輻射によって室内に熱を持ち込み，室内環境としては好ましくない．インテリアは見た目だけでなく環境も考えてデザインしたい．

共通事項

07　反射ガラスは迷惑がかからないようにチェックが必要である

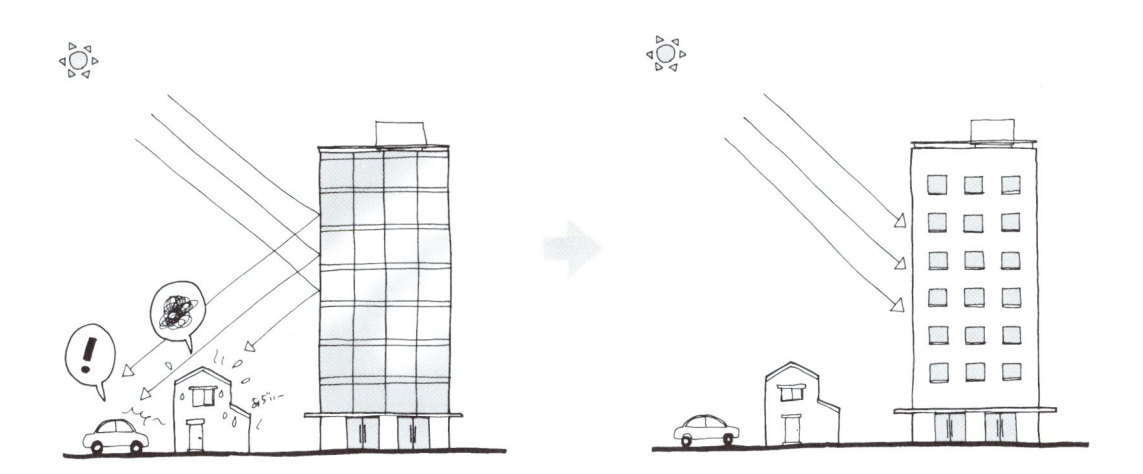

▶　自分の設計した建築の壁面に街の風景が映るのは楽しい．そんな思い入れで壁面を反射ガラスで覆うデザインの建築が増えている．しかし，その太陽光が思わぬところに反射して近隣に迷惑をかけるトラブルも多い．どんな反射光となるかチェックした上で採用すべきだろう．

08　開口部高さが人に与える感覚を理解しておく

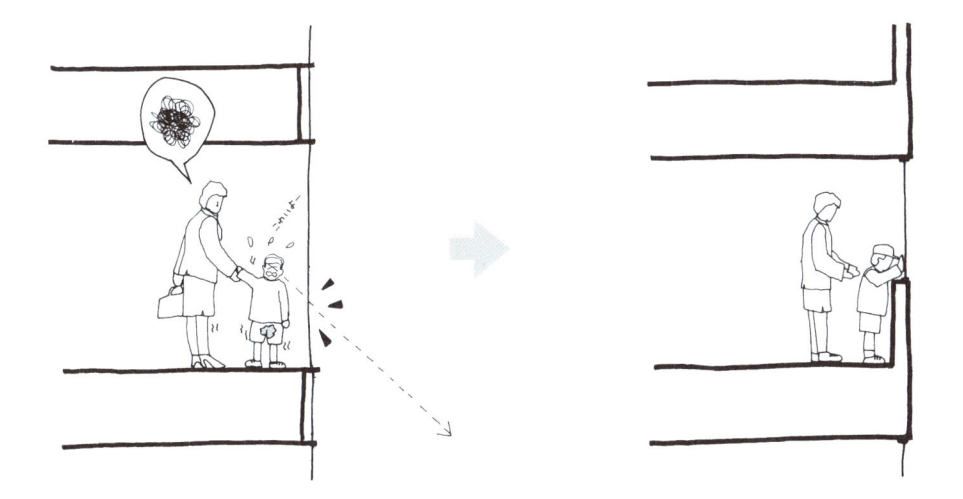

▶　下部が床面までの広い開口は気持ちが良さそうに見えるが，近づくと不安感を持つ人もいる．そうした不安感を回避するために床面が開口ガラス面よりも外部にまで延長しているようなデザインや，下の部分の視線を遮るデザインが採用される．建物用途にもよって開口部高さを慎重に決定する．

環境設計

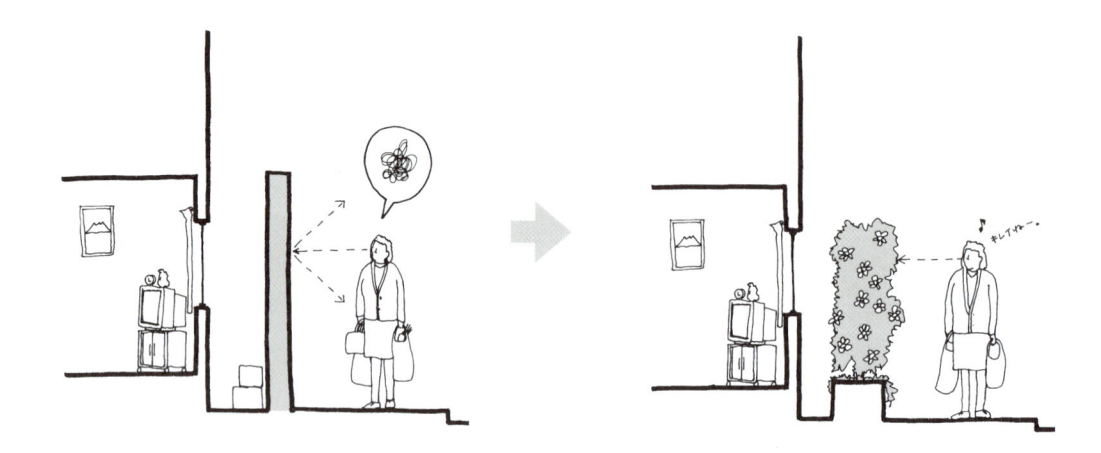

09　完璧な視線遮断は避け，植栽で柔らかく視線を遮る

▶ プライバシーを保護するために視線を遮る必要のある場所がある．通りに面した開口部や近接して向かい合った開口部などである．こうした場合に高い塀で視線を遮断するのも可能であるが，圧迫感を与えやすい．プライバシーを保護する程度であれば，植栽で柔らかく視線を遮る方がスマートである．

10　廊下の照明は，照明光が届かない死角が発生しないように注意

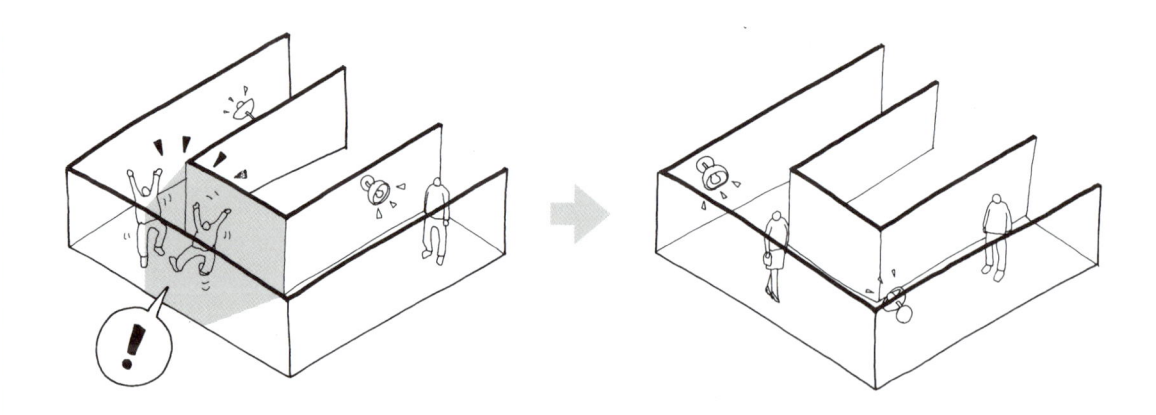

▶ 通路や主要動線の明かりは，機能上照明でカバーできるようにするのが原則である．折れ曲がった廊下などでは，無造作に照明位置を決めると照明光が届かない死角が生じてしまう．この点に注意しながら照明の位置を慎重に決めてゆく．

11　昼と夜を想定した照明を考える

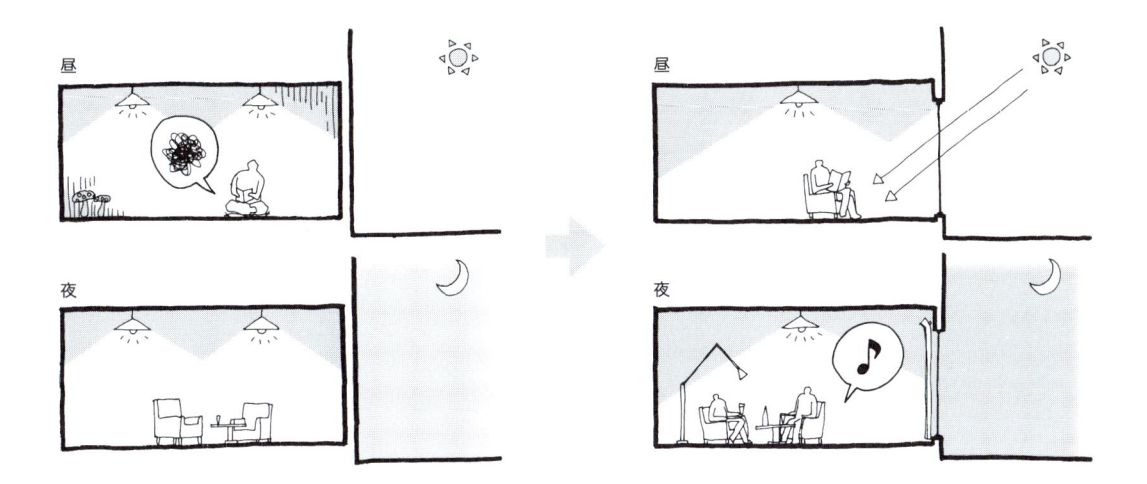

▶ 照明は夜だけのものではない．また，照明があるからといって無窓でよいわけではない．昼間の自然光の室内空間と夜の照明の明かりの中の空間という二つの雰囲気を一つの部屋で味わうことを考えておこう．光は雰囲気の演出効果が大変高い．昼間は機能性を重視して照明は自然光を補い，夜は照度を抑えてくつろぐことを重視する．

12　室内の雰囲気づくりに照明を活用する

▶ 照明は空間の雰囲気を演出する道具でもある．照明の仕方で室内の雰囲気は大きく変わる．機能重視の空間では十分な照度を確保するが，ゆったりとくつろぐ空間では，照度を落とす．また，室内全体を照明するのではなく，部分的にすることで，人と人との親密感さえ生じてくる．

環境設計

13　光源を見たくないときには間接照明を使う

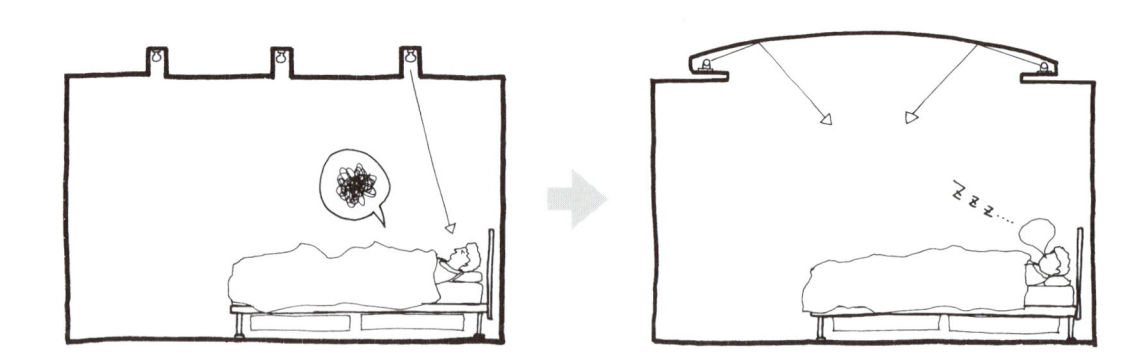

▶　ゆったりしたいときや眠るときに視野に光源が入っていては，落ちつけないし眠れない．そうした状況のために，**間接照明**（▶p193）や**グローブ付き照明具**（▶p194）を活用して直接光源を見えないようにしておく．寝室などではこうした配慮が必要である．

14　一面開口よりも反対の面に開口があると換気効率は高い

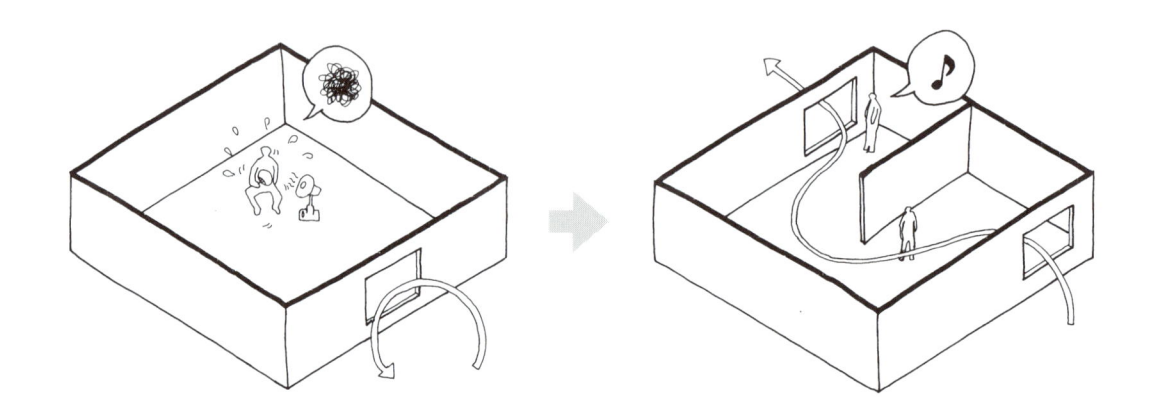

▶　一面だけの開口部では入る空気と出る空気があるので空気の出入りは小さいが，反対方向にもう一つ開口を設けると風の流れがスムーズで**換気効率**（▶p193）がよい．直接対面した窓どうしでは風の流れが直線的で室内の他の部分の換気がよくないので，この風の流れ道が室内を廻って出てゆくようにすると換気効率がよくなる．

15　上下の開口をとると換気効率はよくなる

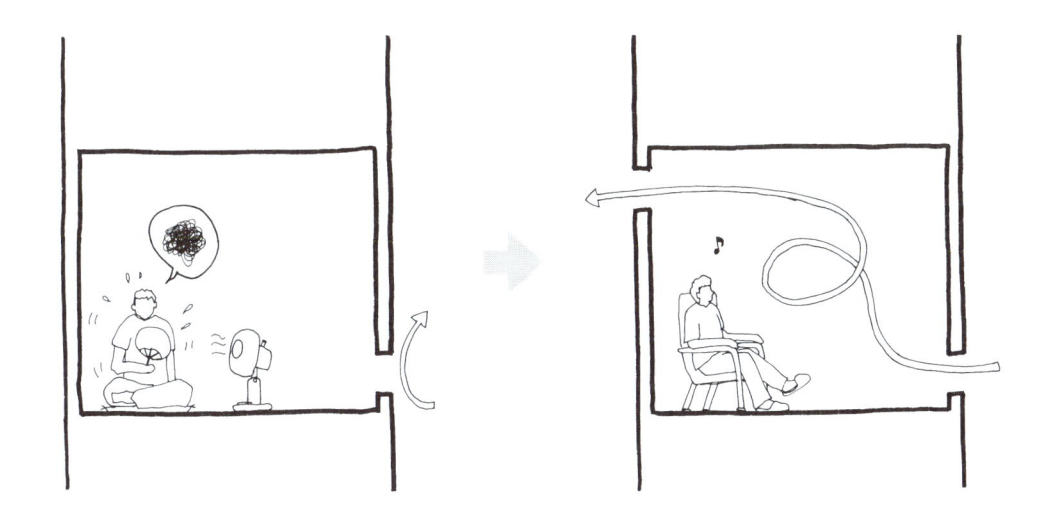

▶ 暖かな空気は上昇する．この結果，一つの窓でも室内の暖かな空気は窓の上の方から出てゆき，その分，窓の下の方から涼しい外部の空気が室内に流れ込む．この原理から開口部を上下2か所にすると，下から入り上から出てゆく流れができて**換気効率**（▶p193）がよい．また，開口部の一つを室内反対側にするといっそう効率がよい．

16　地階居室にはドライエリアで通風・採光を確保する

▶ 地階では湿度が高くなりやすい．通風をとることによって湿度を排出するとよい．このための一つの方法がドライエリアである．居室壁面部分を掘り下げてスペースをつくり，ここから通風と採光をとる方式である．

17 内外の温度差があるところでは結露しやすいことに配慮する

▶ 冬期に室内で暖房し，その部屋の壁が直接寒風にさらされるという状態であると，室内の空気中の水蒸気が壁で冷やされて結露してしまう．押し入れや収納スペースの壁面が結露して寝具や収納物に損害を与えることもある．断熱材を利用するなどで結露防止を図る．また，たとえ結露が生じても問題のない使用を想定した設計とする．

18 積雪地では冬期の積雪対策を考えた設計が必要である

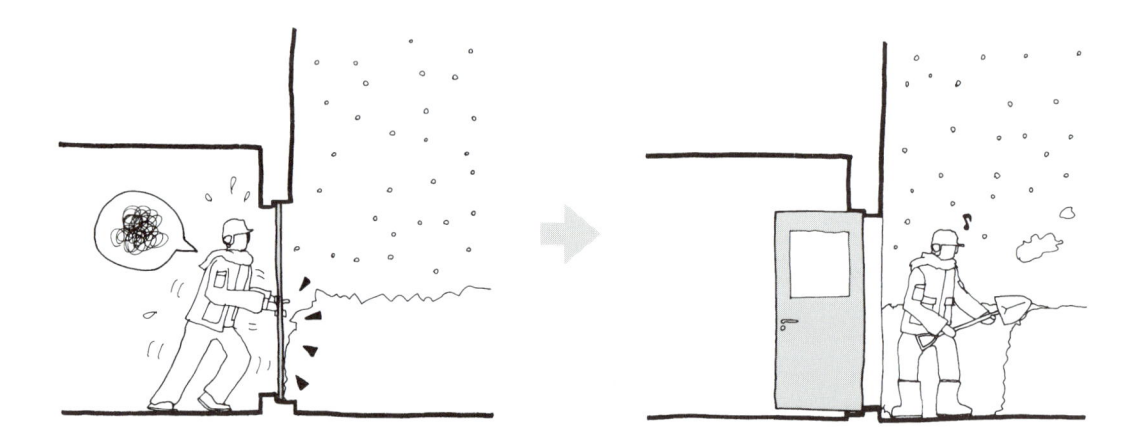

▶ 雪下ろしを考えた屋根の形状はもちろんだが，屋上の出入口が積雪時でも使用できるように引き戸，内開き戸とするなどの配慮が必要である．また，屋外非常階段が積雪時にも使用可能となるように積雪防止のために囲いを設置，凍結防止の熱源設置なども検討しておく必要がある．

共通事項

19　屋上や人工地盤の植栽には，必要な深さの土と排水処理を忘れない

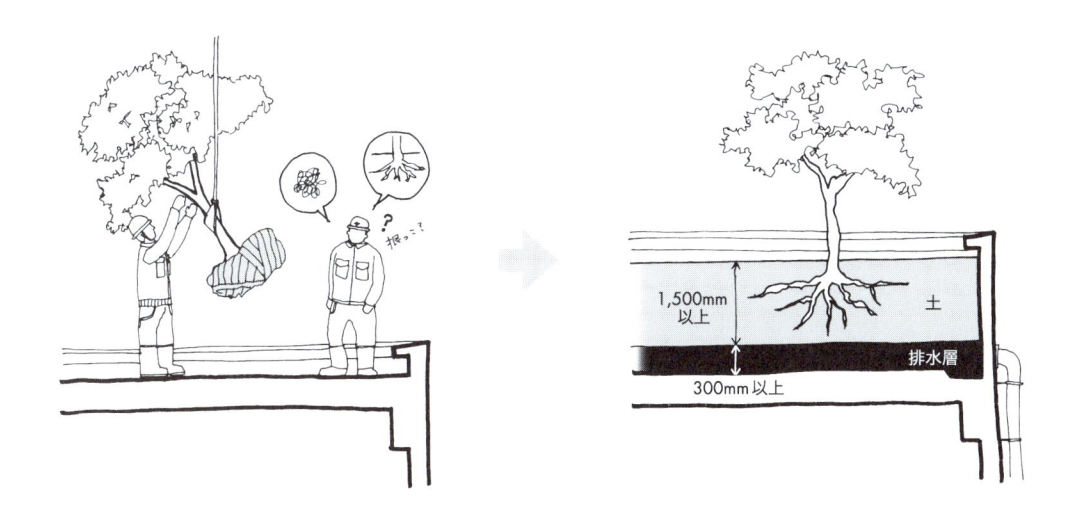

▶ 近年の環境問題に対応して屋上緑化や人工地盤上の植栽がなされるようになってきた．しかし，樹木で1,500mm，芝生で300mm以上の十分な深さの土がなければならない．さらに，土が流れて**ドレイン**（▶p196）を詰まらせることのないように，下部に300mm程度の排水層が必要となる．これらの寸法を設計当初から考えておく必要がある．

20　どんな音がどこから来るかに注意して設計する

▶ 図面では形は確認できるが，音のことを忘れやすい．造形的にすぐれた空間であっても，水洗便所の音，外部騒音などで簡単に台無しになる．音楽ホールの設計ではもちろんであるが，一般の建築でも音環境は大切である．意外と空調設備などからの音対策が見落とされる．空調設備をどこに配置するのか設計の初期段階から考えておく必要がある．

21 外部騒音を植栽で軽減することも可能である

▶ 道路からの自動車騒音や近隣施設からの騒音を回避するために二重窓にするなどの対応もあるが，植栽によって騒音を軽減することも可能である．視線を遮ることや建物まわりの植栽計画と総合的に考えてみる．

22 排水系配管からの騒音に注意しておく

▶ 上階の便所の配管が寝室の近くを通るような設計では，深夜の水洗音で下階の就寝者が目を覚ますということになる．集合住宅では近隣関係のトラブルの原因にもなる．配管の位置とそこから生じる騒音を念頭においてプランを検討してゆく．

23　水まわりはまとめて配置する

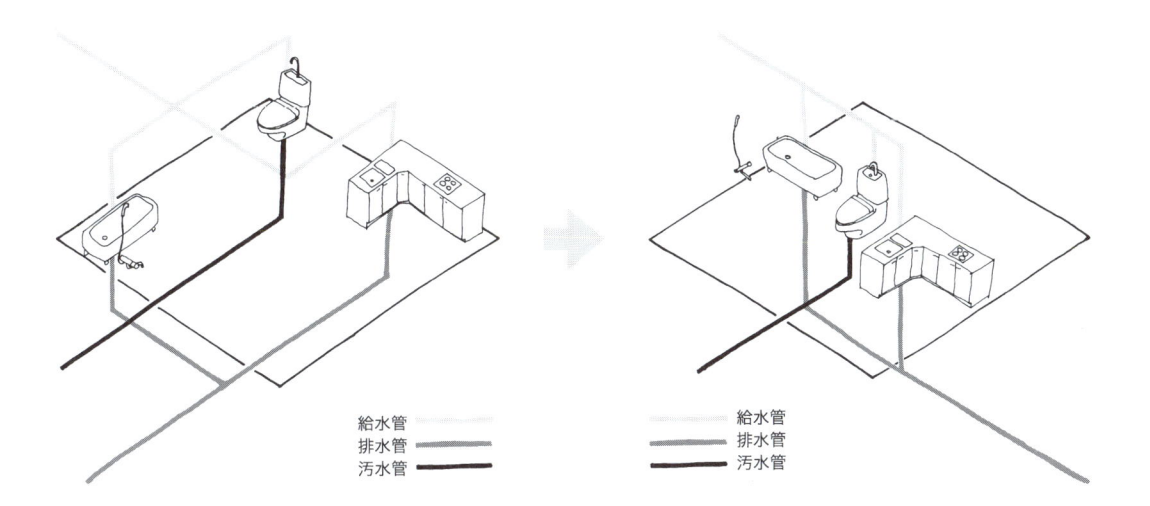

給水管
排水管
汚水管

給水管
排水管
汚水管

▶　洗面，浴室など水を利用する空間を「水まわり」という．こういう空間をなるべくまとめたところに配置しておいた方がよい．ばらばらな配置であると，防水処理をする箇所が増え，配管が長くなり，コストが増加するからである．また，配管長が増加するとともに配管位置をどこにするかで設計の自由度が厳しくなり，デザインしにくくなることもある．

24　居室天井は2,100mm以上とする

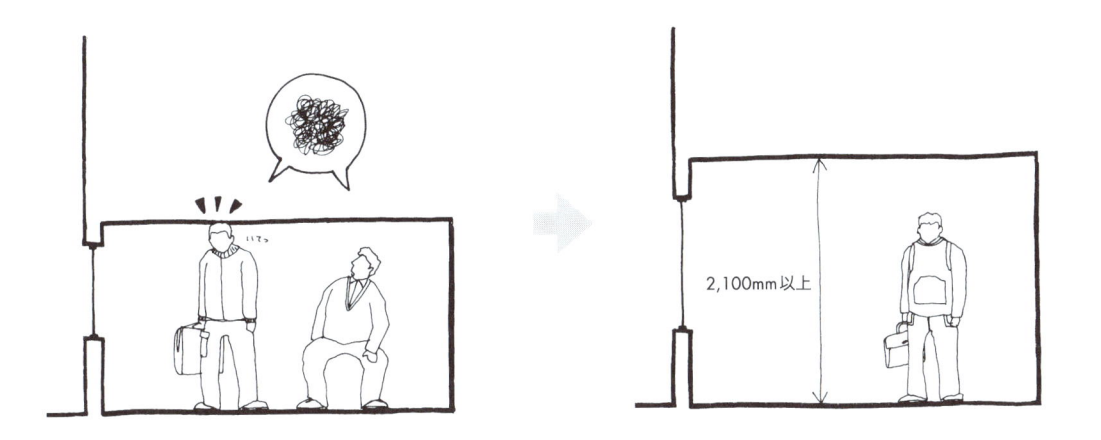

2,100mm以上

▶　人が常時使用する部屋では，天井が低すぎると圧迫感があって好ましくないのはもちろんであるが，十分な換気ができなくなり環境の面からも問題である．居室天井は最低でも2,100mm以上とし，学校などの場合は3,000mm以上とする．

設計に必要な基礎知識

01 引き違い戸や窓では右が手前となる

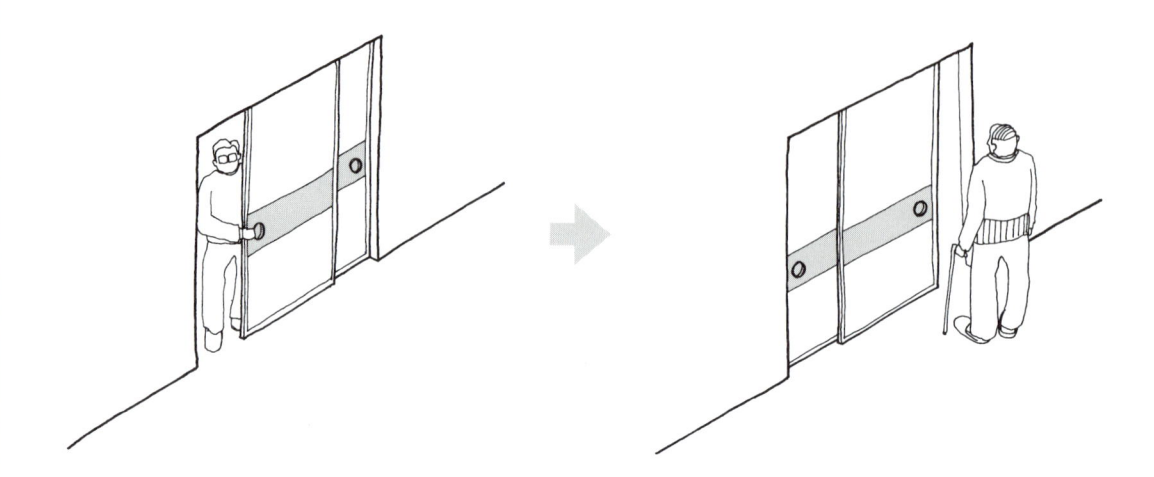

▶ 襖，引き違い戸や窓では右が手前となる．慣習であり，無意識にそうなっていると人々が理解しているので，あえて逆にすると使いにくいことになる．また，手を挟んだりする事故にもつながるので，この慣習にそって設計しておいた方がよい．

02 ラーメン構造は柱と梁でフレームができて床がのる

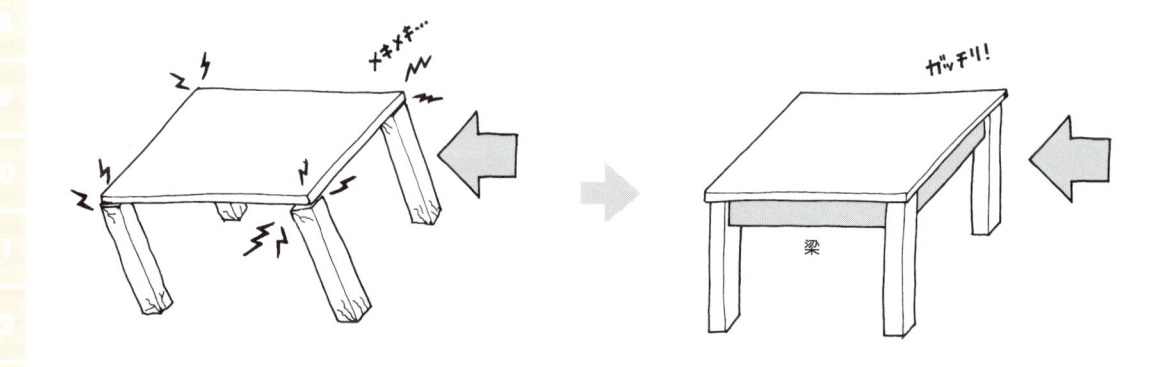

▶ 柱の上に床板がのっているわけではない．薄い床スラブだけでは自重さえ支えるのは難しい．床板を補強する意味でもフレームになる梁が必要であるし，横からの力に対しては梁がないと耐えられない．柱と梁でしっかりとしたフレームがあって，床板がのっていることを理解しておこう．

| 03 | **梁断面は縦長の方が有利である** |

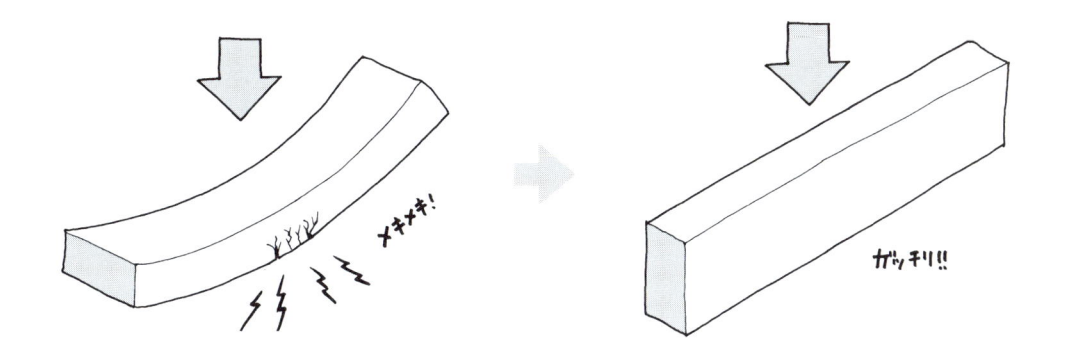

▶ 右図の方が左図の場合より強い．つまり，梁断面は縦長が有利である．この縦の長さ梁成は，**スパン** (▶p195) が長くなるに従い大きくなる．このため，スパンを無理に長くしてしまうと，梁成が大きくなり，それにつれて階高が増え，結局，建設コストが増加することも知っておくべきである．

| 04 | **階段の下りはじめの位置は梁断面が欠損しないようにする** |

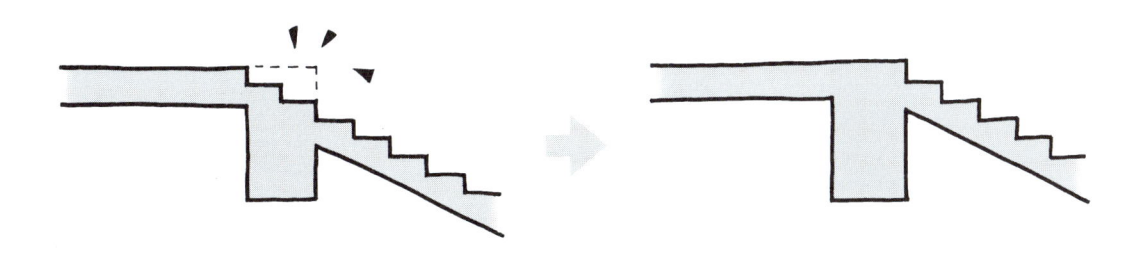

▶ 梁は大事な構造材である．設計初期段階では心々で大まかに設計することが多く，柱中心のラインを階段の下りはじめの位置と考えていると，梁断面が欠損してしまうので注意しておこう．

05 エレベータシャフトには上下にスペースが必要である

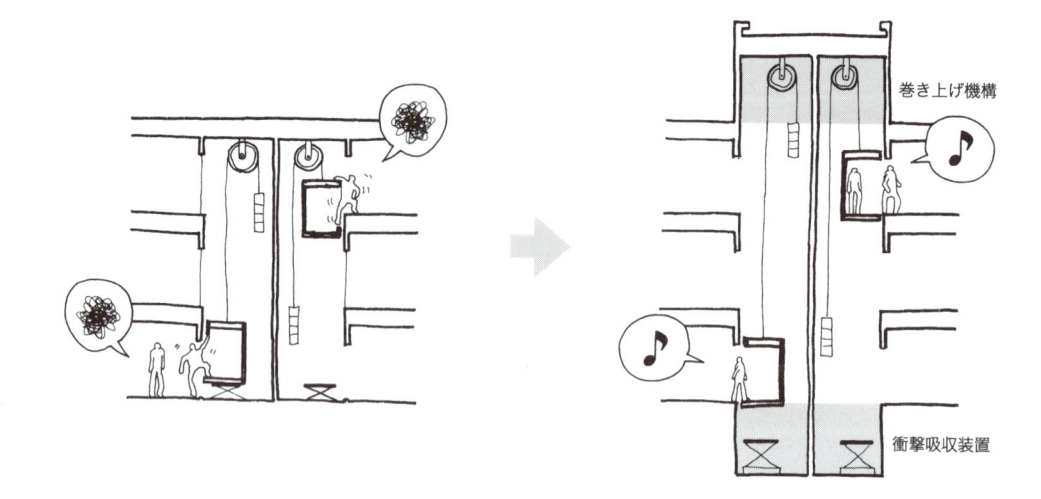

巻き上げ機構

衝撃吸収装置

▶ 最下階の床面より下にもスペースが必要で，このピット部分に衝撃吸収装置が入る．また，上部には巻き上げ機構が入るスペースが必要となる．設計初期段階から，これらスペースが必要となることを念頭において全体プランを考える必要がある．

06 寸法の体系を考えておかないと無駄な隙間ができやすい

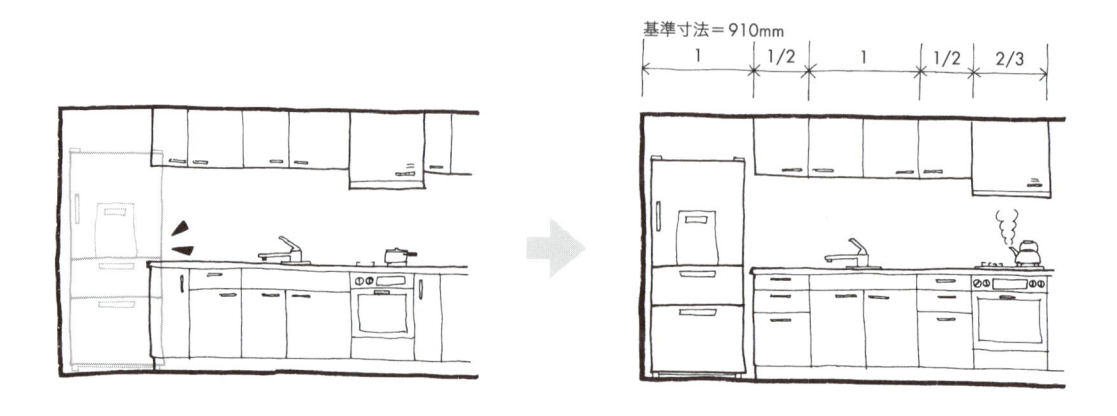

基準寸法＝910mm
| 1 | 1/2 | 1 | 1/2 | 2/3 |

▶ **柱スパン**（▶p195. スパン）などの基準寸法を設定し，体系だった寸法を使用すると無駄な空間が生じることが少ない．このような寸法体系をとることを**モジュラー・コーディネーション**（▶p198）と言い，とくに大規模建築では必要になってくる．

共通事項

| 07 | 配管が付く設備では，梁との取り合いをイメージして位置を決める |

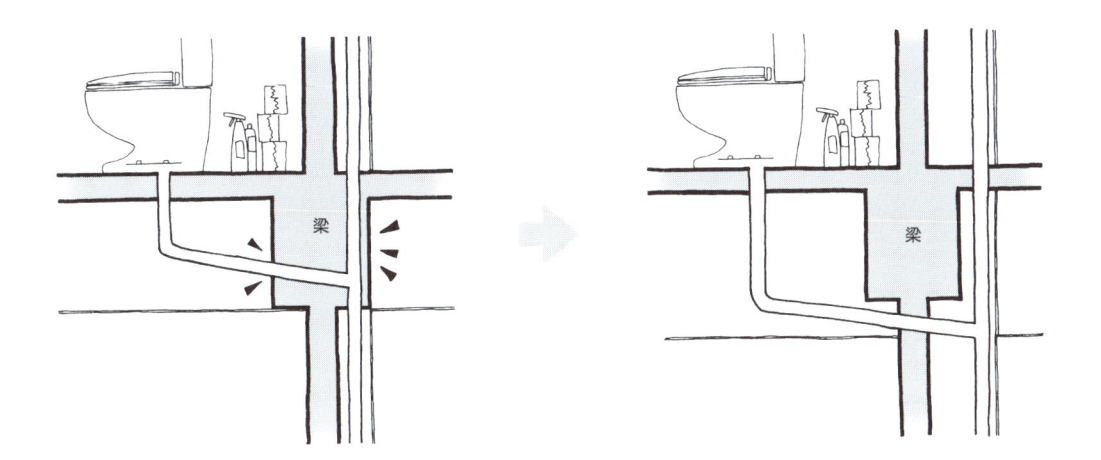

▶ 便器のように配管が取り付く場合，重力で排水するので配管に勾配が必要で，そのため床下と下階天井の間に十分なスペースが必要となってくる．このとき，梁との取り合いを考えておかないと，配管施工が困難になったり，梁に貫通孔が必要になる．

| 08 | 壁や柱をバランスよく配置する |

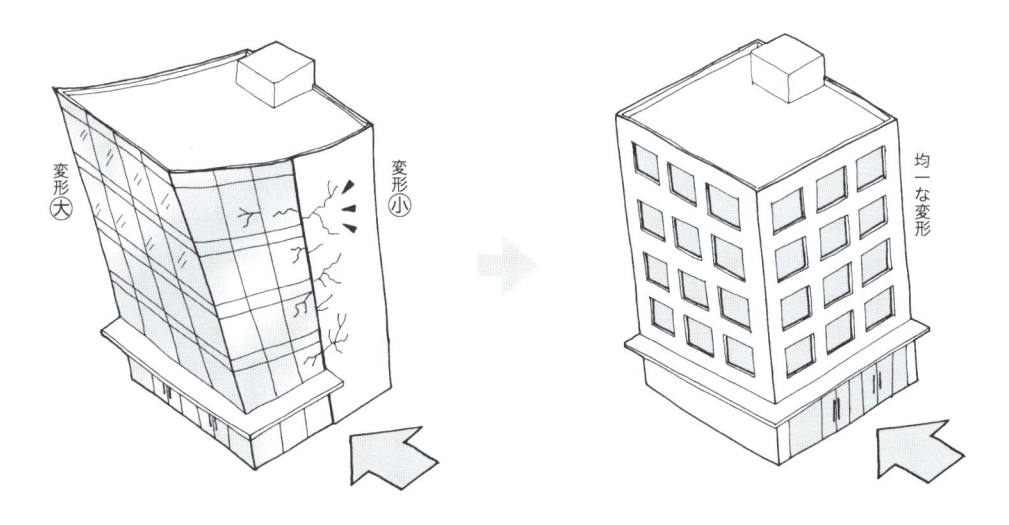

▶ 構造壁がまったくない柱だけの構造では，地震の多い我が国では構造性能を確保するのにかえってコストがかかり不利である．また，柱や構造壁を偏って配置した建物も地震に弱い．設計の初期段階から，構造力学のビジョンを持って，使用機能や意匠を考えておく必要がある．

コラム3　住まいのカタチ

　蒸し暑くなってきた頃，今年初めてクーラーのスイッチを入れてみる．しかしまだ冷房には早すぎた．ほどなくしてクーラーを止め，窓を開けてみる．新緑の樹木の間から風がわたってくる．「ああ気持ちいい」という声が聞こえた．冷房は7月，8月にしよう．

　雨の日は機嫌が悪くなる．薄暗い空は眺めてもしようがないと思う．が，新潟やロンドンの日常はどんよりした空で，5月，9月の快晴の月が待ちどおしく名残惜しいとそこの住人達が言っていたことを思い出した．そういえば「5月よ永久に」という映画もあった．

　所変われば品が変わる．

　九州育ちの檜は，温暖な気候で成長が早いため年輪の幅が広く，見た目も感触も締まりがない．日本一の銘木とされる木曽の檜は岩肌の山で寒風にさらされて育つ．だから，年輪が1mm幅で目がつまっており，木肌も強度も極上である．

　このような気候風土への感性に対応した，伝統的な日本の住まいがある．そのデザイン手法は魅力に満ちたものだ．しかし，と思う．それより大事なことはないのだろうか．

　高齢者の母親と同居するために3階建ての2世帯住宅を建てた．木肌と畳の香りに包まれ，眺めのよい庭に面した和室で昼寝をしている老母を3階から子供が大声で呼び出すたびに，母親の機嫌が悪くなる．若い者が頭上から年寄りを呼びつけるとは何事か．というわけで，家族関係がぎくしゃくしたとの話がある．

　住まいづくりは家庭のカタチづくりともなる．「子供が育つ家」「離婚しない家」「超高齢者の我が家」などの今日的テーマには，人と人が巻き起こすさまざまな出来事が詰め込まれている．日常の出来事に対処する住まいのカタチには，感性とは別のところでの知恵と知識が必要である．

コラム4　日本建築にもグローバルなものがある

　「月日は百代の過客にして……」の名文を思い出して欲しい．過客をkakyakuと発音するのは東京都特許許可局のようで発音しにくい．芭蕉先生も果して発音できたのだろうか．しかし，ご安心．古い本では過客の所には「くわきやく」とカナがふってある．quakyakuと発音すると舌を噛まないですむ．現在，日本語の発音はka, ki, ku, ke, koしかないが，江戸時代まではqua, qui, qu, que, quoという発音があったようだ．

　この発音のものと思われるものに閼伽棚（アカダナ）という建築用語がある．お寺で参拝の前に手を清めたりする場所のことである．閼伽はもともとサンスクリットで，水の意味のaquaで仏教とともに中国経由で日本に伝来した言葉である．

　このaquaはかなりパワフルな言葉で，シルクロードの時代にすでに世界を駆け巡って各地の言語に居すわっている．日本とは反対方向のインドから西へ伝わっているのは，イタリア語やフランス語にこの言葉が入っていることからわかる．例えば，フランス語で水彩画のことはaquarelleという．その後イギリスに渡ったこの言葉は，英語にも水族館などaquaの付く言葉を多く残している．イギリスから大西洋を渡りアメリカに至る．20世紀に発明されたaqualungは，太平洋を越えて日本に至り，カタカナでアクアラングと表記される．閼伽棚もアクアラングも語源は同じで，東まわりと西まわりで日本に伝来した，世界を股にかけた言わばグローバルな言葉なのである．

　このように建築にまつわる由来を辿ると，なんとなく古臭いと思われがちな日本の伝統的建築空間が結構国際的なものであることに気が付く．ときには，日本的空間の中に佇みながら世界に思いをはせるというのも楽しい．

建築物の分類軸には，時代別，地域別，機能別などがある．ここでは建築空間に要求される目的，役割つまり機能別分類を基調として12の項目を設定した．筆頭に病院をあげたのは，これまで建築計画学が蓄積してきた情報を最も多く持っている分野の一つであり，将来においても重要なノウハウを示すと考えたからである．以下，等身大の居住空間から順にコミュニティ，パブリックへ領域拡大して，複合，交通という総合分野でまとめた．

第2部 各種施設

1 病院
2 高齢者施設
3 住宅
4 保育所
5 学校
6 図書館
7 コミュニティ施設
8 スポーツ施設
9 事務所
10 商業施設
11 複合施設
12 交通施設

1 病院

01　敷地は安全で地域に密着した場所を選ぶ

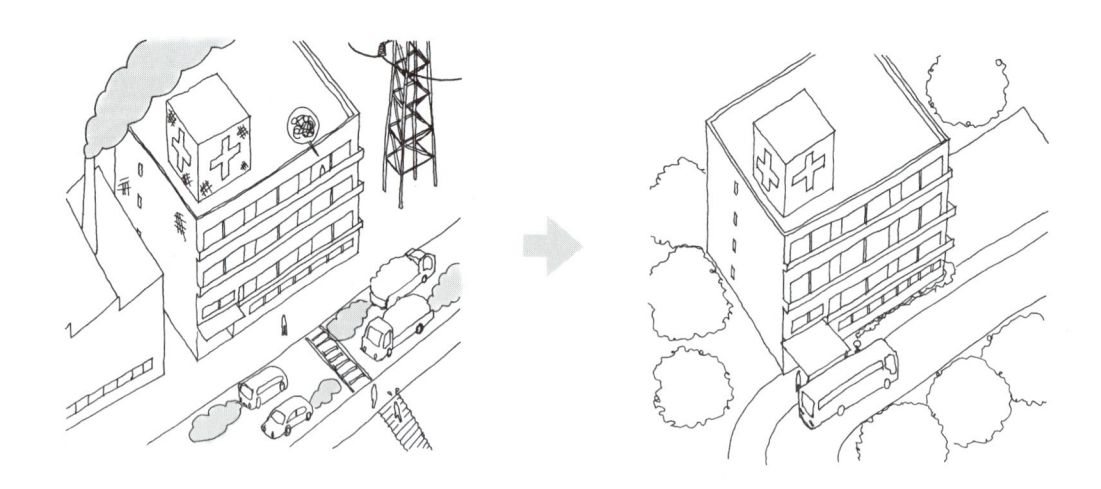

▶ 交通の便が悪く，地域住民にとってへんぴな場所，騒音や工場汚染のはなはだしいところ，電波塔や高圧送電鉄塔の下，自然災害の恐れのあるところなどは，病院の立地として不適切な場所である．病人だけではなく健康診断や機能回復のために通院する地域住民も多いため，利用しやすく地域に密着した場所が望ましい．

02　敷地には空きスペースを確保しておく

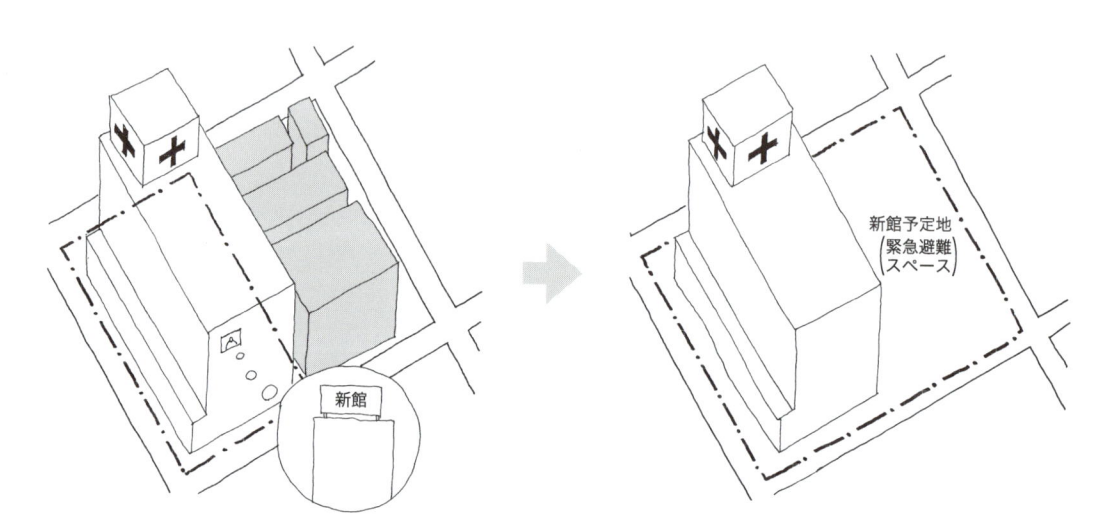

▶ 計画時になかった新しい医療行為が発生し増改築が必要となった場合，対処できるよう十分な空きスペースを部門別にとっておくことが必要である．市街地の病院では，大規模災害時に遠くへ運べない避難患者を応急的に看護するために，建物の周囲に広い空き地を確保しておくことも求められる．

各種施設

03 全体を部門別に大きく区分して構成する

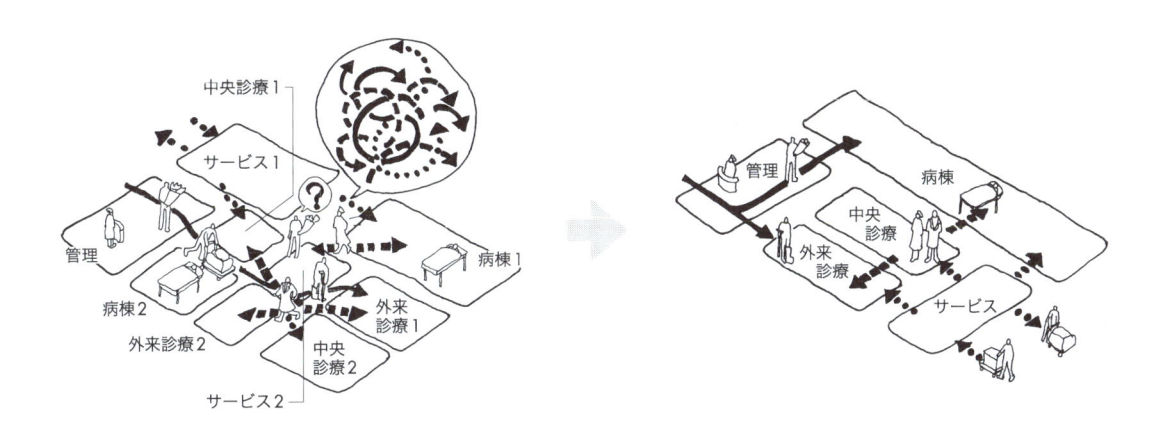

▶ 病院の機能は都市のように複雑である．病院は療養型や特定医療型，救急医療型や慢性期病床型に機能分化する．いずれも多くの人と物と空間が混沌とした構成は，利用者にも病院関係者にもまた増改築にも不都合なものとなる．病院を構成する部門には，外来診療部門・病棟・中央診療部門・サービス部門・管理部門があり，これらを区分して配置する．

04 病院の出入口は1か所にまとめない

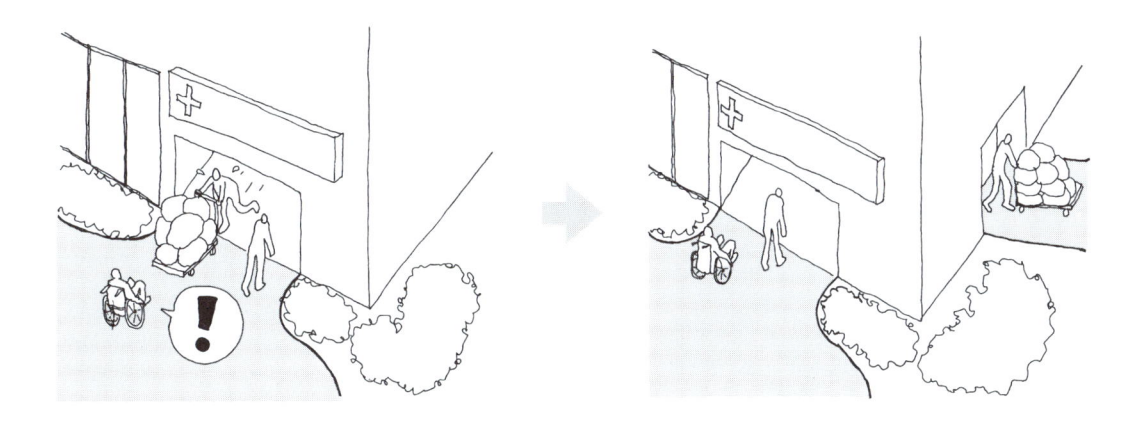

▶ 病院には外来患者，入院患者，救急患者，見舞い客，職員，業者，訪問者などが頻繁に出入りする．外来患者の出入口と病院関係者の出入口が一緒になっていると，さまざまな人の出入りが雑然とし，玄関脇に車椅子，患者運搬車置き場などが設けられることもあって混雑しやすい．病原菌が空気感染してしまい院内感染の原因の一つともなる．

05 水平避難区画で患者を守る

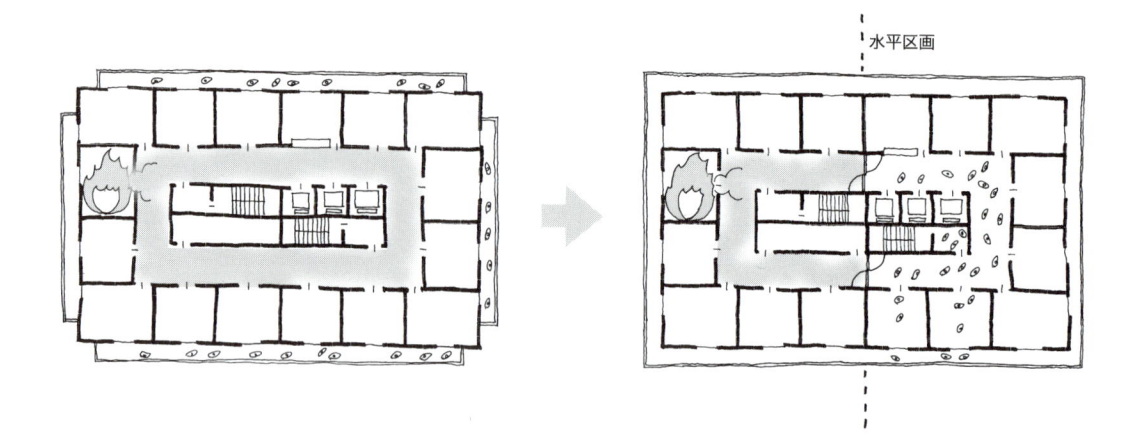

▶ 病棟火災の場合，自力避難ができない患者もおり，階段室まで避難するのに時間がかかる．そこで，病棟平面をいくつかのゾーンに分割し，出火ゾーンから非火災ゾーンへ避難する方法を採用する．このゾーンを**水平避難区画**（▶p194,区画）と呼び，防火区画する．廊下の防火扉は避難の方向が両方ともありうるので，反対に開く扉を2枚合わせたタイプを用いる．

06 不安感を与える色彩は避ける

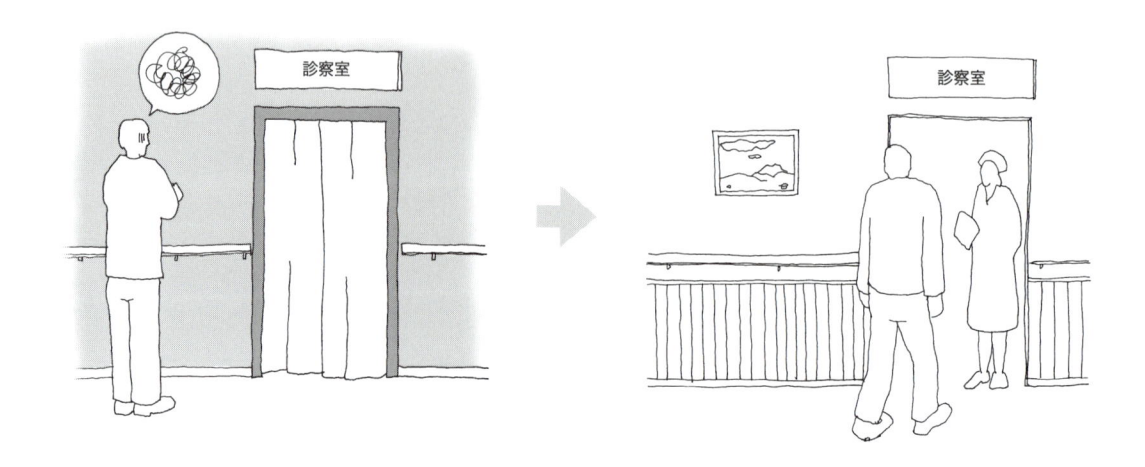

▶ 病院内の色彩は，濃い青や黒では不安感を与える．鮮やか過ぎる配色では落ち着かない．低明度が基調色となると清潔感がない．彩度を抑えた明るい淡い色が適切である．また，目的の場所に誘導する動線を示すライン表示や案内掲示が目立たない配色では意味がない．全体の色彩計画のなかで適切な配色が求められる．

各種施設

07 中央診療部門の位置は外来診療部門と病棟の中間におく

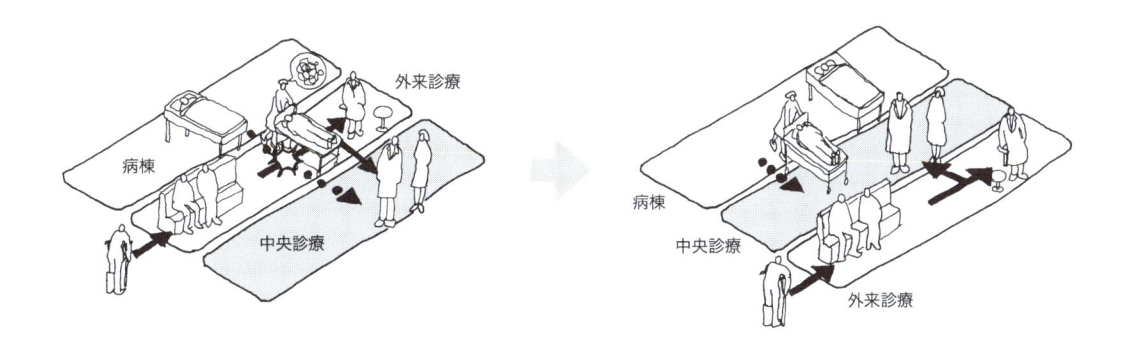

▶ 手術・検査・リハビリテーション・放射線治療などの中央診療部門がある．X線撮影や心電図など各種検査のための受診者の移動動線と，血液・尿など受診者から採取した検体の運搬動線などが複雑に入り組むことになるため，独立した配置とする．全体計画の上では外来診療部門と病棟の中間に置く．

08 手術室は無菌ゾーンの奥に配置する

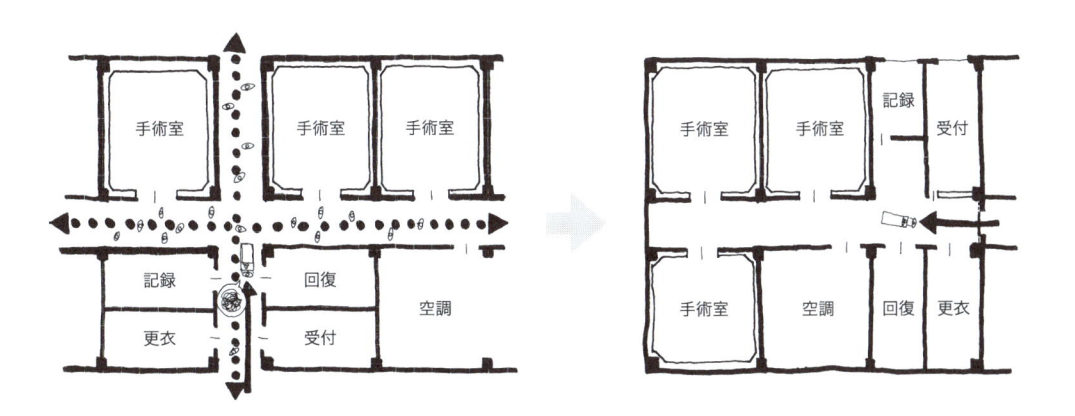

▶ 手術室は，ICU（▶p193）や外科病棟の近くで，通り抜けのできない場所に独立して設ける．手術部の手前に受付を置いて，人や物の出入りをチェックする．手術部では記録・更衣・回復室を準無菌ゾーンに，手術室を無菌ゾーンにしなければならない．完全な無菌室（クリーンルーム）にするため別系統の空調設備を設ける．手術室は手術部の入口から一番奥に置く．

09 手術室の隅は丸くする

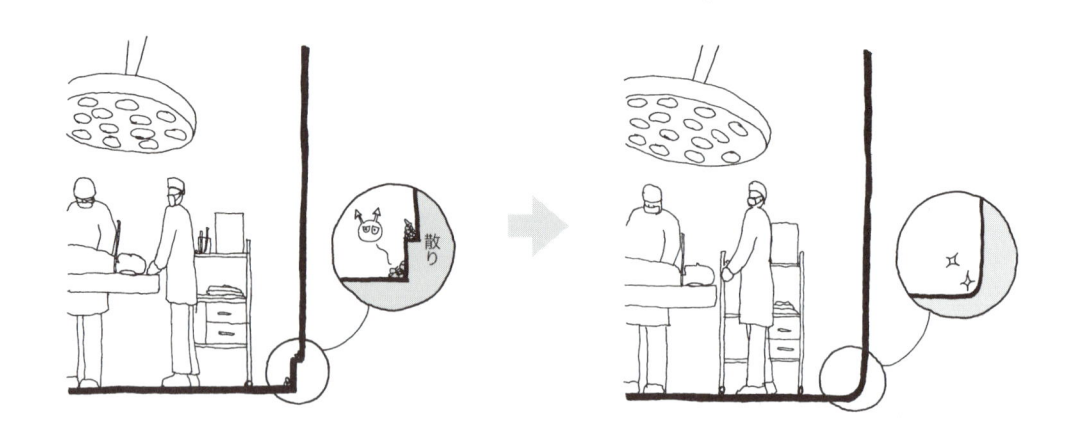

▶ 手術室は無菌室として区画されている．室内にあっても塵やほこりがつきにくい仕上げにする．ほこりのたまり場をなくするために，床と壁の取り合いに丸みをつける．入り隅や散りが「ほこりだまり」となるような納まりは避ける．天井は無影燈を付けるために高くするが，部屋の断面を卵形にすることもある．

10 放射線部門は低層部に配置する

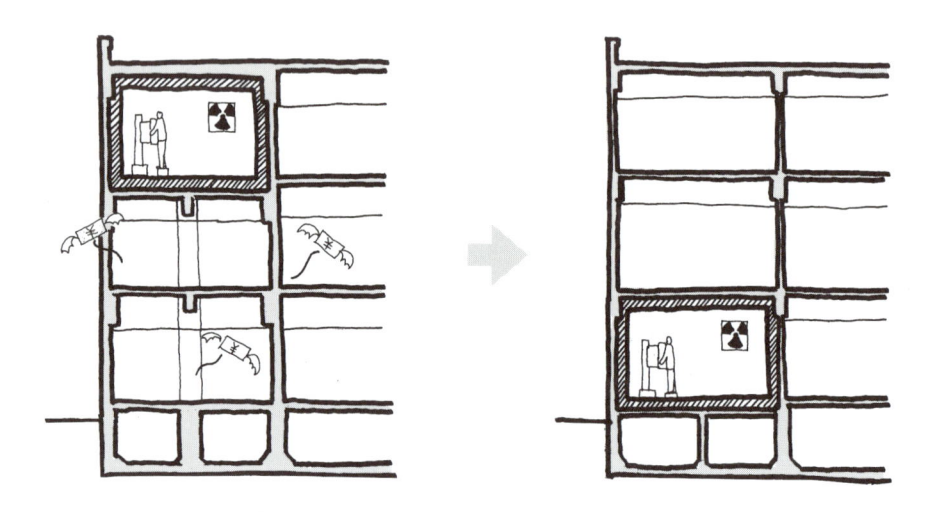

▶ 病院内の間仕切りは数量が多くなることもあり，軽量化されている．例外が放射線治療室である．鉛板を張ったコンクリートで放射線防護をするため，床・壁・天井が厚くなり重い荷重となる．このような部門は構造計画的配慮から低層階に置くことが求められる．この部門は超音波などの検査と関連して独立したゾーンに発展している．

11　リハビリテーション室は訓練内容別に区分して使う

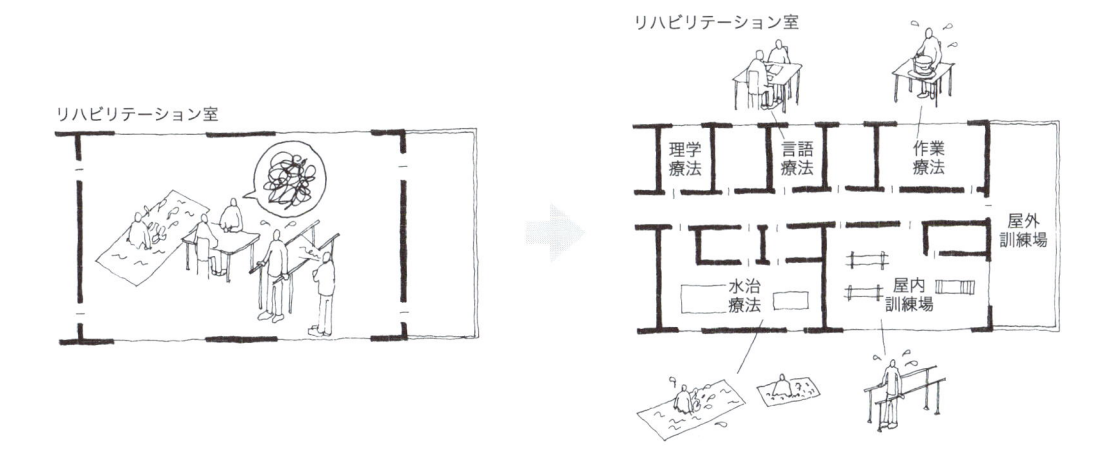

▶ 総合病院では外来だけではなく入院中にも理学療法，水治療法，作業療法，言語療法など各種のリハビリテーションが行われる．室としては，運動ができる広い空間，個別治療の空間，水治療法のための空間に区分される．屋外訓練場との連絡を考慮して，地上階に設けるかバルコニーに隣接して設けるとよい．

12　サプライセンターの動線は交差しないようにする

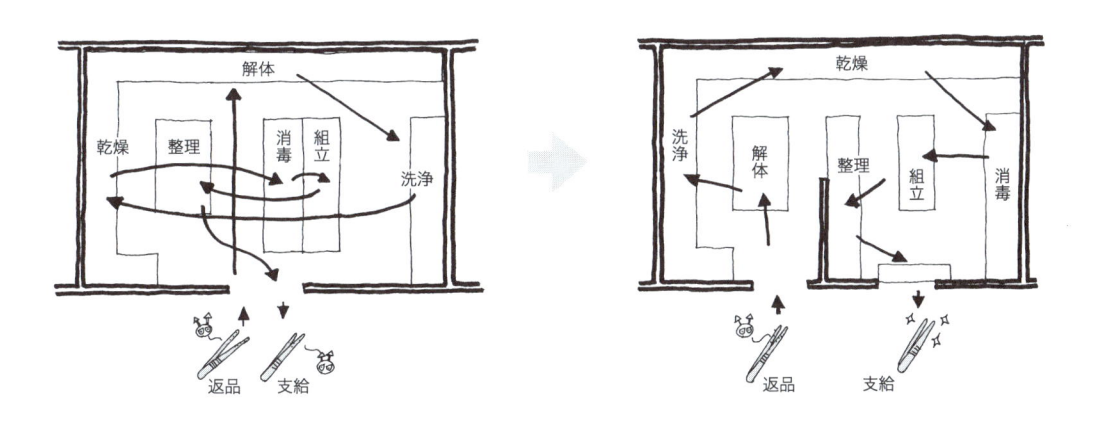

▶ サプライセンターは，外来の診療，病棟での看護，手術などに使う治療看護材料の補給場所であり，保管場所である．回収された使用済み器材を消毒・滅菌して保管し，貸し出す．この一連の作業の流れの中で器材が交差しないことが重要である．滅菌済みの器材と使用済みで未消毒の器材が交わってはいけない．病棟部と手術部の中間の位置がよい．

13 外来診療部門はわかりやすい空間構成にする

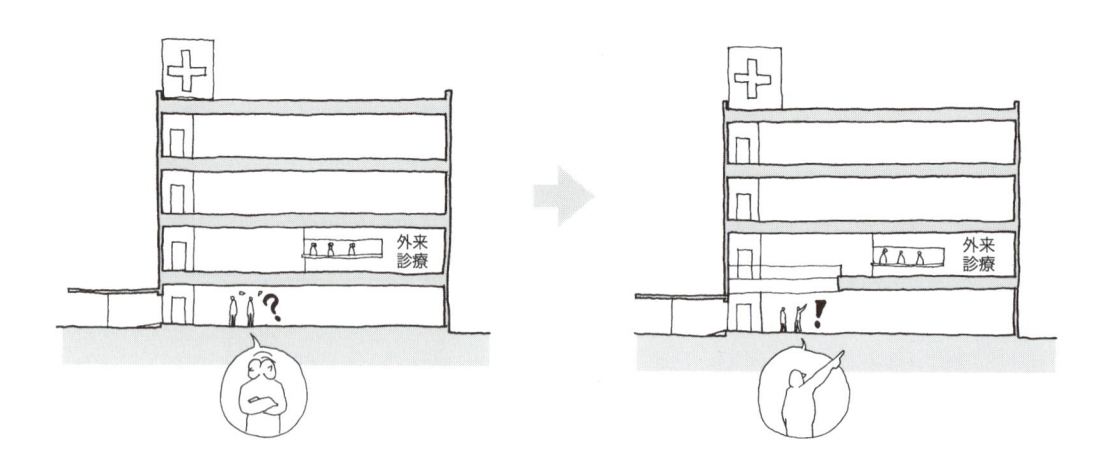

▶ 初めての患者や不特定な患者が診療を受ける外来診療部門は，外からわかりやすい1〜2階に置く．外来診療部門が2階にある場合は，吹き抜けをつくり1階から2階の診療部が見えるようにして，受付・診療・検査・会計・薬局という経路をわかりやすくすることが混雑を避けることにつながる．

14 診察室のプライバシーは守られなければならない

▶ 外来患者の診察室は外に近いところが望ましいが，騒音に注意する．診察聴音，問診内容のプライバシー保護，小児科診察室の泣き声が待合いにいる幼児に恐怖心を引き起こさないために，診察室内の防音に注意する．感染症患者の診察室，待合室は負圧として他のエリアへの空気流通を防ぐ．自然光が入るようにし，明るい雰囲気が望まれる．

各種施設

15　病棟は看護単位を基本にして構成する

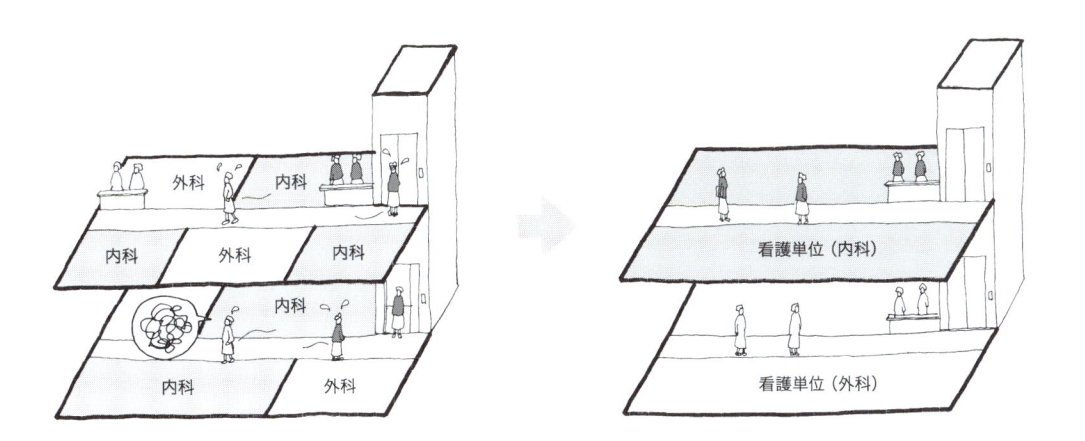

▶ 病棟は一つの看護チーム（看護単位）で区分される．ここには一人の責任者のもとに10数人の看護師・助手がいる．診療科別に適性単位は異なるが，内科・外科系の看護単位は40〜50床，産婦人科・小児科では30床程度が基本である．看護単位内のスペースは通り抜けできないようにし，エレベータなどの主要動線との関連を配慮する．

16　多床室は4床が望ましい単位である

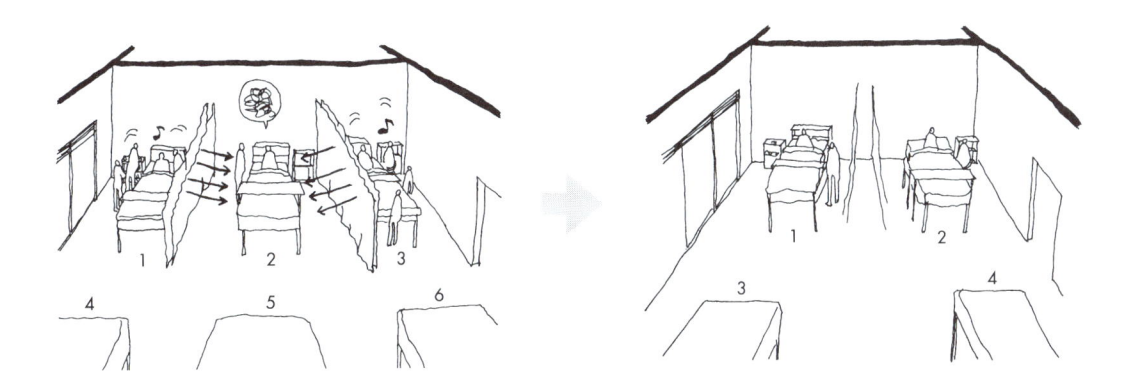

▶ 病棟は病院全体面積の4割を占める．ここは入院患者の生活の場所でもあるため，大勢が一緒にベッドを並べる大部屋方式より，区画された適度な空間領域が望まれる．個室とともに4床室，6床室，8床室があるが，病院経営と個人負担に関係することから，どのような単位を主体に構成するかは大きな計画要素となる．4床単位が主流となっている．

17　ナースステーションは患者の近くに置く

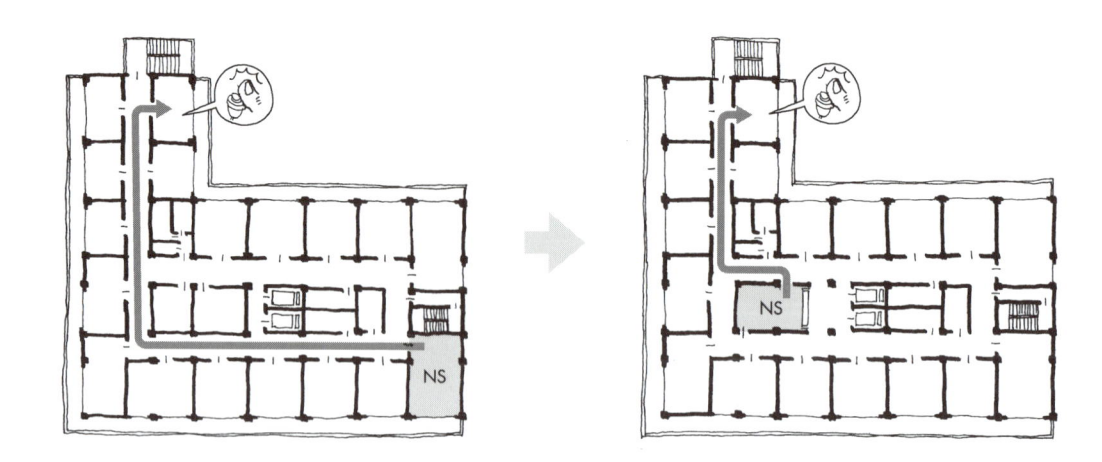

▶ 患者と常に接する看護師の作業性を高めるために，薬品や衛生材料，カルテや伝票を置くナースステーション（NS）が必要である．NSは看護単位の全ベッドの中心となる位置に置いて看護動線を短くし，入院患者と看護師とのコミュニケーションの密度が向上する配置とする．看護単位への人の出入りを管理できることも必要である．

18　病室は医療と生活の場である

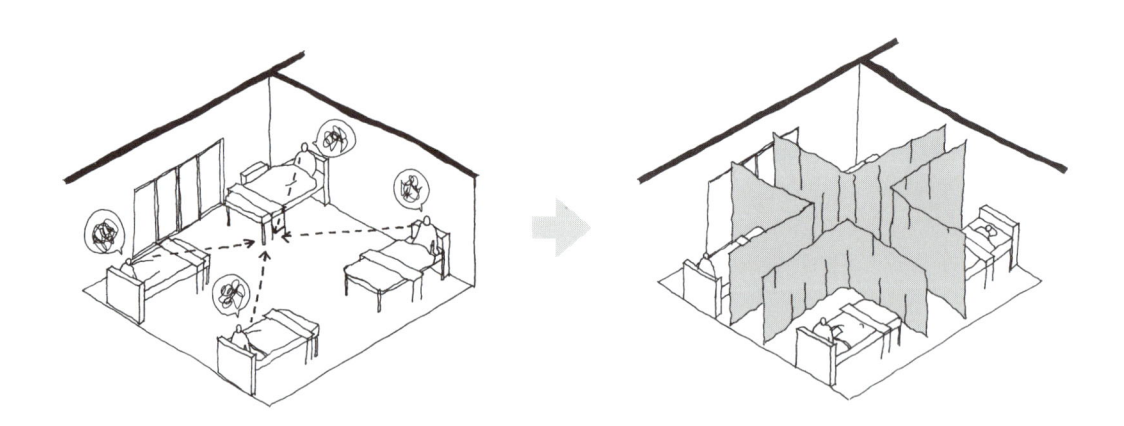

▶ 医療・看護行為のしやすさとともに，安全性や病症別室内環境を考える．患者にとっては生活空間でもあるため，居住性とプライバシーに対する配慮が求められる．二人以上の病室では1ベッド単位にキュービクルカーテンで仕切る．感染病棟では前室が必要で，汚染された食器，寝具などを外部に出さないようにする．

19 ベッドまわりに必要な物品や装置を配備する

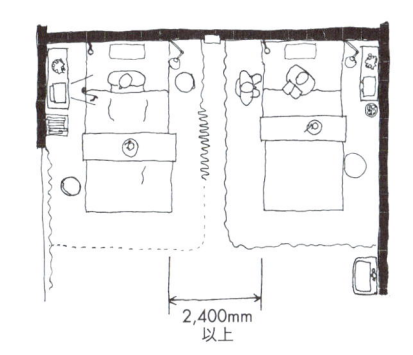

▶ ベッドランプ，ナースコールや酸素・笑気・吸引のアウトレット，その他病状に応じた医療器具のほかに，オーバーベッドテーブル，テレビや生活用具が置かれる．窓の景色がベッドから見えるようにしたり，ベッドの片側に壁があると落ち着く．隣のベッドとの間隔は2,400mm以上が望ましい．

20 病棟デイルームは関係者以外入れないようにする

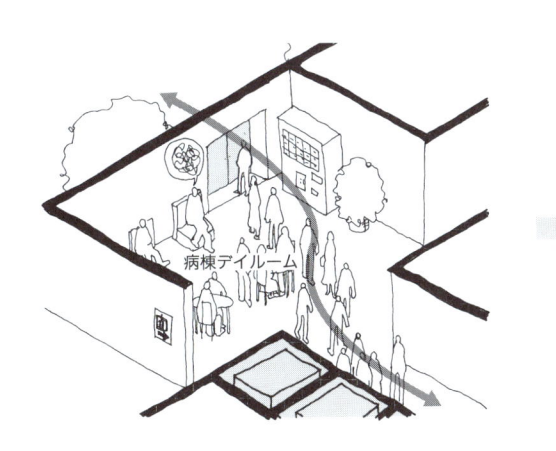

▶ 病院機能の重要部門であり面積的にも大きな割合を占めている病棟部には，病室のほかに入院患者が生活するスペースが必要である．ベッドから出ることが許されている患者には，見舞い客や患者どうしの談話の場所，食事の場所，患者が日常雑貨を購入できる売店などが病院内部での生活の質を高める．病院外部の動線が直接入り込まないようにする．

21　伝染病棟の出入口は負圧にする

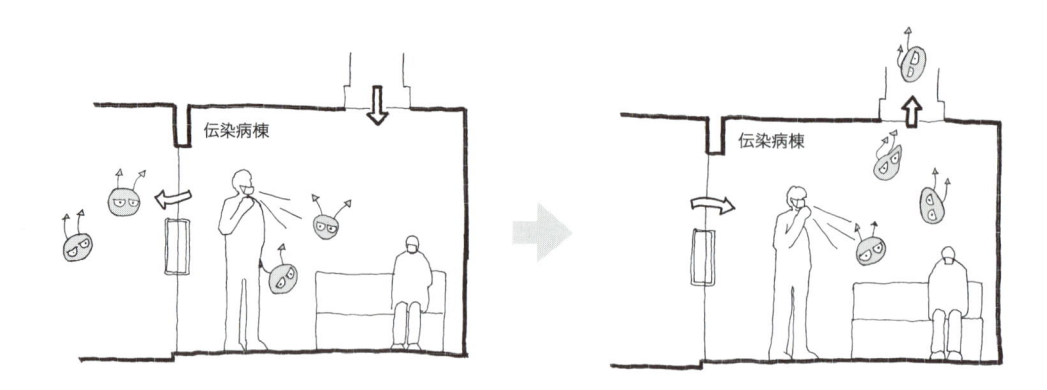

▶ 病状に対応した病棟がある．伝染病患者が入院している病棟は隔離される．そこへの出入口は負圧として，他の部署への空気の流出を防ぐ．生活の場でもあるので，そこで使用した食器，寝具，リネンなどは伝染病棟内に設けた消毒設備を使って消毒し，搬出する．

22　産婦人科は24時間対応とし，面会者のゾーンを区分する

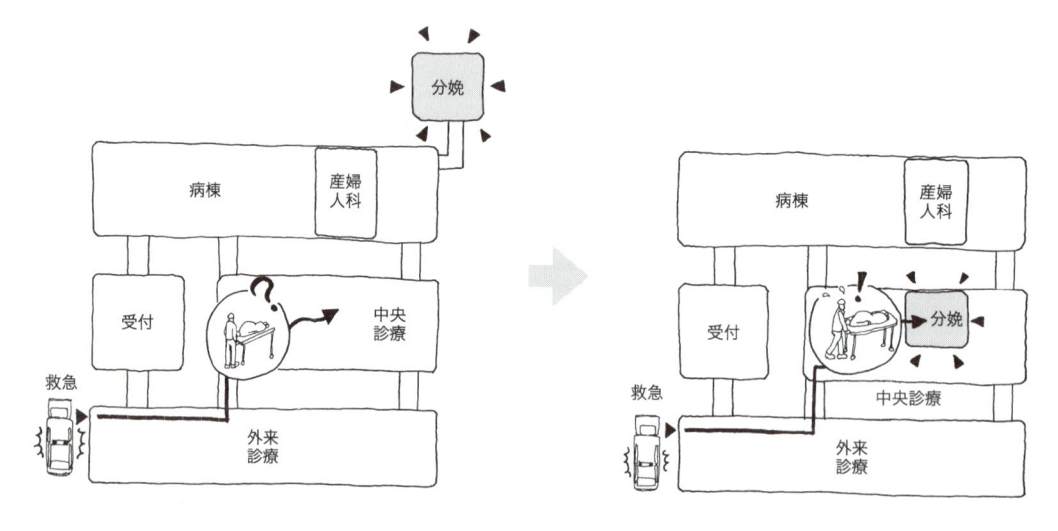

▶ 出産のための救急入院が多く，24時間常時受入れ態勢が必要なため，救急患者と同じ経路でも受け入れることが可能にしておく．受付や病室への動線は不慣れな者にもわかりやすくする．新生児室は無菌室扱いであるから区画したゾーンとし，面会者とはガラスで隔離して，沐浴室・調乳室・授乳室・育児指導室などを設ける．

| 23 | **霊安室の位置には十分な配慮が必要である** |

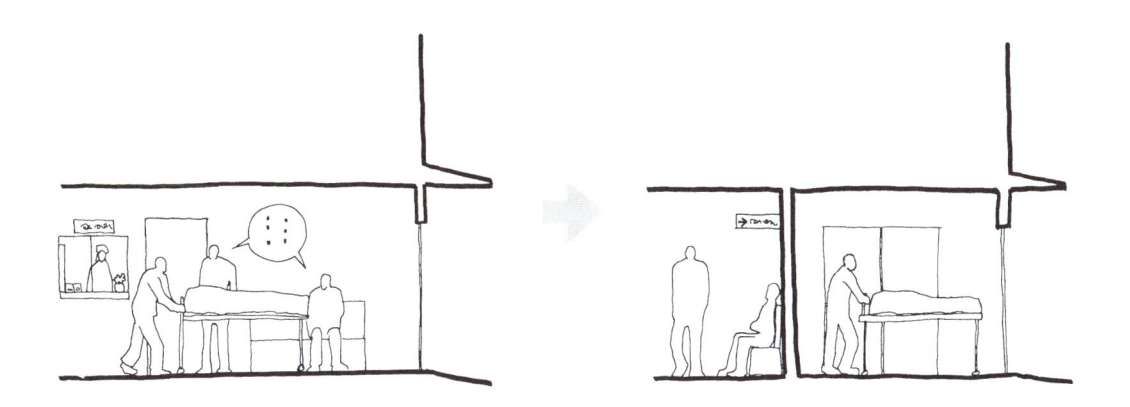

▶ 病院内で死亡すると，遺体は病棟あるいは解剖室から霊安室へ，霊安室から葬儀場等へ移動する．この移動の際に他の患者の目に触れることは好ましくないとされている．好奇の目は遺体の尊厳を侵すことになり，重病人にとっては自身の病状に不安をかき立てられる契機にもなりかねないという配慮からである．

| 24 | **サービス部門の搬入出経路は衛生に配慮する必要がある** |

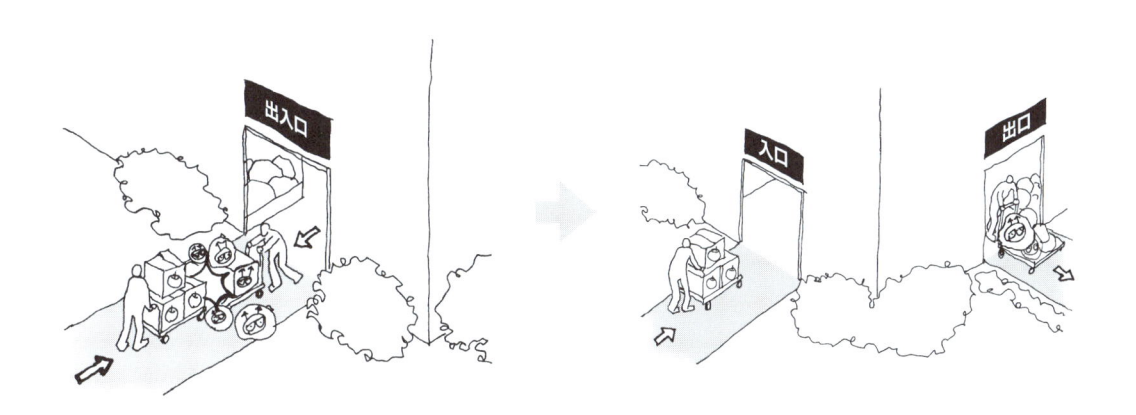

▶ 出入口は病院内への外部業者の搬入出を考慮した場所に配置する．物品管理や省力化のために機械化された搬送システムがある．食材や洗濯物などの衛生的な取扱いをする搬入経路を分離し，感染防止の配慮をする．厨房と病棟の食事運搬経路が重要である．ごみは危険物，放射性物質，有害薬品，生ごみ，普通ごみに分けて保管室を設け搬出する．

25　大病院の待合室は外待合いと中待合いに分ける

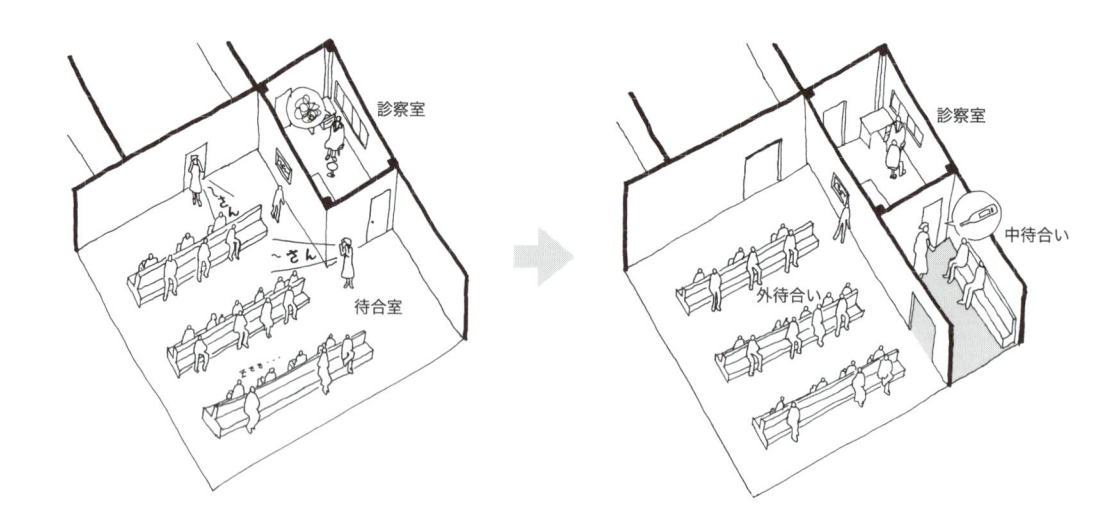

▶ 待合室は患者と病院関係者の動線が交差しないようにする．病床数100床（ベッド）以上ある総合病院などでは，中央受付や会計を待つための外待合い（本待合い）と各診察室の前の中待合いに分ける．待合いには，休養室や横になって待てるようなスペースを設ける．付き添い者への配慮も必要である．外の景色が見える明るく落ち着いた環境が望ましい．

26　小病院の受付は診察室の近くに置く

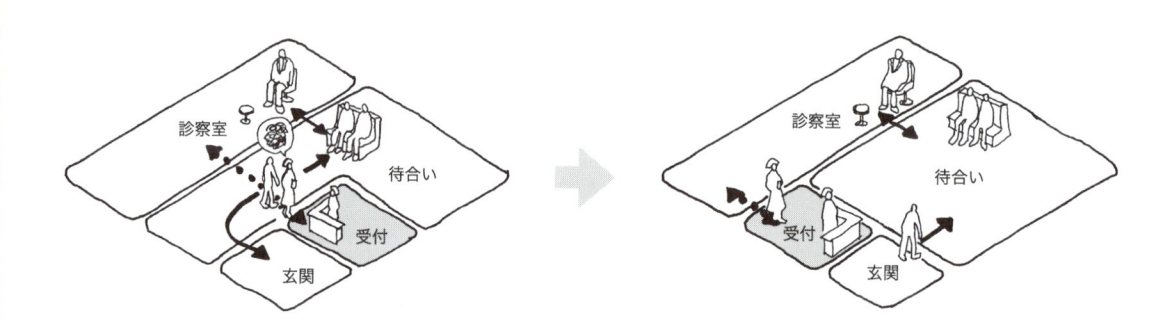

▶ 病床数20床（ベッド）以上が病院で，それ以下は診療所と定義される．小規模な医療機関では，診察室から直接，薬局や受付に指示伝達ができやすいようにする．少人数のスタッフが，受付からカルテの管理，診療の案内，薬剤の処方，会計までの仕事を円滑に進めるための動線計画と室の構成が必要である．

各種施設

27　廊下など移動空間の幅員は広くとる

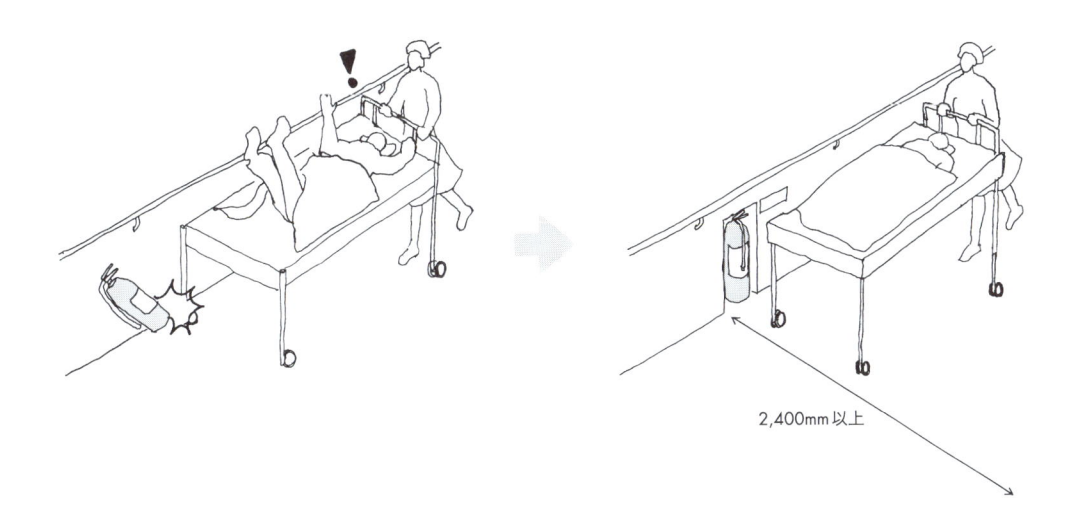

2,400mm以上

▶　廊下は患者や病院関係者，面会人などの訪問者のほかに**ストレッチャー**（▶p195）などの台車が通行する．そのためには十分な幅員が確保され，起点から終点までの経路が確保されなければならない．消火器などは突出しないように廊下の壁に埋め込んで，廊下の有効幅員は2,400mm以上とする．エレベータの奥行きもストレッチャーが入る長さがいる．

28　廊下の曲がり角は隅切りとする

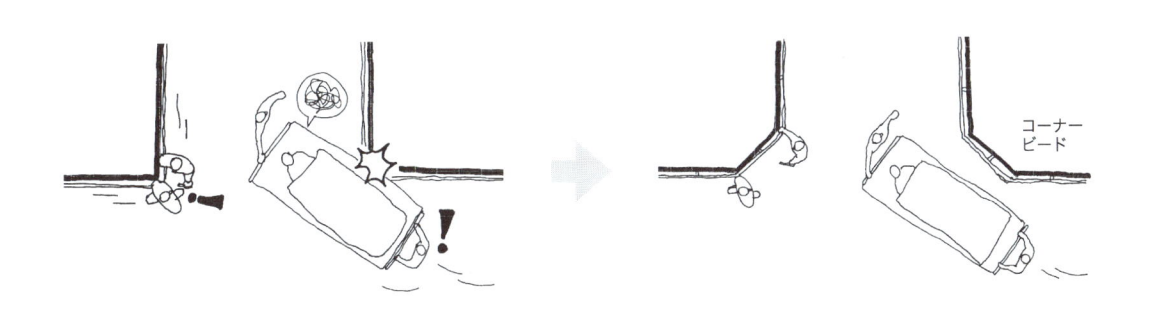

コーナービード

▶　見通しのよい廊下が望まれる．廊下の曲がり角で人と人が正面衝突することのないように，通行量や室配置を考慮した動線計画が必要である．**ストレッチャー**（▶p195）や担架などの通行を容易にし，衝突を避けるために，廊下の角は隅切りをする．隅には出っ張るものをなくし，コーナービードを付ける．

75

29　通路には壁面ガードを付ける

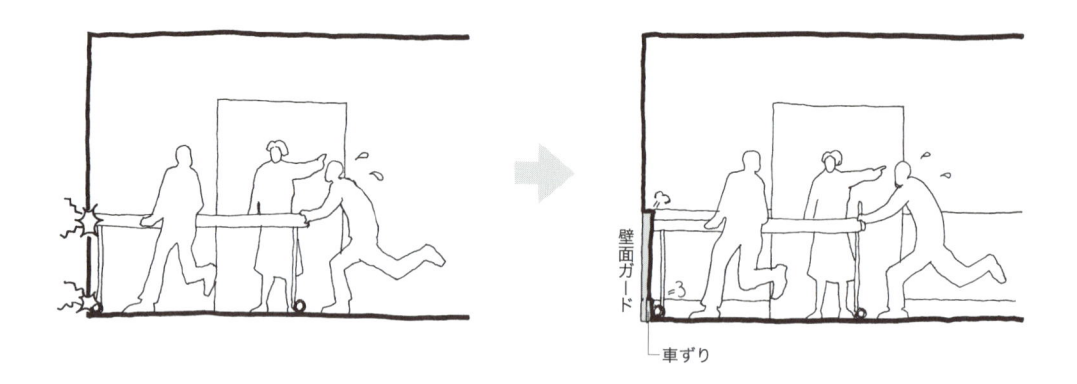

壁面ガード

車ずり

▶ 病院内では**ストレッチャー**(▶p195)，車椅子，キャスター付きベッド，配膳車，診療機器台車などが移動する．緊急時にはスピードを上げて走ることになる．危険防止，汚損防止のために腰壁に樹脂などを張り付ける．床と壁の接点に車ずりを付ける．エレベータのなかも床から1m程度の高さをストレッチャーガードなどで保護する．

30　医療機器の更新に備えて予備のスペースを設置しておく

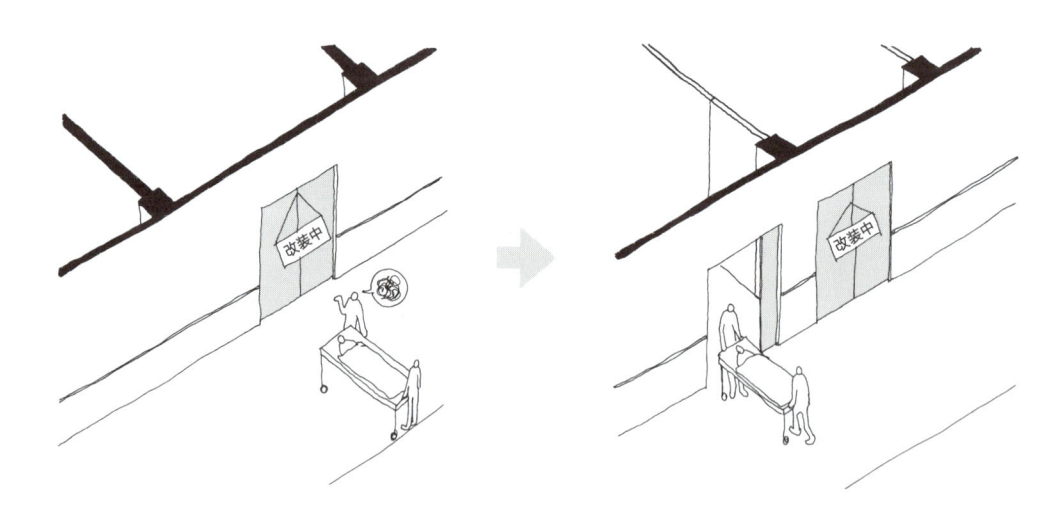

改装中

▶ 医療設備工事は総工費の半分を超えているが，医院は成長変化し完成されることがない．内部改装や増改築の必要は日常的に生じてくるため，間仕切りや室の用途変更を行いやすく配慮しておくことが望まれる．設備の主要機器は複数設置し，予備的スペースを確保することで，機能を停止することなく更新することが可能となる．

31　特別な仕上げが必要な部屋がある

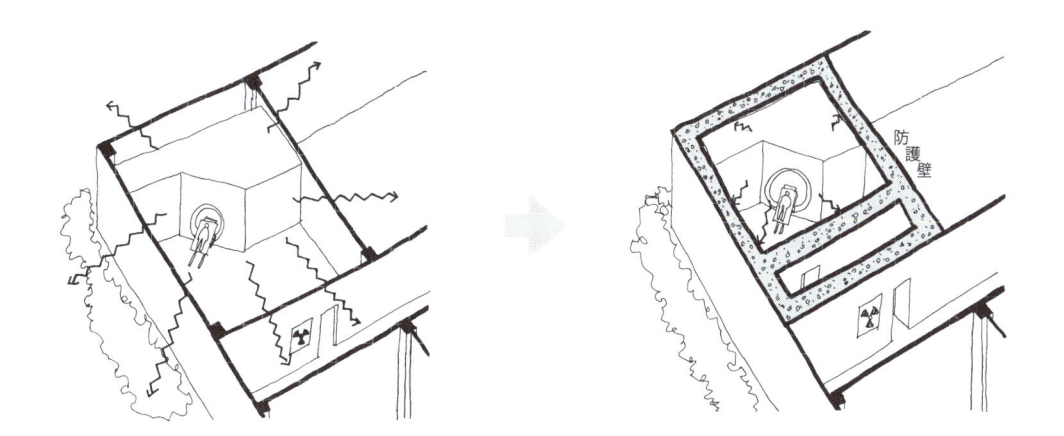

▶ 医療の進歩とともに多種多様な薬剤や機器が使われるようになり，建築計画の対応が求められる．検査部や薬局では薬剤を使う場所であるから，耐薬品性の優れた床材を使用する．心電図や筋電図の検査を行う部屋は**シールドルーム**（▶p195）にする．手術室では電導床にしておく必要がある．X線を使用する場所では防護壁など特殊な仕上げが必要である．

32　管理部門は独立したゾーンとする

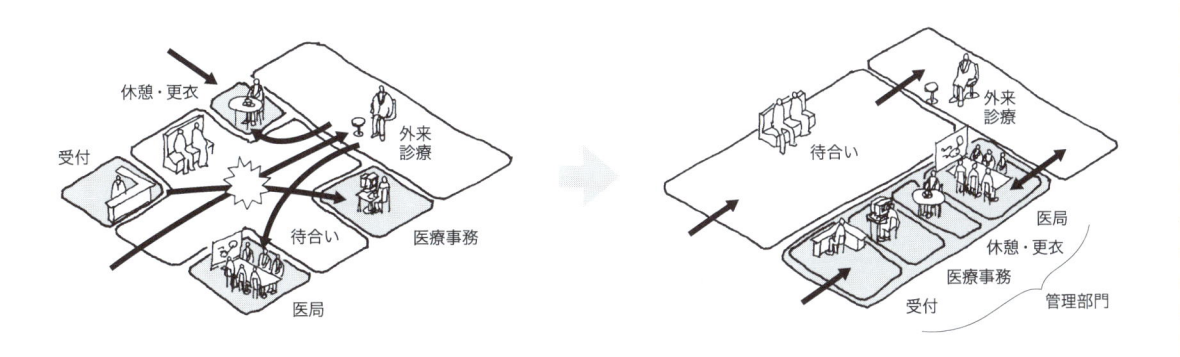

▶ 管理部門には，医療事務・病院運営事務・医局があり各部門と関係する．また，職員の食堂，休憩室，更衣室などがある．医療事務部分は患者や病院利用者と接する窓口を設ける必要がある．医局は医療スタッフのデスクがあり，会議や休息の場となる．病院関係者の出入口は患者と区別して管理部門に近くする．

2 高齢者施設

01　高齢者施設は玄関に車寄せを付ける

▶ 通所施設の玄関は，送り迎えの車で混雑することがある．高齢者は車の乗り降りに時間を要する．雨除けの屋根のある広めの車寄せが必要である．車寄せからは平坦な通路で施設内に入れるようにする．玄関ドアは，外から内部が見える開放的な自動ドアにする．

02　床材は滑りにくい仕上げ材とする

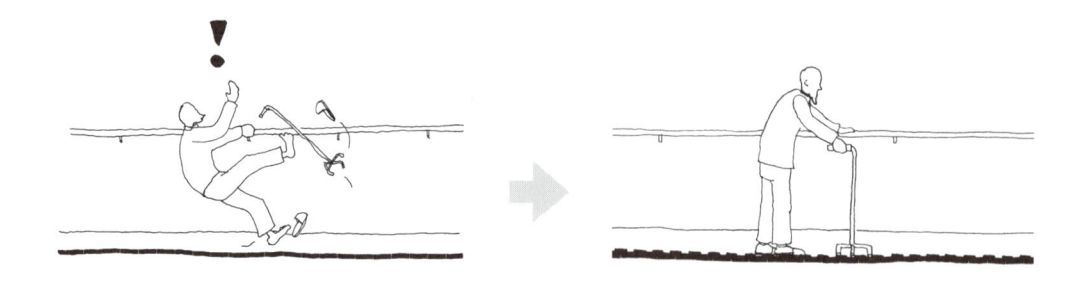

▶ 高齢者が利用する施設は，各室への移動の経路は段差をなくし，バリアーをなくす必要がある．床で滑って転倒する危険を避けなければならない．水に濡れて滑りやすくなる床材は使用しないようにする．誘導用床材や注意喚起用床材を組み合わせて，安全に歩行できるようにする．

03　入所者の居室は在宅感覚にする

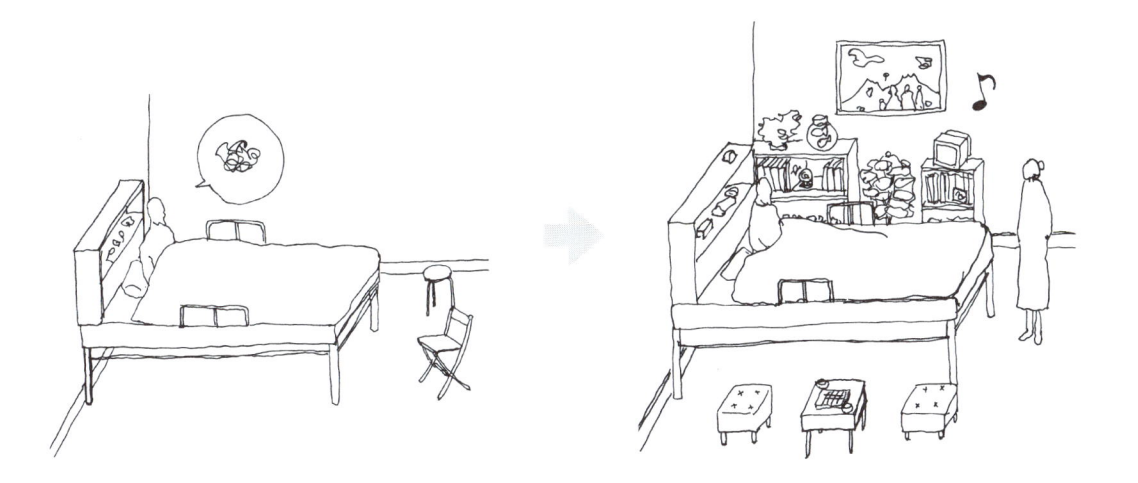

▶　**ケアハウス**（▶p194）は自宅の延長であり，居室には便所や洗面所が設置され，私物が持ち込まれると20m²以上の広さが必要である．天井や**建具**（▶p196）の寸法も住宅サイズにする．介護単位は小規模であるが，同じような居室の並んだ施設では，個性のある室内が自分の部屋を示すサインともなる．室内の温度も各室で操作できるようにする．

04　ベッド配置はプライバシーを考慮する

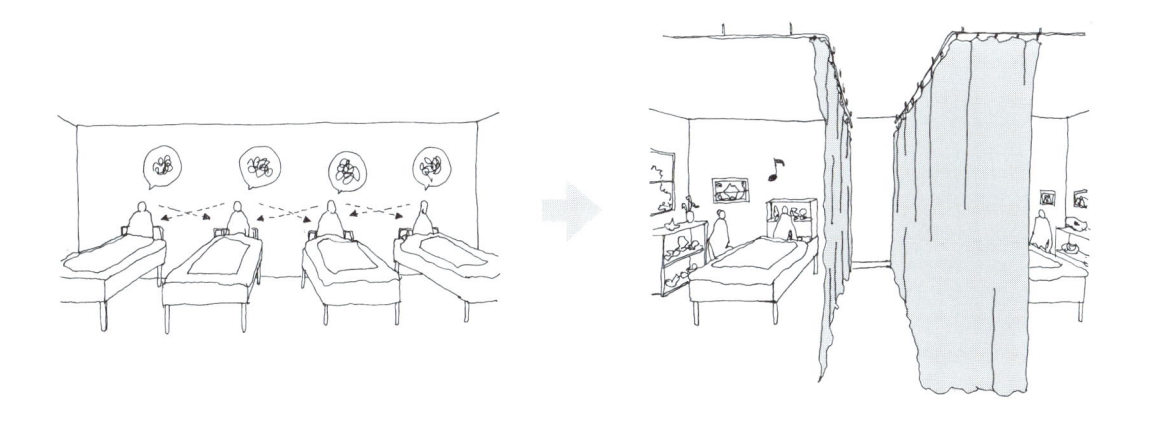

▶　介護老人保健施設などの入所者の居室は個室化の傾向があるが，1室に4人が限度となっている．各ベッドは二方向が窓または壁で囲まれるように配置する．複数のベッドの間は十分な距離とともに，キュービクルカーテンや障子などで間仕切りをして視線を遮り，プライベートな空間を確保する．

高齢者施設

05　サンルームには換気が必要である

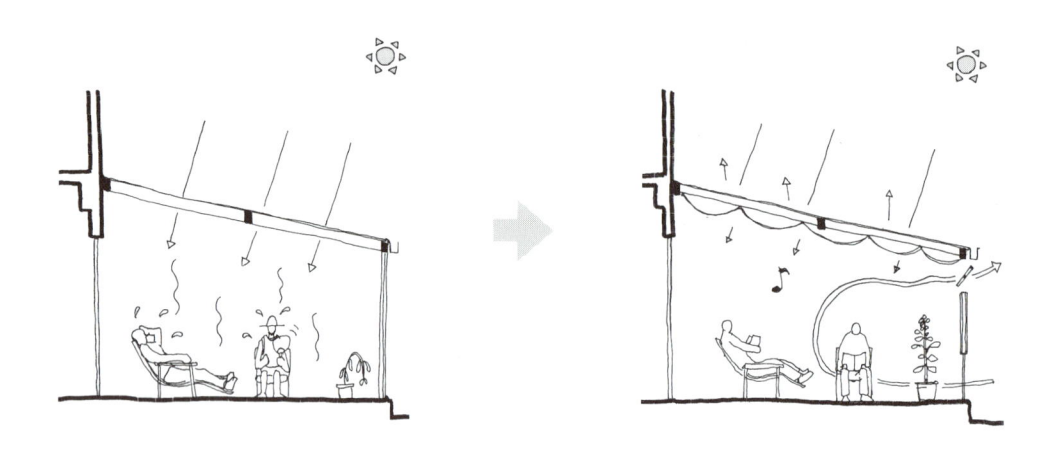

▶ 入所者にとって日光浴は健康維持とともに気分転換に欠かせない行為である．外気に当たり，植物に触れる場所ともなる．椅子やソファなどを並べて自由に使えるようにする．しかし日差しや風が強すぎたり，空気が冷たすぎたりすると，これをコントロールしなければならない．日差し調整には天幕やルーバー，空気の調整には換気口が必要である．

06　テラスの出入口は広めにし，段差をなくす

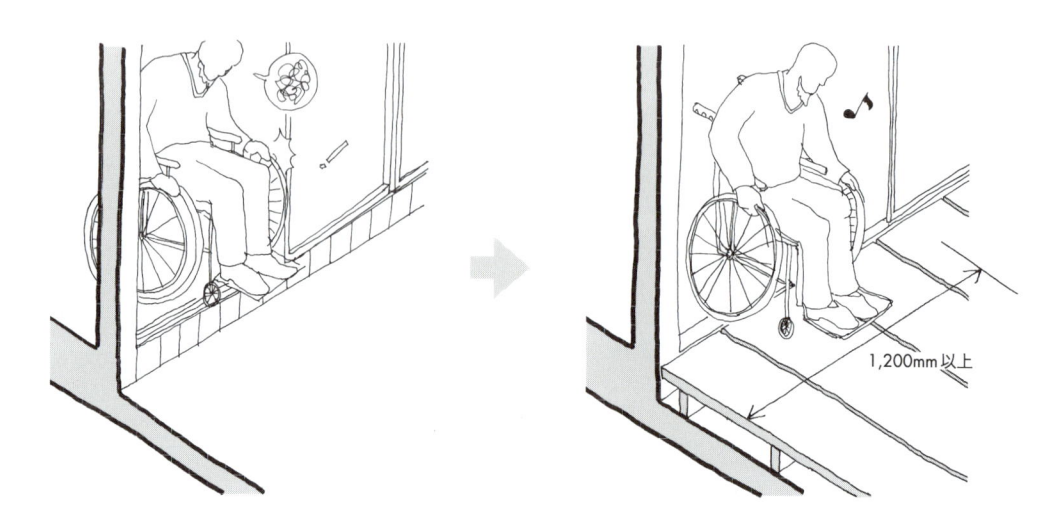

1,200mm 以上

▶ 自力で移動できない入所者が，車椅子や移動ベッドのまま，眺めのよいテラスや外部に出ることがある．さまざまな居場所が癒しとなる．出入口の開口部は1,200mm以上の幅が必要である．段差をなくすとともに，外部から水が入らないようにする．テラスには日除けや排水，介護者が腰掛けられる椅子やベンチなどの配慮がいる．

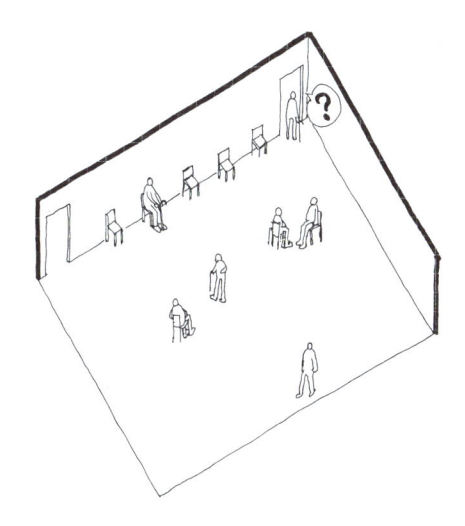

07 共用リビングは多用途にする

▶ 入所者の日常生活の中では，全員が集まってのレクリエーションや，気の合った者とのおしゃべり，また訪問者との面会などの行為があり，それぞれにふさわしい場所が必要となる．そのため開放的な大空間とするより，家具と新聞，雑誌，テレビ，電話などを組み合わせたスペースやコーナーに分割できる空間が必要で，外部社会との接点となる．

08 痴呆症対応施設は回廊的な動線にする

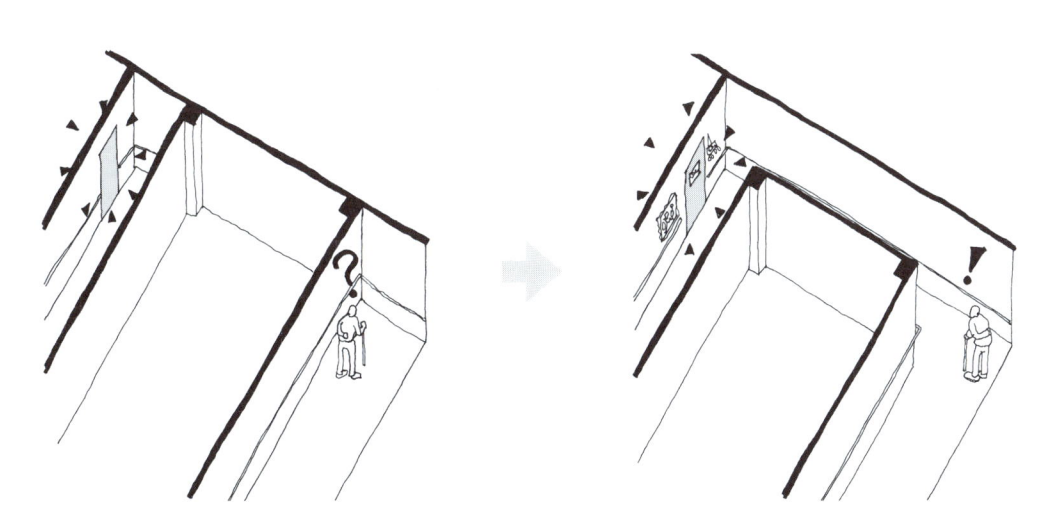

▶ **痴呆症**(▶p196)高齢者の入所する**グループホーム**(▶p194)などでは，入所者が徘徊して行き止まると混乱を起こすため，行き止まりの廊下をつくらないようにする．また非日常的なものへの恐怖心があるので，広い廊下を施設内に巡らせ，外の景色を見えるようにしたり，入所者の思い出の物品を置くなどして，常に記憶を定かにさせることが望まれる．

09 廊下の途中に休憩場所を置く

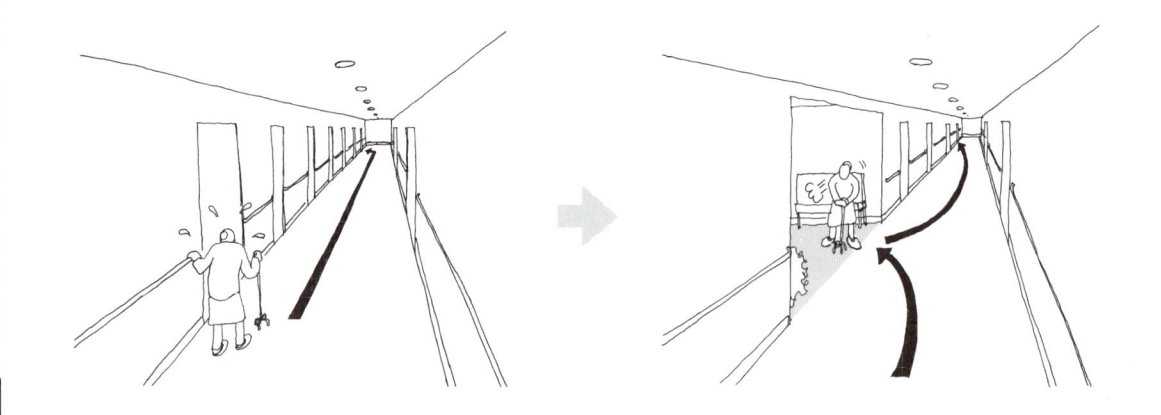

▶ 歩行が困難な入所者にとっては，わずかな距離の移動でも大変なので，手すりとともに，適当な位置にベンチや談話コーナーなどの配置をする．この休息場所が他の入所者との交流の場所になる．また，徘徊する**痴呆症**（▶p196）入所者が休憩場所にしつらえられた調度品や景色を見て，意識のなかで現実を確かめるものともなる．

10 便器は見えた方がよい

▶ 痴呆性高齢者の中には便器が見えないと排泄場所であることを認識できない人もいるため，片引き戸で使用していないときには開けた状態にしておいたり，扉の下部に隙間を空けたものを用いたり，使用時のみカーテンで囲ったりしている．臭気対策のための換気装置，清掃しやすい床材などの配慮がいる．

11 複数の各種浴室より大浴室を一つ設ける

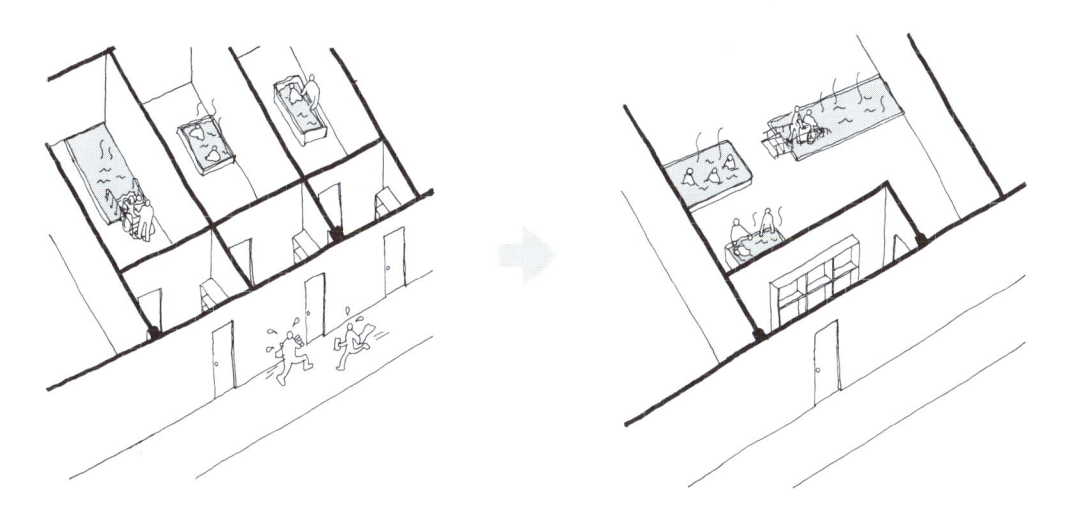

▶ 施設入所者には，自力で入浴できる人，介助を必要とする人，車椅子のまま入浴する人，入浴用昇降装置を使う人などがいる．身体状況に個別に対処する浴室を複数設けることは，介助者の作業面からも浴室設備の有効利用からも合理的でないため，各種浴室を1か所に集めて男女別入浴時間を定めて使用する．

12 狭い歩道では車椅子がすれ違えない

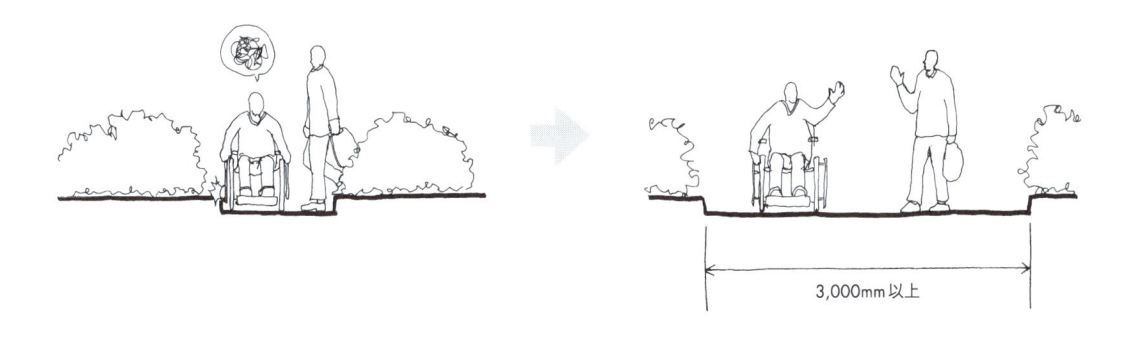

3,000mm以上

▶ 施設の出入口へのアプローチや施設内の遊歩道などでは，車椅子がすれ違うことがある．またすれ違える広さの遊歩道を組み入れた庭園があることで，入所者が屋外に出る動機ともなる．そのためには歩道の幅員は3,000mm以上必要で，街路樹や植栽との関係，縁石や車止めとの関係を考慮しながら，有効な幅員を確保する．

3 住宅

01 隣地や街並みへの配慮が必要である

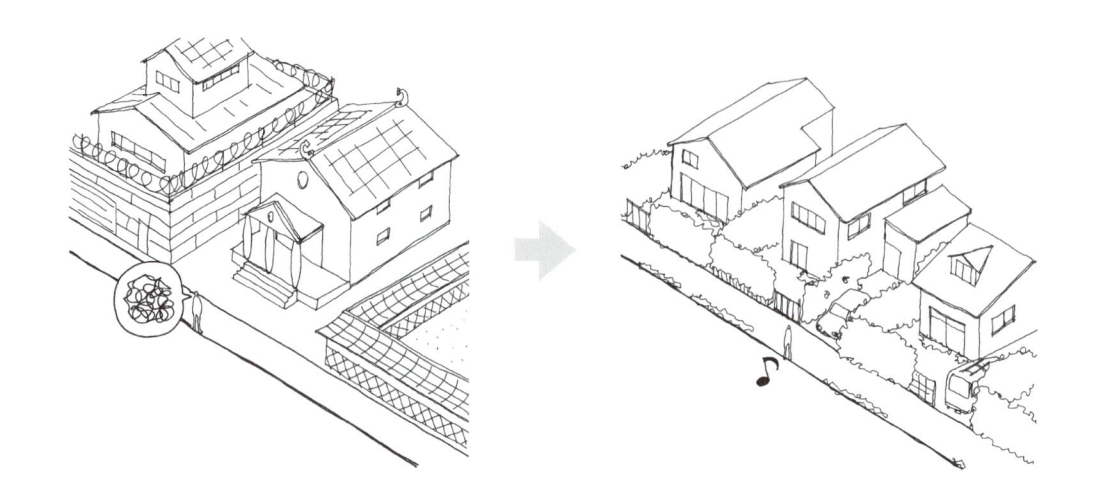

▶ 私有地の住宅地内は個人の思うままに建物が建てられる．しかし戸建て住宅が並んだ街並みは，個から街全体への視点を欠いてはならない．通りに面した壁面線をそろえたり，屋根型や色彩で全体と調和させたりする．宅地が道路と接する部分は公共的な空間として，生け垣やフェンスなどで美観に配慮したつくりが望まれる．

02 敷地全体を計画する

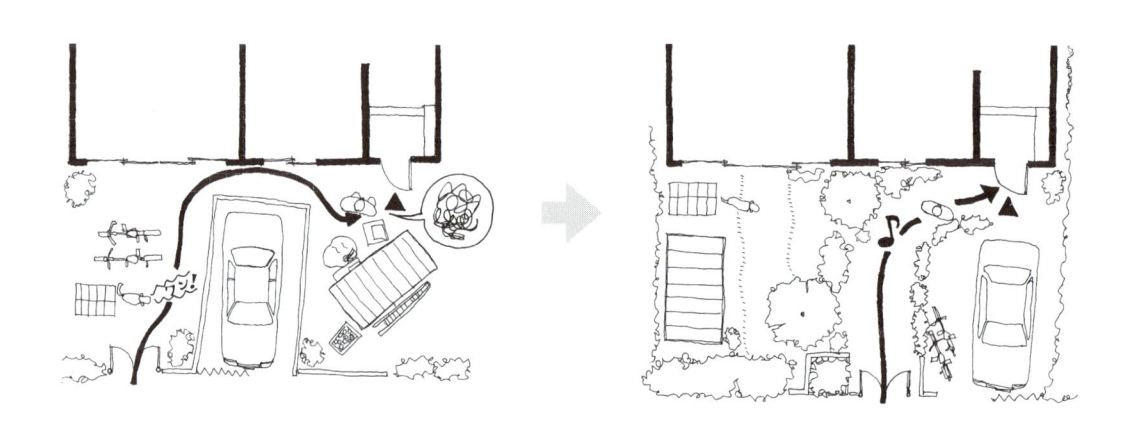

▶ 日本の住宅は，目線より高い生け垣や塀をめぐらして囲い込み，私有地の領域を示す形式である．伝統的民家では，前面道路から門を入り玄関に至る露地に，四季を感じさせるさまざまな演出が見られる．また，屋外での家庭生活のための場所や器具が置かれる．このように建物と外部空間を一体のものとして計画する必要がある．

03　日当たりを考慮した建物配置にする

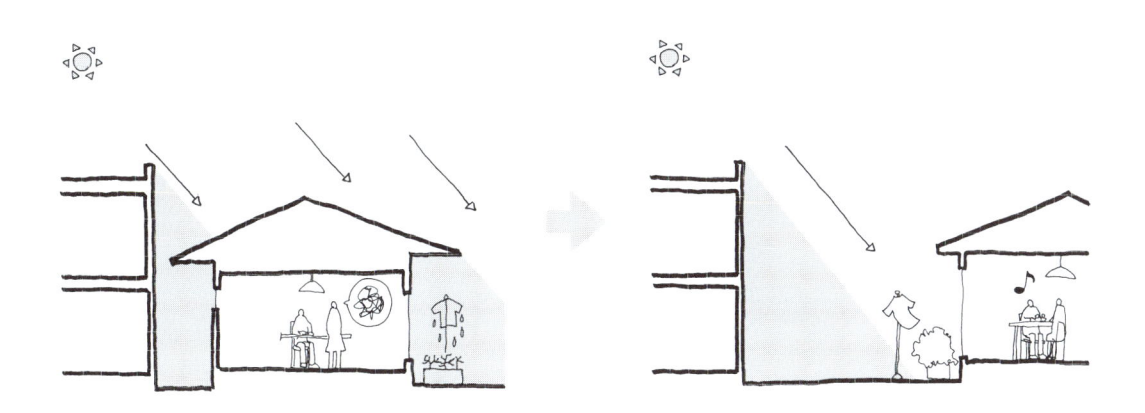

▶　日の当たらない家は人間の成育に悪影響を及ぼす．太陽の紫外線には殺菌力がある．健康で衛生的な住まいに，日照は不可欠な条件である．敷地への日照状態を考慮し，居間や食堂，家族の居室は日当たりのよい側に配置する．住居への**日照時間**（▶p196）を最低4時間確保するため，新たに南側にできる建物には**日影規制**（▶p196）が適用される．

04　集合住宅の共用廊下は住戸から離す

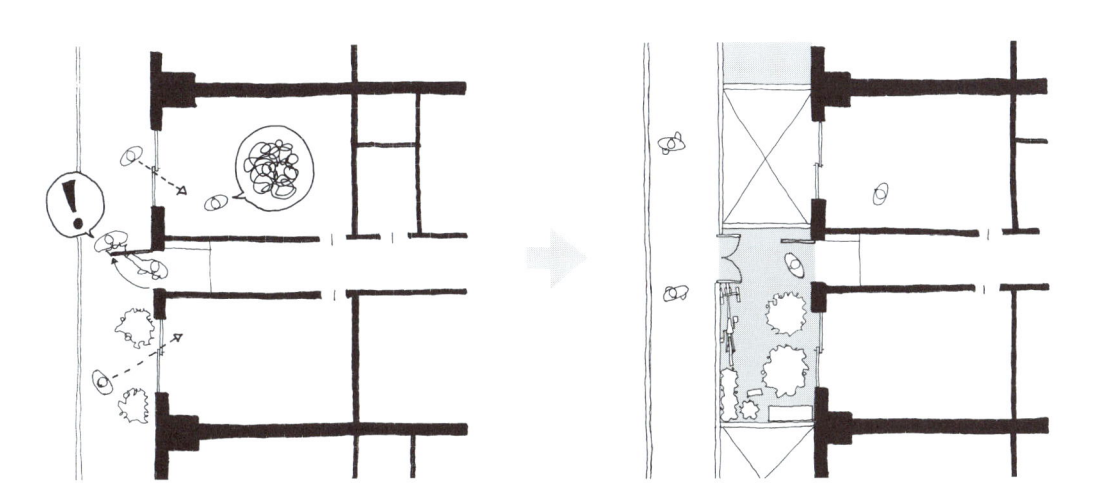

▶　集合住宅では火災，地震などの災害時に備えて通路を確保するために，各住戸からあふれ出した物品で通路をふさいではならない．玄関の扉は外開きとなるため，開放したときに通行の妨げにならないよう出入口部分を凹ませる．また廊下と住居部分を離すことで，住居の廊下側の部屋のプライバシーが保たれるだけでなく変化に富む住環境となる．

05　廊下などの避難経路が使用不可能な時でもバルコニーがあれば安心

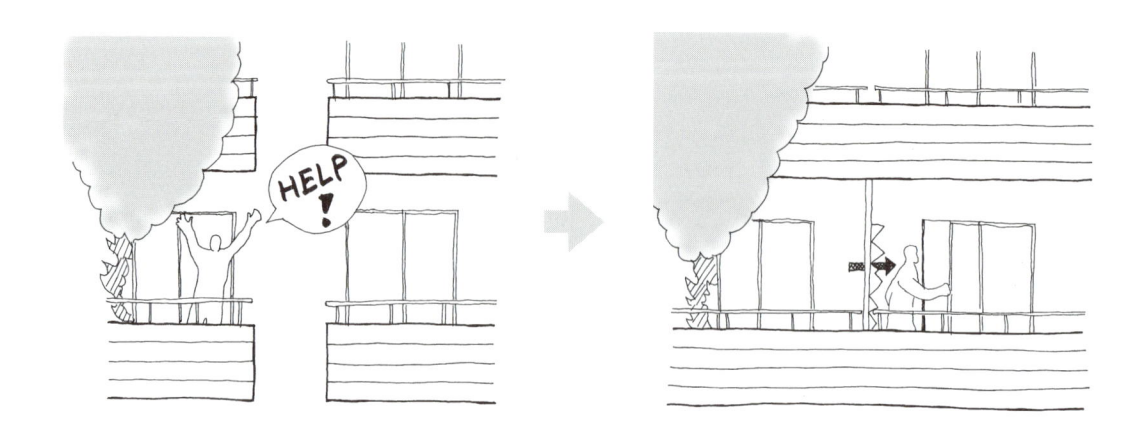

▶ 中・高層住宅では，通常の避難経路が使用できない火災時でも，バルコニーがあれば，これを利用して避難できる．そこで隣家との境界の壁は取り壊しが簡単にできる材料でつくり，取り付ける．この壁のそばに物品を置いて通路をふさいではならない．

06　衛生的な住居にするために風が室内を巡る経路をつくる

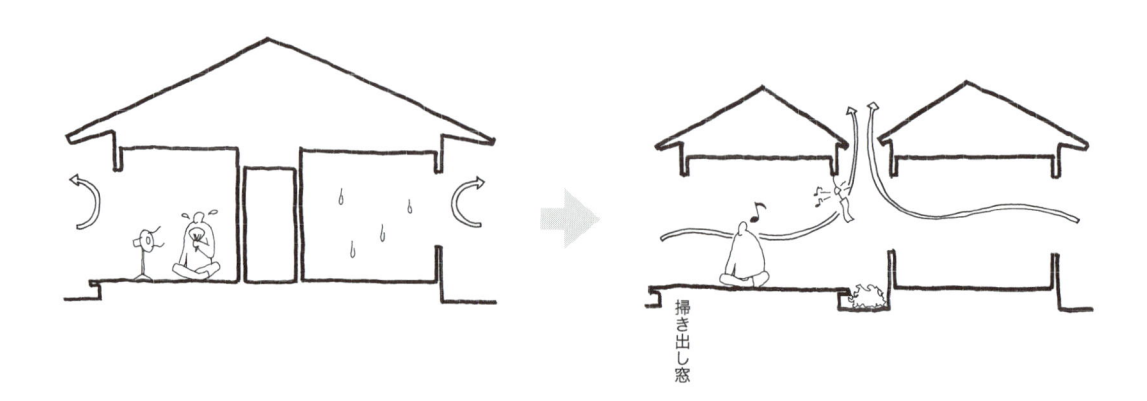

掃き出し窓

▶ 機械に頼らない自然換気を達成しようとする場合，開口部から入ってきた外気が建物内を吹き抜けて出ていく順路がつくられていなければならない．狭い敷地では，坪庭や中庭が風の通り道をつくる．室内では欄間や地窓で空気が動く．掃き出し窓は床を這う風をつくりカビ対策ともなる．

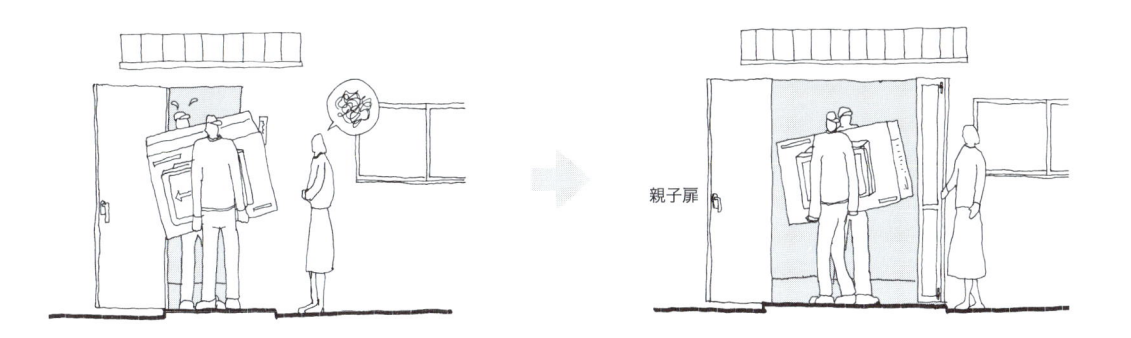

07　大きな家具や荷物を搬入できる経路が必要

親子扉

▶　住居には，ベッドなどの生活用具や荷物が出入りする．また病人を担架で運ぶこともある．そのため，出入口は大きなものにも対応しておかなければならない．2m程度の長さのものを振り回すスペースがいる．玄関を親子扉，引き込み戸にしたりするとともに，集合住宅ではエレベータの大きさ，共通廊下の幅員などを搬入の障害にならない寸法とする．

08　開口部は光と視線のコントロールが必要

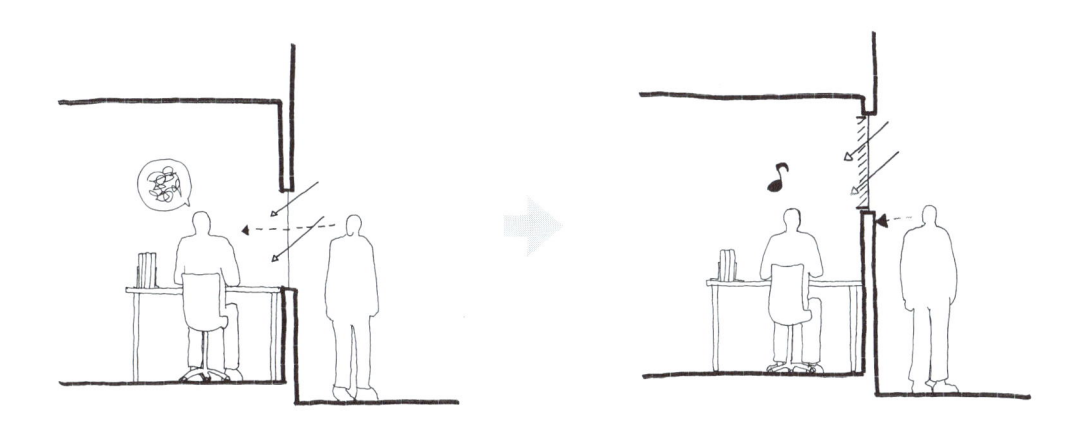

▶　窓などの開口部は光や風を通すために必要であるが，室内のプライバシー確保の必要があり，この要件を調整する**建具**（▶p196）やインテリア備品が取り付けられる．視線を遮り光を通す建具には障子や半透明のガラス戸があり，薄地のカーテン，ブラインドも光を通す．ガラリ戸は風も通す．これら建具の開閉具合でも光・風・視線は調整できる．

09　集合住宅では生活騒音対策が必要である

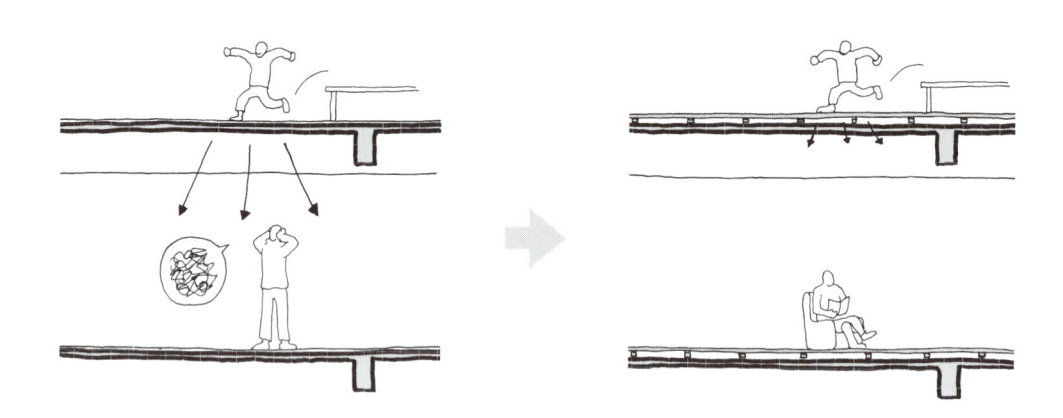

▶ 日常の生活をおくるための基本的な動作から発生する音がある．集合住宅ではこれが騒音として周囲の住戸に伝わる．とくに上部階の足音や衝撃音が階下の住民に不快感を与える．このような**生活騒音**（▶p195）を防ぐために，床にクッション材や防音フローリングなどを敷いたり，床を構造物から浮かせたりする．

10　パイプスペース（PS）の位置は構造体と分離する

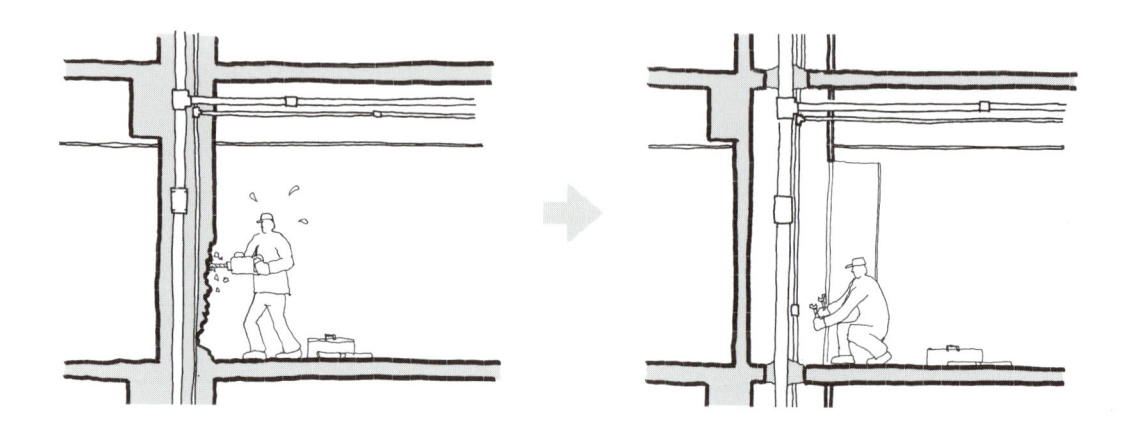

▶ 住宅の主要構造体と，電気・ガスや給排水のための配管設備の耐用年数は異なる．物理的耐用年数においても，室の用途変更による機能的耐用年数においても，配管設備の補修，改修の頻度は高い．そこで配管のためのスペース（PS）を構造体と切り離しておく．大規模あるいは高層の集合住宅では，とくにこの点が重要である．

11 玄関のドアは開き勝手が重要である

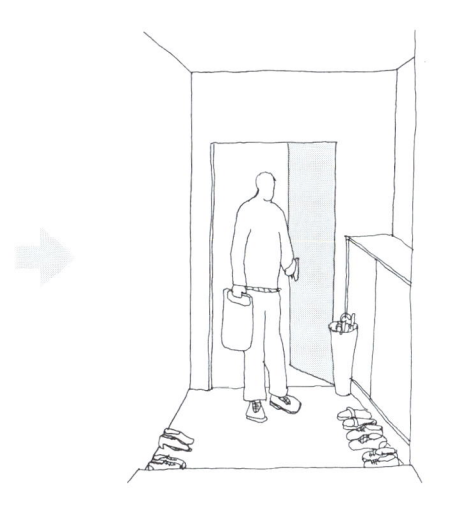

▶ 大邸宅の玄関は文字通りいかめしく格子の引き戸を付けたり，内開きのドアを付けたりできるが，小住宅や集合住宅の出入口には，家族の靴や傘の収納場所，買い物カートや乳母車の置き場，車椅子の回転スペースなど個別的に対処するとともに，防犯上の対策をする．集合住宅では避難方向に開く．

12 玄関の段差解消のために式台を付ける

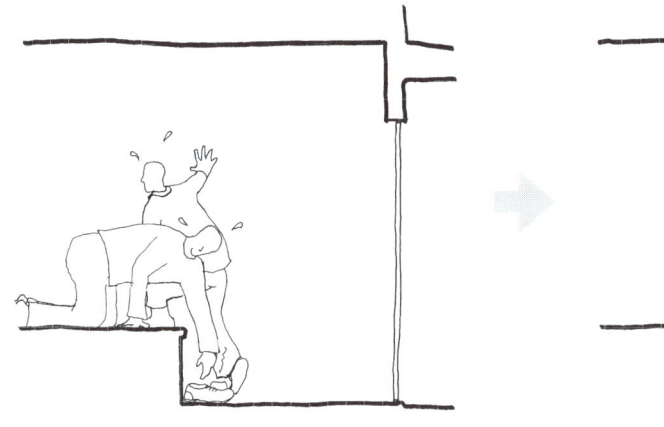

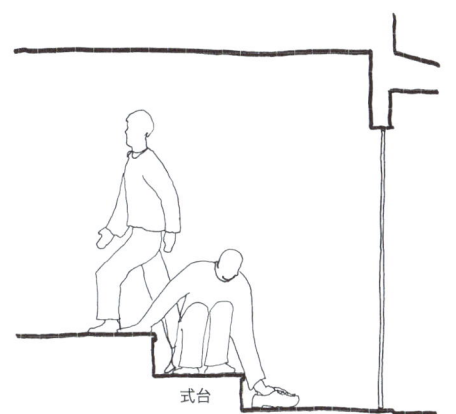

式台

▶ 戸建住宅の床は地面より高くなっている．外から室内に上がる段差が最低400mmある．この段差解消のために玄関の土間と靴をぬいで上がる床とのあいだに，右図のような式台を付ける．式台がなく，玄関の床が高いと，無理な姿勢で靴をそろえたりしなければならず，転落やめまいを起こす事故の原因となる．

| 13 | **就寝スペースとリビングスペースを分離する** |

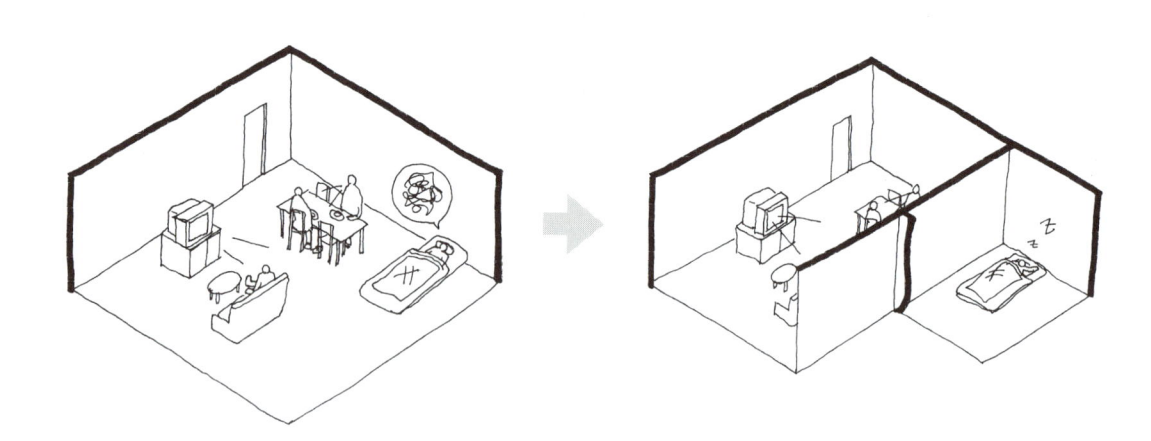

▶ 住まいはいくつかのゾーンに分けられる．住宅の**ゾーニング**（▶p195）は生活行為の合理化，住宅設備の効率化に関わるが，ライフスタイルにも影響する．寝る所と食事をする所の分離は，衛生面からも寝室の独立性確保のためにも必要である．家族生活では，家族の集まる場所と個人のプライベートな生活の場となる居室との区分が重要となる．

| 14 | **子供の行動がわかる間取りにする** |

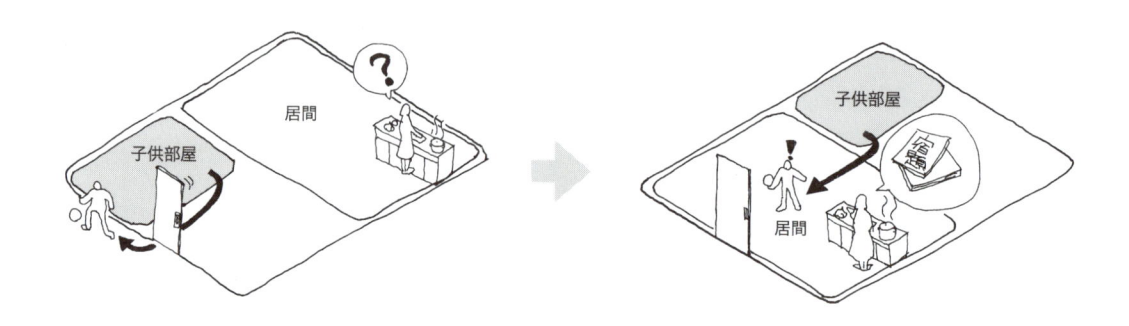

▶ 子育ての時期では，住居内での子供の行動に親の目が届くよう，外から個室に直接出入りすることがないように居間や食堂などの家族室を通って家のなかを回遊できるようにする．ホール型の平面計画が望ましい．ただし成人した子供の場合は個室や独自の生活行動を優先した間取りが望まれる．

15　建具で部屋の広さを調整する

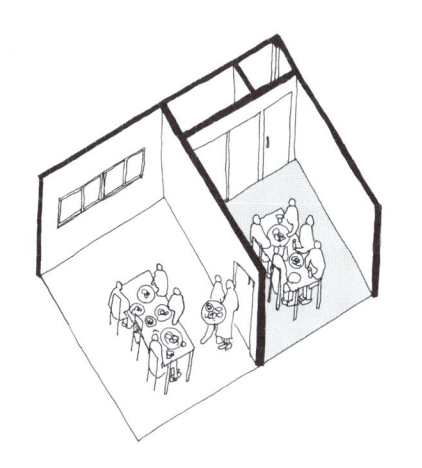

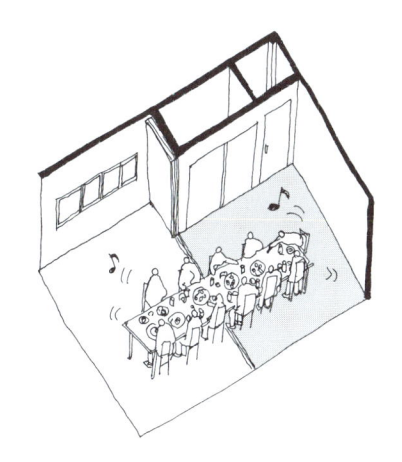

▶ 住居の内部空間は，開放的な広い空間として使いたい場合と，落ち着ける程良い空間に仕切りたい場合がある．また夏と冬の室内の模様替えがある．ホームパーティなどで広いスペースが必要なことがある．これに対応できる平面計画として，連続する空間を仕切るための引き戸，障子や襖などの**建具**（▶p196）がある．

16　室名だけでは設計したことにはならない

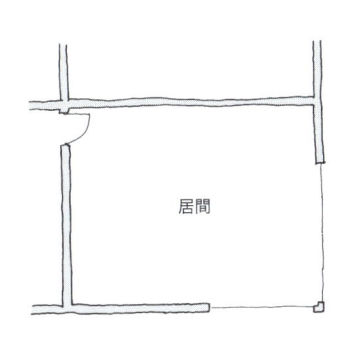

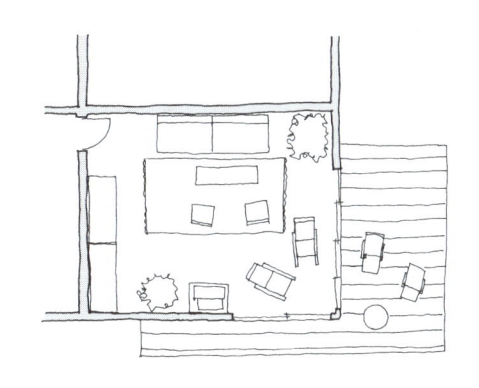

▶ 居間・子供室などと図面に室名を記入しただけで，室の機能が設置されたことにはならない．床・壁や間仕切り・天井で囲われた室空間の形状，広さ，仕上げ，色彩などを無視して室に名前を付けるだけで計画が終了してしまっては未完成である．その部屋をどのように使うか，そのためにどのような要素が必要かを考慮して図面を作成する．

17 畳の間は開放的にする

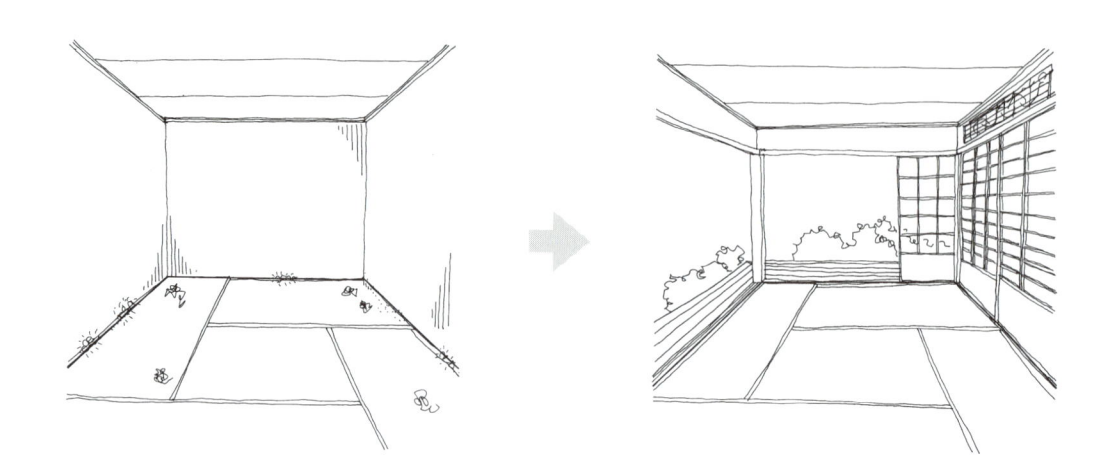

▶ 畳敷きの部屋は，自然素材の触感や調湿性があり多様に使えるため，住居に1室は設けられていることが多い．しかし狭い四方を壁で囲ってしまっては，通気性が悪く壁際の畳にカビが発生する．続き間にしたり掃き出し窓で外部につなげたりして，連続する空間ができるように計画する．

18 壁の暗色は部屋を広くみせる

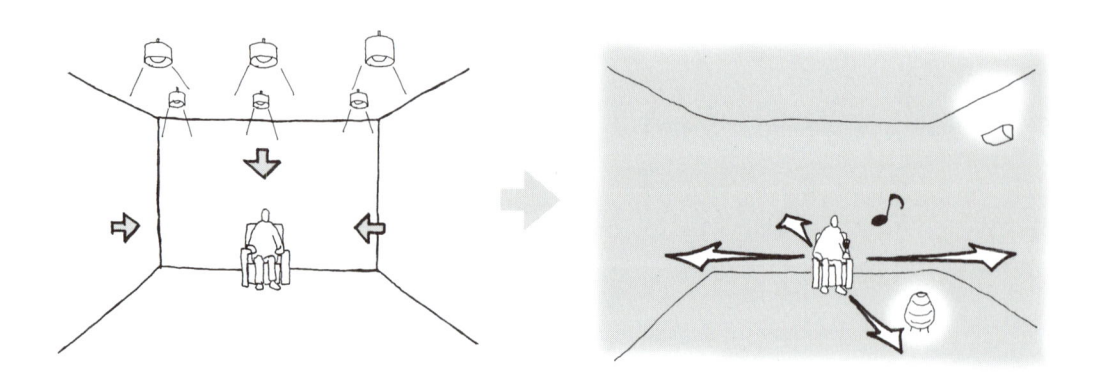

▶ 採光や照明の陰影で部屋の雰囲気を演出することができる．薄暗がりの部屋でのスポットライトは闇の中に部屋の重心を浮かび上がらせる効果とともに，闇の向こうに広がる空間を感じさせる．逆に部屋全体を均質に照らし出し，白い壁で囲ってしまうと，部屋が狭く感じられ，調度品も奥行きのないものに見えてしまう．

19 階段の位置は転落の危険のないところにする

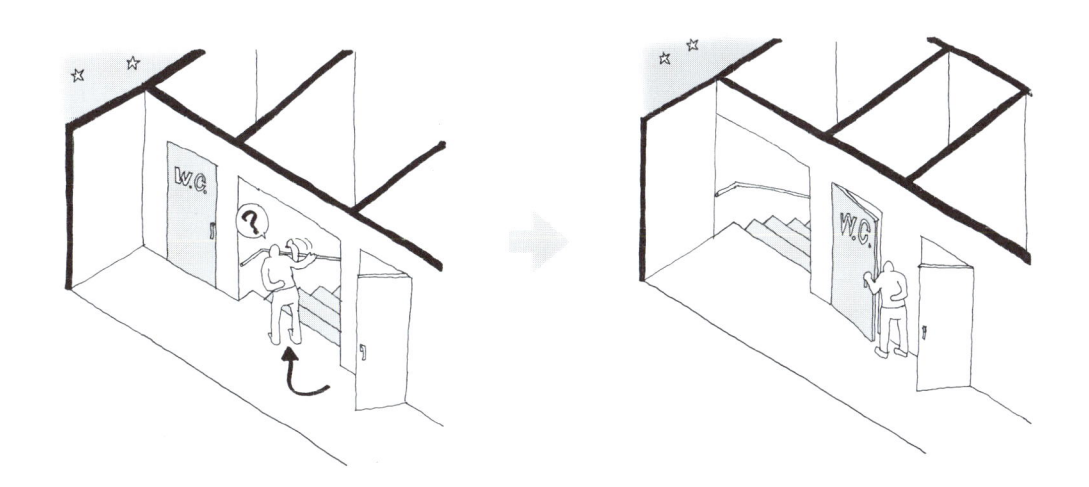

▶ 加齢とともに，夜間の便所使用の回数が増す．暗い廊下を通って便所に行く途中に階段があると，高齢者には不慮の事故の危険性がある．寝室と便所の間に階段を置かない平面計画をすることが事故を防ぐ．やむを得ない場合は階段の下り口に開閉式の柵を付けて手すり代わりとする．

20 家具の置き場所を考えて開口部を設ける

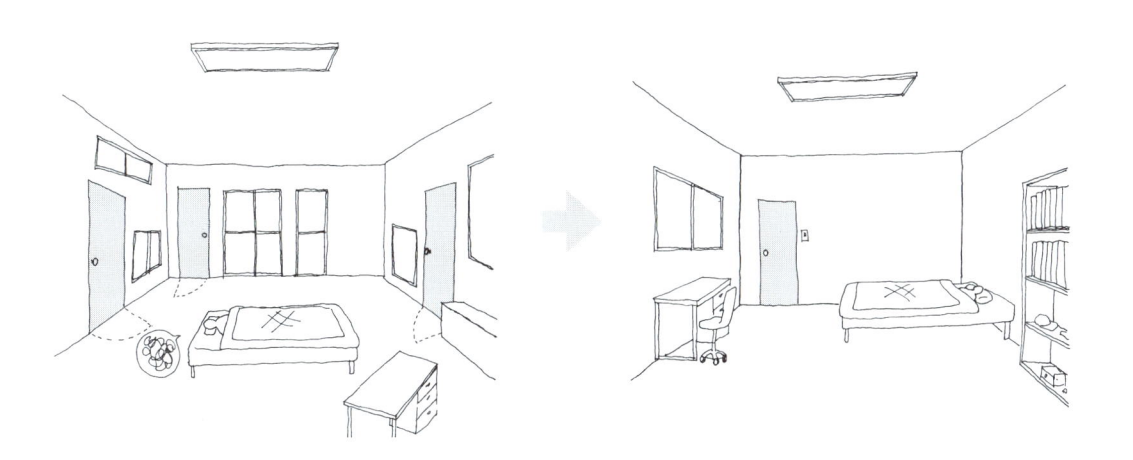

▶ 各部屋にはそれぞれの使い方に合わせた家具類が置かれる．これらを考慮に入れて室の形状や開口部の位置，コンセントやスイッチの位置を決めておくことが必要である．子供の成長や家族構成の変化による模様替えを家具の配置換えで対応する計画もあり，さまざまな生活パターンへの対応が必要である．

21　床の間は光の入る方向に向ける

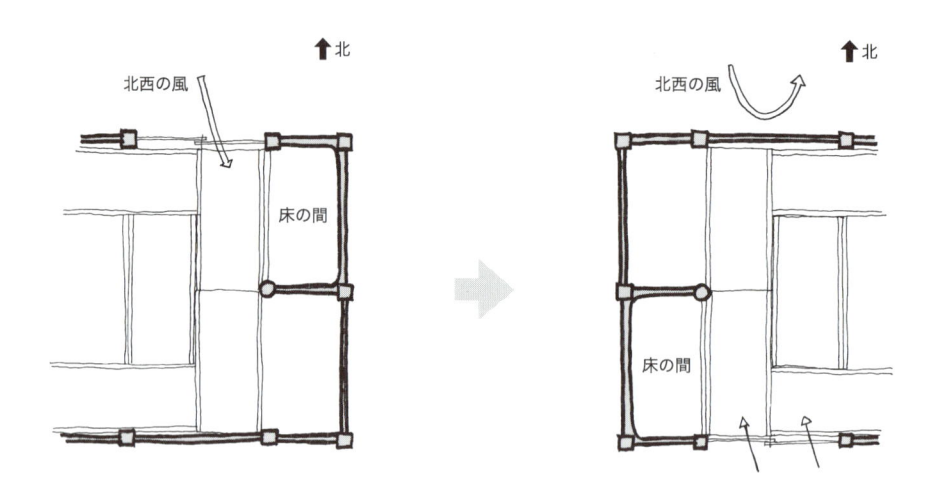

▶ 伝統的な日本の座敷には床の間がある．向かって左に床の間があり左側から光が入るのが本勝手といわれる．つまり床の間が南または東に向いているから，北または西側に壁ができることになる．日本の風土では冬の北西の季節風や夏の西日は遮りたいものであるから，道理にかなった床の間の向きとなる．

22　照り返しを考慮した日照調整が必要である

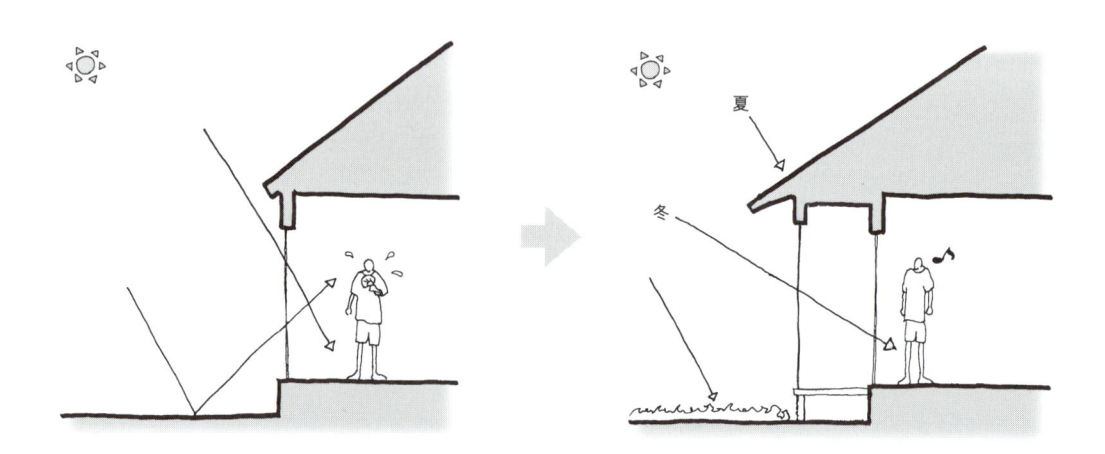

▶ 夏と冬では太陽の高度が違う．夏の直射日光やコンクリート床からの強い照り返しは避けたいが，冬の日差しは部屋の奥まで入れ，床の照り返しで明るい室内にしたいということがある．そこで適度な軒先の出が必要である．土庇や縁側などの空間が日照調整の効果を発揮する．

23　集合住宅では物干しバルコニーが必要である

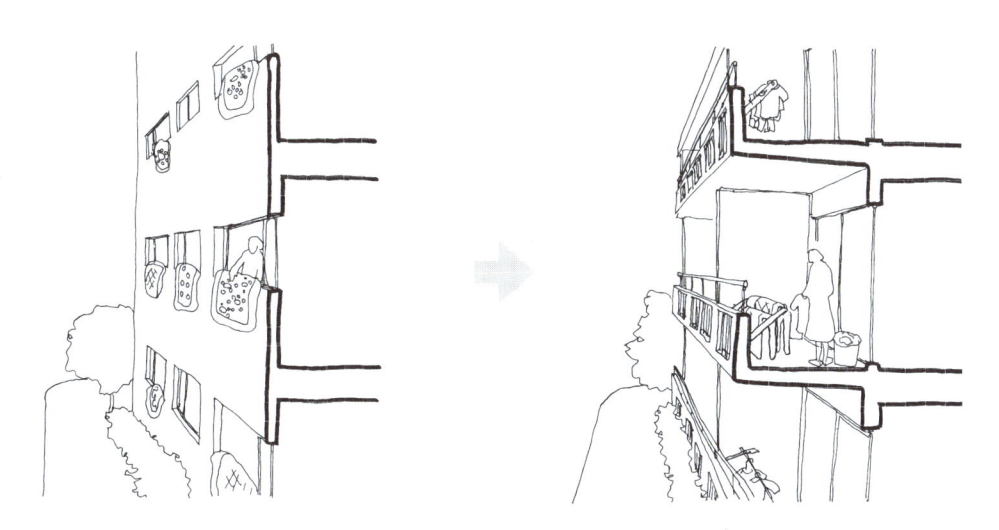

▶ 乾燥機が普及し，浴室の乾燥室利用も進んでいる．しかし洗濯物や布団など，太陽に当てて乾燥させることが望まれるものがある．専用庭のない集合住宅では窓枠に干し物をしたり，建物の美観をそこねるような場所に干したりすることをなくすためには，物干し専用のバルコニーが必要である．

24　遮音に効果のある室配置にする

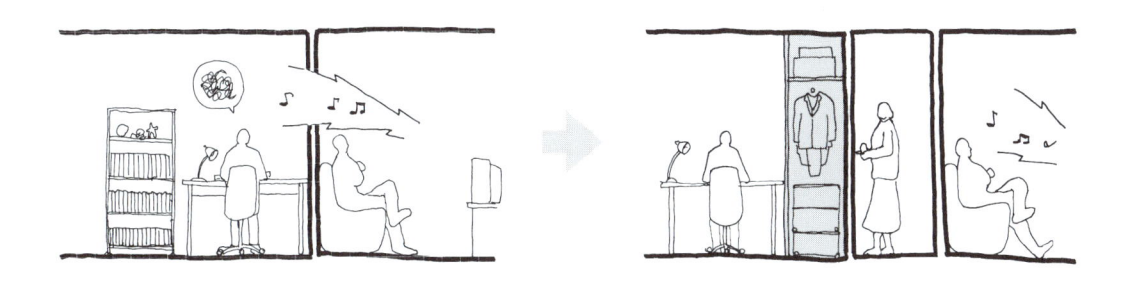

▶ 個室での静けさを確保するために，隣室やリビングからの音ができるだけ遮られることが望ましい．そのために**生活騒音**（▶p195）の出やすい部屋から各部屋に至る経路にある扉の数が複数になるようにする．スペースがあれば前室を配置する．また収納スペースが部屋と部屋の間に位置するように計画する．縁側も外部からの音を防ぐ空間となる．

25 住居内収納総面積は12〜14%以上あることが望ましい

▶ 家族の持ち物の収納，衣類や調度品，住居の**メンテナンス**（▶p197）のための器具類の収納，食堂や洗面所，浴室，便所などに必要な物品などが，効率的に使いやすく整理整頓されることが望ましい．納戸やウォークインクロゼット，棚やキャビネットを造り付けるなどの配慮で，生活の利便性が増すとともに，スペースの有効利用ができる．

26 食卓は落ち着ける場所に置く

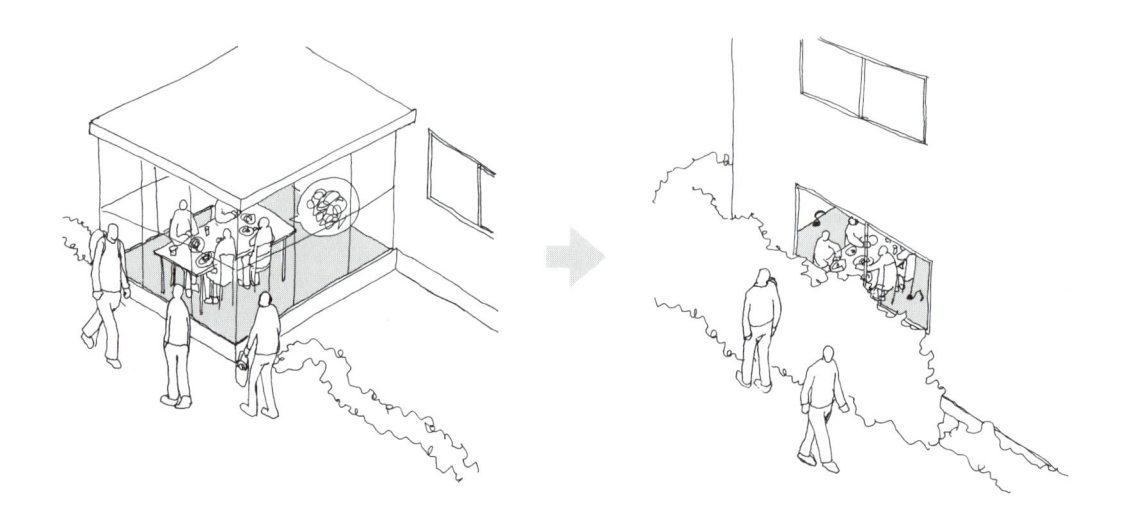

▶ 家族や来客と食事をすることには，単に空腹を満たすだけの行為以上のものがある．食卓は会話の場であり，親しく接する場となる．ゆったりとした気分で食事を楽しむためには，食卓の大きさは4人掛けで800〜900mm×800〜900mm，または直径1,200mm程度である．食卓のスペースは囲われたコーナーや，食事室など落ち着いた空間とする．

各種施設

27　居間はゆとりのある家具配置とする

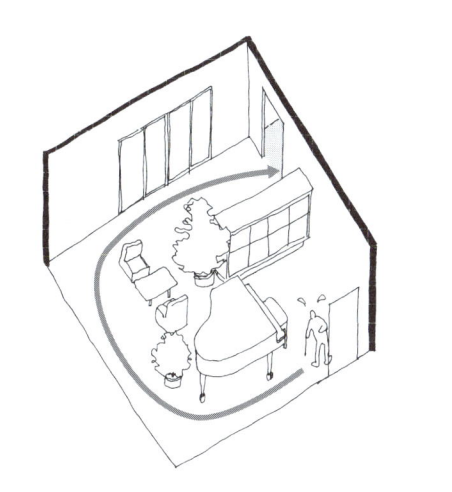

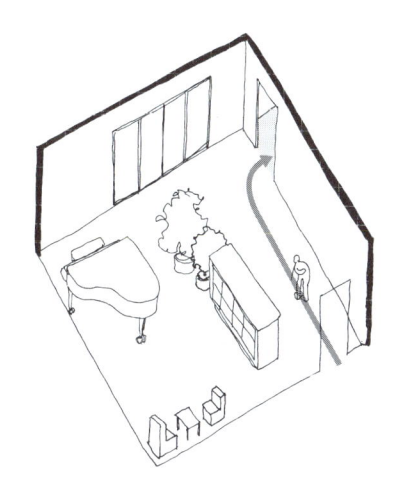

▶ 家族の集まる部屋にソファやテーブル，テレビ，ピアノ，装飾品などを一杯にすきまなく配置すると，日常の生活でたえず迂回して移動しなければならない．車椅子使用者，足もとの不安定な高齢者には不都合な家具配置がある．不要な物を整理し，移動しやすい回遊できる配置が求められる．

28　寝室の窓には多種類の建具が必要

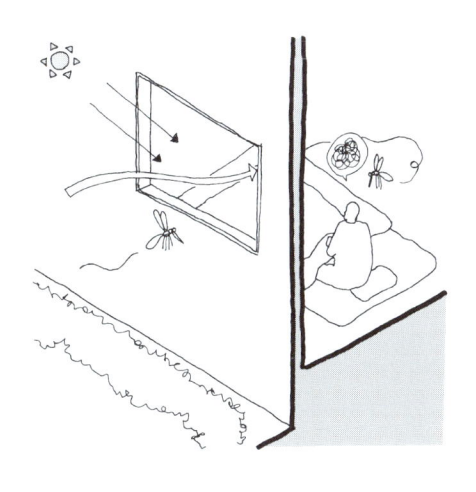

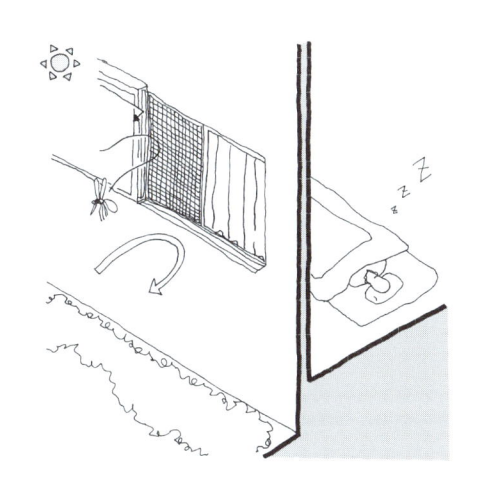

▶ 外部に面した窓で換気，通風がなされる．風を通し虫を通さないためには網戸が付けられる．採光のためには風を通さないで光を通すガラス窓がある．就寝時には光を遮断しなければならない．光は遮光戸，遮光カーテンで遮断する．1階に寝室がある場合は防犯のために雨戸が付く．このような開口部の納まりが必要である．

29 ベッドのまわりにはゆとりが必要である

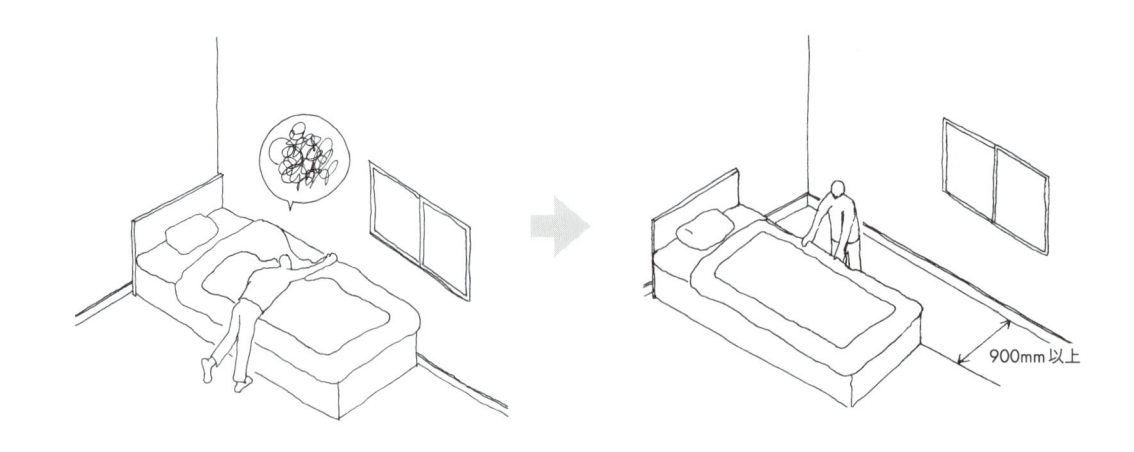

900mm以上

▶ 片側が壁に接したベッド配置は不便であり窮屈である．ベッドの両側に通路がある方が生活しやすい．寝具の取り替え作業もやりやすい．この通路は更衣のスペースであり，模様替えでベッドを動かす時の方向転換のスペースとなる．ベッドの両側に900mm程度のゆとりが必要である．

30 高齢者の居室の近くに便所を置く

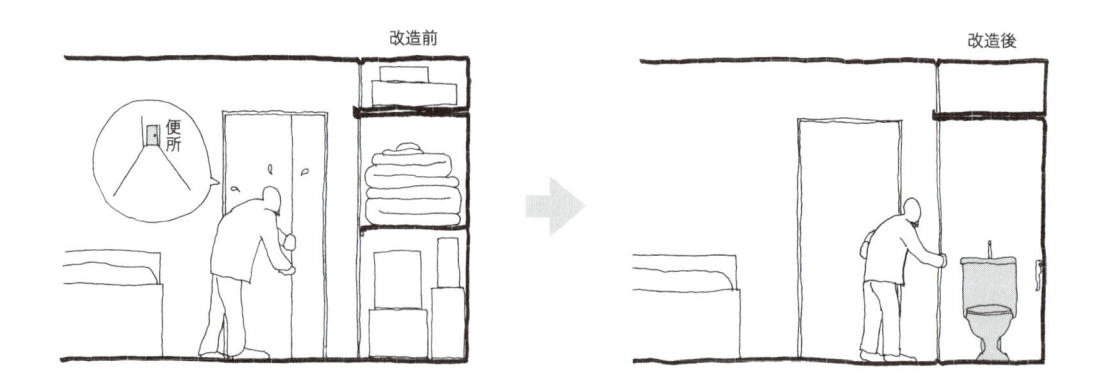

改造前　　改造後

▶ **日常生活動作**（▶p196）が不自由になった高齢者の寝室は生活の拠点である．プライバシーが守られなければならないことと同時に，家族とコミュニケーションの取りやすい位置に配置することが必要である．また，便所が近くにあることが望ましい．押入を便所に改造することもできる．

| 31 | **器機の配列が台所の使い勝手を決める** |

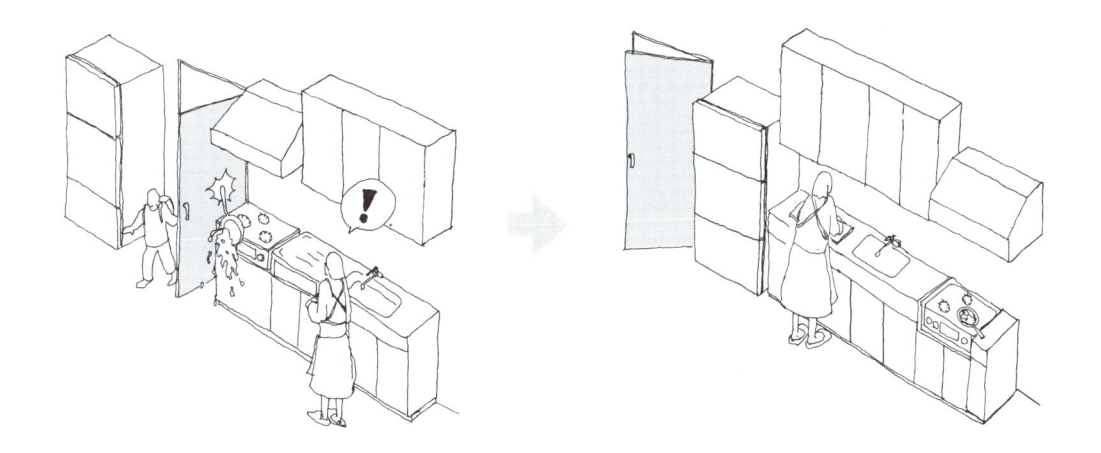

▶ 調理器機や作業台の配列には，冷蔵庫⇨準備台⇨流し⇨調理台⇨レンジ⇨配膳台という作業の流れがある．これを右または左から並べるか，一列ではなくコーナーのある配置にするか，配膳台を食卓と直結するか，などの使い勝手がある．流れを遮るドアの位置や火元の脇の出入口は事故の原因となる．

| 32 | **調理台の高さは作業しやすい高さとする** |

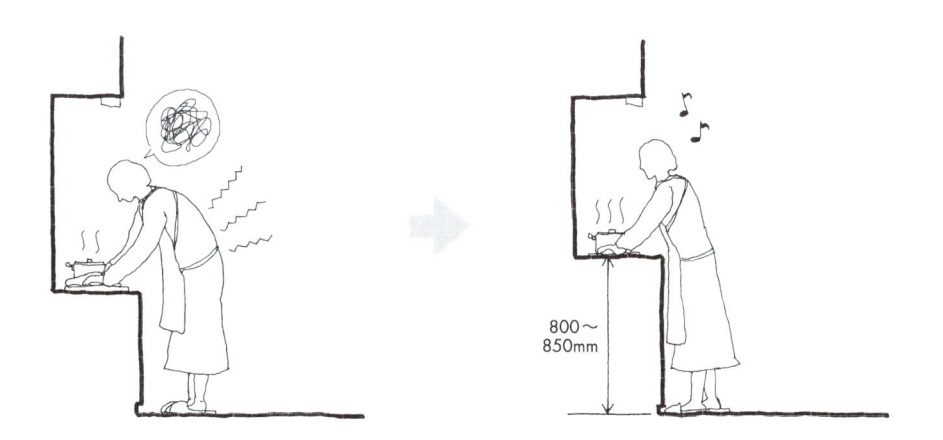

800～850mm

▶ 作業をする台の高さは労力の消費と関係する．腰を曲げないで作業のできる高さが必要である．したがって使用する人の身長に合わせた適切な寸法が望ましい．規格品の場合は800，850mmであるが，ユーザーの要求に合わせた高さに調整して取り付けることも可能である．

33　車椅子用の調理台は下を空けておく

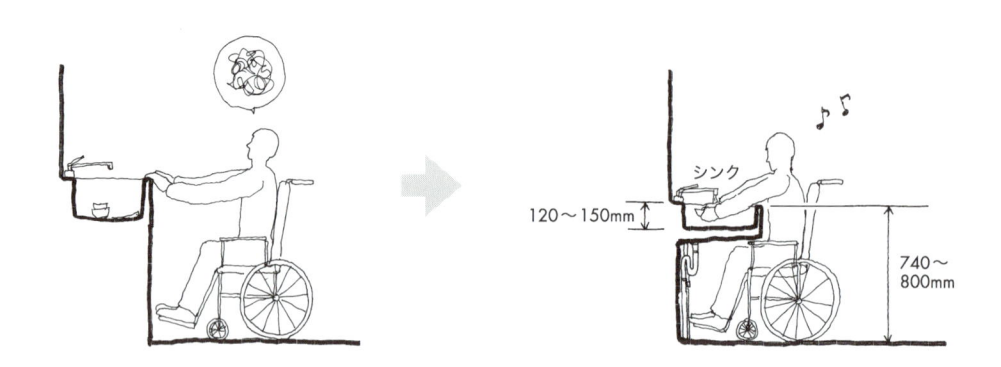

▶　椅子に座ったまま調理をするには，シンクや調理台の下に椅子に座った状態で膝が入らなければならない．そのためにはキッチンカウンターの高さは740〜800mm，さらに作業がしやすいようにシンクを浅め（120〜150mm程度）とする．このような改善が車椅子生活者には必要である．

34　台所の仕上げ材料は耐火性があるものにする

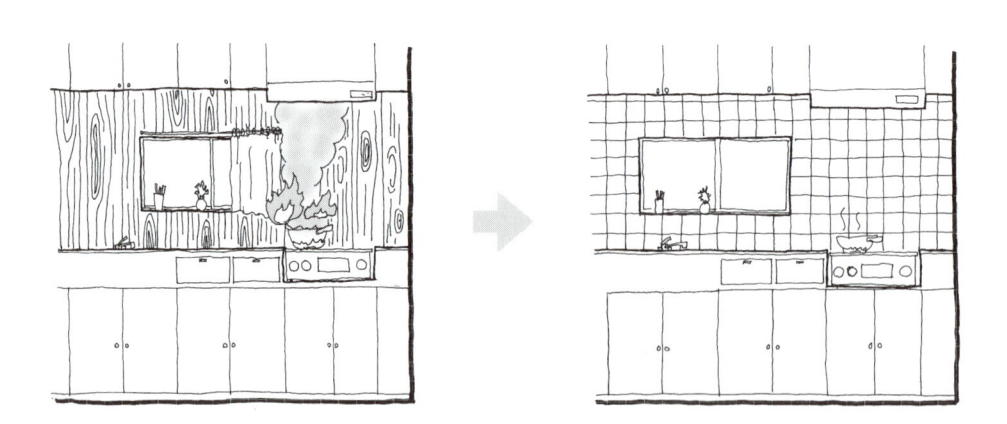

▶　台所は火を使う場所であり，燃えやすいカーテンは避けなければ危険である．燃えにくいものにしなければならない．油の汚れが付きやすいため，掃除しやすい壁材が望ましい．また水を使う場所でもあるから，耐水性のある仕上げ材が求められる．

| 35 | **便所には介助ができるスペースが必要である** |

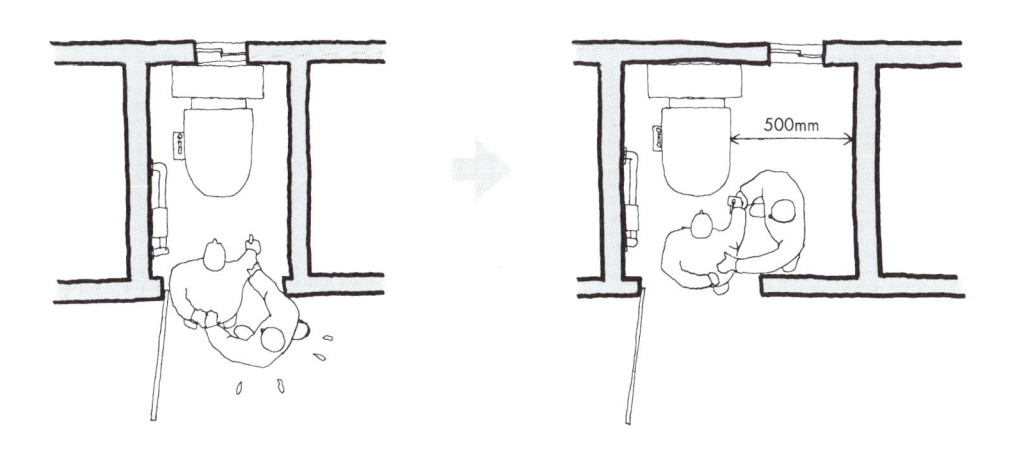

▶ 便所を使用する際に介助者が必要な場合，とくに高齢者住宅では，便器の前または横に500mm程度のスペースをとり，介助者が入って手助けできるようにする．健常者の住宅にあっても，便所のカウンターや棚を取りはずしができるようにしておくと，親族や近所の高齢者の訪問など，介助者が必要な場合のスペース確保の備えとなる．

| 36 | **便所の手すりはL字型にする** |

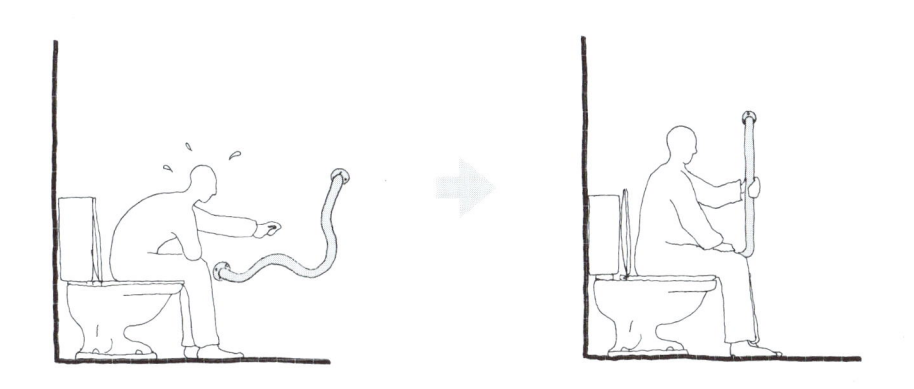

▶ 足腰の弱くなった高齢者には便所の中に手すりが必要となる．しかし取り付け位置や形状が適切でないと不要の突起物となってしまう．L字型の手すりが望ましい．便座に座ってつかめる位置にL字の縦の部分を置く．高さは立ち上がったときの肩の高さよりやや高い位置に定める．

37 洗面台の高さは高すぎないようにする

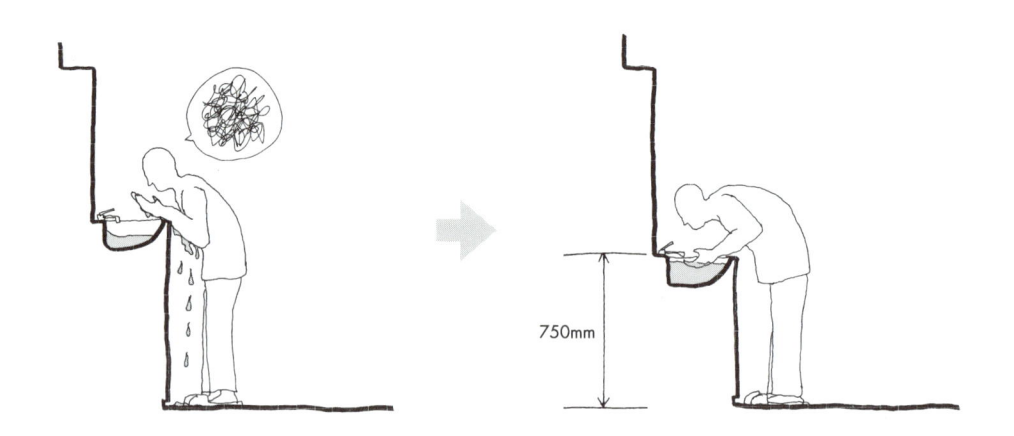

750mm

▶ 洗面台の高さが低すぎると腰をかがめて無理な姿勢で洗顔しなければならない．それが高すぎると，手のひらから水がしたたることになる．使用者の身長と関係するが，750mm程度が通常である．住宅の場合は家族の身長がまちまちなことが多いため，長身者や幼児の使用には調整する必要がある．

38 高齢者には浴室出入口の段差解消が必要である

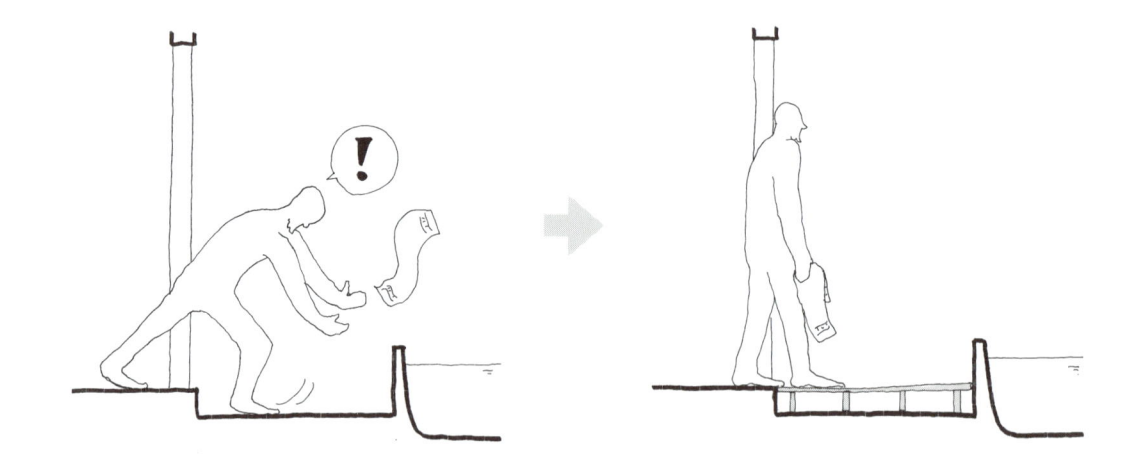

▶ 浴室の水が外部に流れ出ないように，浴室の床は低くなっている．この段差が高齢者の入浴の障害となる．このため，すのこを洗い場に敷いて段差を解消する．また浴室から湯水が流れ出ないように排水溝を設けグレーチングを敷いて段差のない出入口とする方法もある．

| 39 | 浴室は動作寸法を考慮したスペースが必要である |

▶ 入浴して，身体を洗ったり拭いたりするスペースが，浴槽とともに必要である．入浴は日常の動作であるから，窮屈な浴室は喜ばれない．また住居では意味のない広さも掃除の大変さ，限られたスペースの有効利用を考えると喜ばれない．一人での入浴が不可能で，介助者とともに浴室内に入るとなると，1,800×1,800mmの広さは必要となる．

| 40 | 高齢者用の浴槽の縁は低めにする |

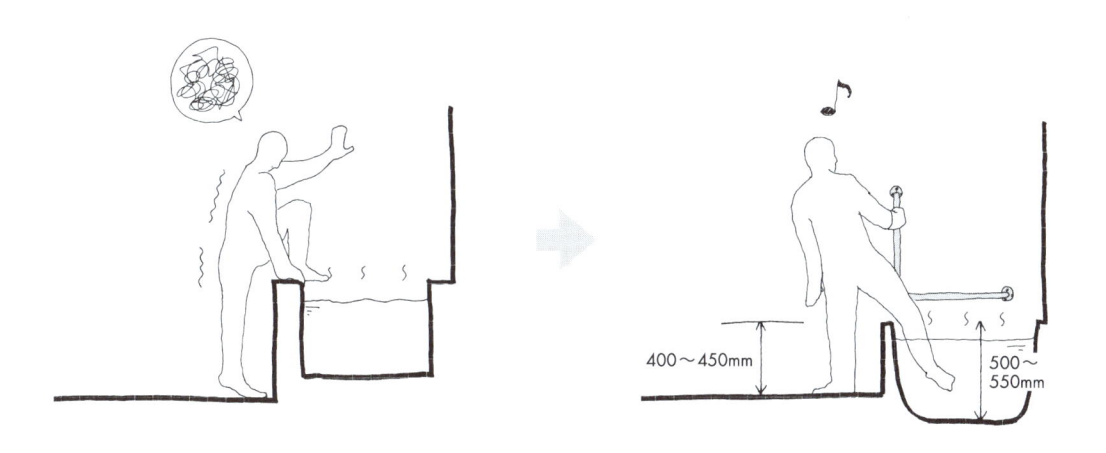

▶ 健常者にとっては不都合なく浴槽に入ることができても，高齢者には浴槽の縁が高すぎて不都合なことがある．高齢者には浴槽の縁は洗い場の床から400～450mmの高さがよい．このとき浴槽の深さは500～550mm．また，浴槽の縁をまたぐのに浴槽の縁の幅が広すぎないことも考慮する．

4 保育所

01 園舎は避難経路が重要である

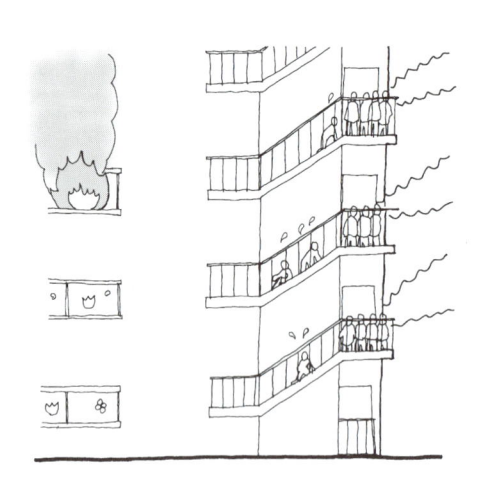

▶ 園舎を中高層建物内に設置する場合でも，乳幼児の避難行動や屋外活動を考慮して，保育室・遊戯室・便所は1階に配置する．ただし，園舎が耐火構造ですべり台などの幼児の避難に適切なものが設置されている場合は，これらの室を2階に設けることができる．

02 外部からの自由な出入りは防犯上好ましくない

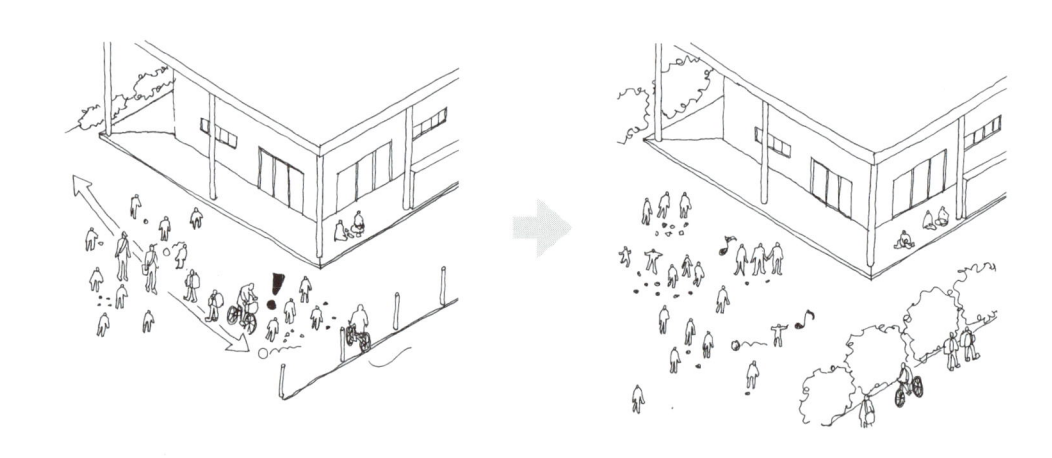

▶ 保育所には地域社会との関係の中での育児という課題がある．そのため外部に開かれた施設として，運動場を開放的にし，どこからでも園舎に入れるような配置計画がある．しかし施設管理や防犯対策の面からは不都合なプランとなり，運動場が通路になりがちで，遊戯や集団活動に集中できないことになる．

03 保育室は年齢別に区分する

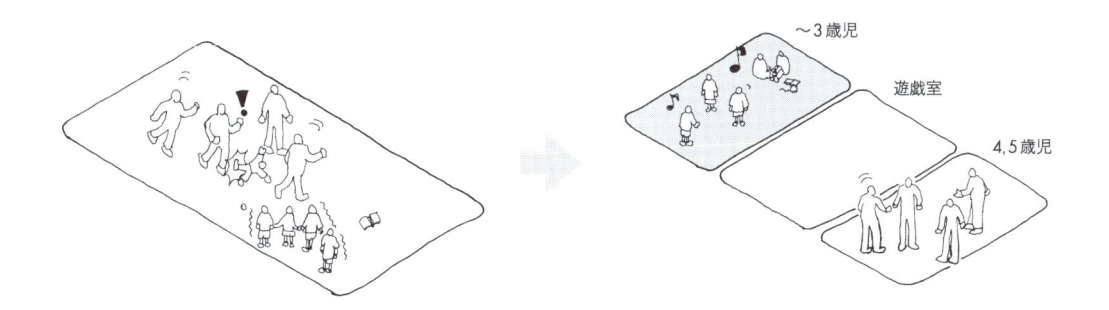

▶ 採光を重視して保育室を直列に並べた配置がある．採光は必要であるが乳幼児の生活空間としては単調すぎる空間構成となる．乳児と幼児の分離が必要である．3歳児までと4,5歳児とでは行動範囲も行動力も異なるため，間に遊戯室などをはさんで分離する．昼寝の場所と食事の場所の分離も必要である．

04 遊戯室は円陣が組める広さにする

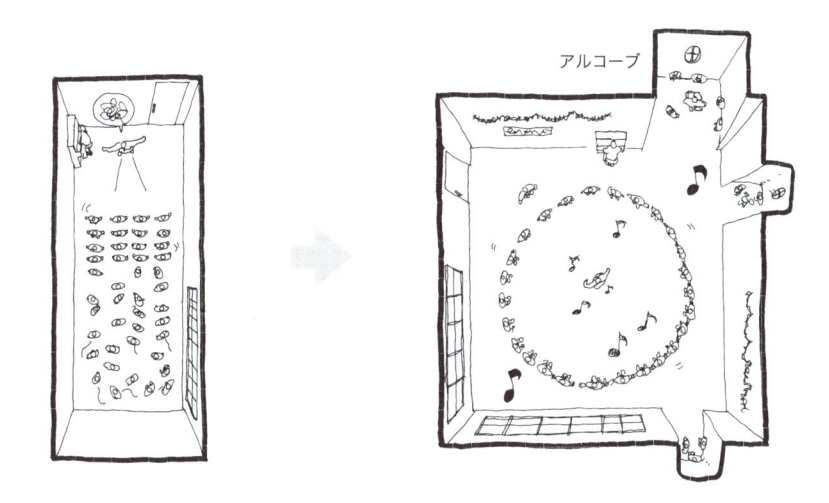

▶ 保育室の近くに遊戯室を置く．少人数のグループ活動や一人遊びのためには仕切られたコーナーやアルコーブが必要である．30人規模の集団体操などの活動のためには，直径9m程度の円陣ができるスペースが必要となる．ここでは幼児が飛び跳ねるため，床材は弾力性のあるものにする．

05 出入口は引き戸が安全である

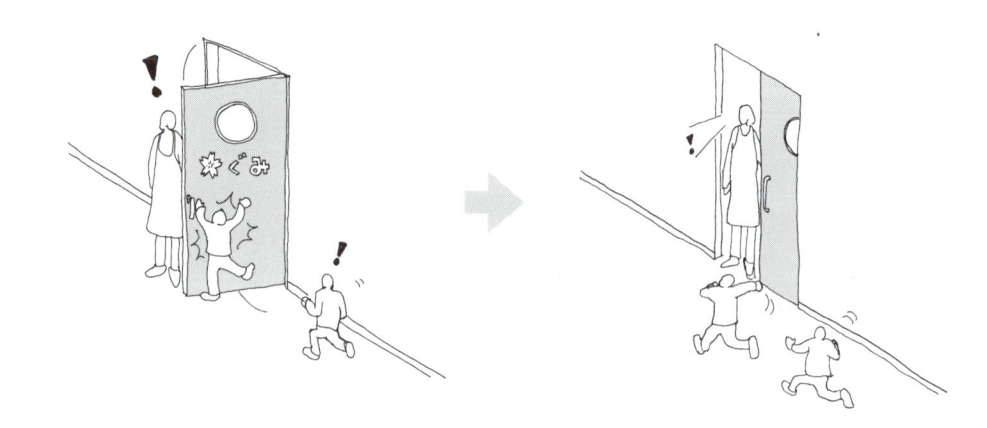

▶ 扉を開閉する際に走り回る幼児が衝突する事故がある．窓を開けたことで，室内の気圧が変化し，突然急速に開き扉が閉まり，近くの幼児が手を挟んだり怪我をしたりする．開き扉より引き戸の方が安全である．

06 幼児の衝突事故を避ける配慮が必要である

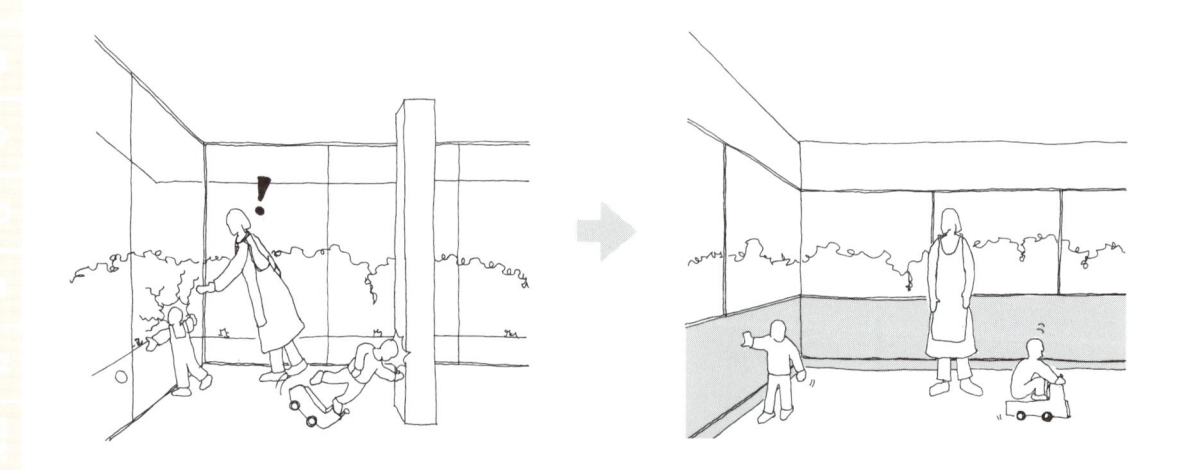

▶ 採光や屋外との一体感をもたらすため，大きなガラス面を廊下や保育室に付けたことで，幼児が衝突事故を起こす．角柱の角にぶつかることもある．園内での行動性を高めるためにも衝突の恐れのある場所には，ガラス壁や突起物をつくらないようにすることが望まれる．

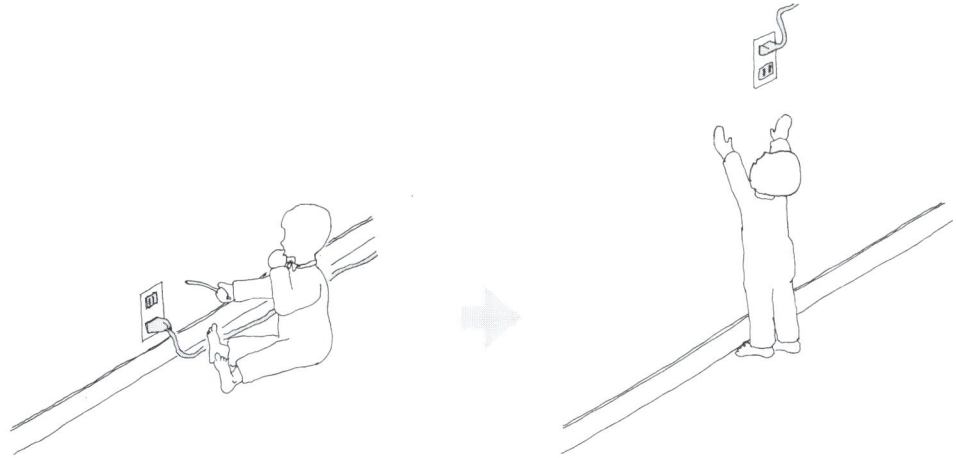

07　コンセントは手の届かないところに付ける

▶　乳幼児は常識では想像できない行動を起こすことがある．コンセントに触ったり物を差し込んだりして起こした事故がある．コンセントや危険が予想されるものは乳幼児の手の届かない位置に取り付けることが望まれる．

08　便所の扉はのぞける高さにする

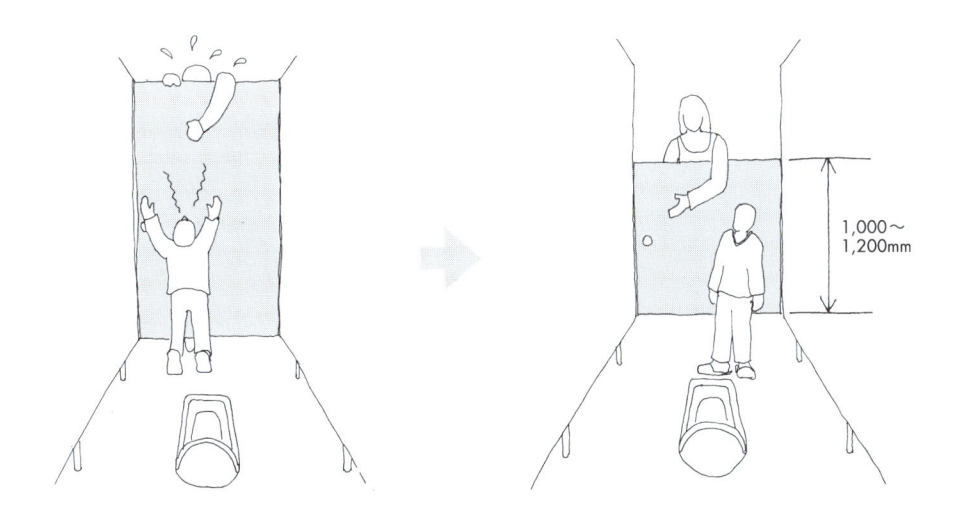

▶　幼児の用便をしつけるのも育児の対象であるため，指示が出せるように便所のブースの扉は保育士が見守れる高さ（1,000〜1,200mm）にしておく必要がある．また便所は保育室に接して配置する．

5 学校

01 人と車のアプローチは分離する

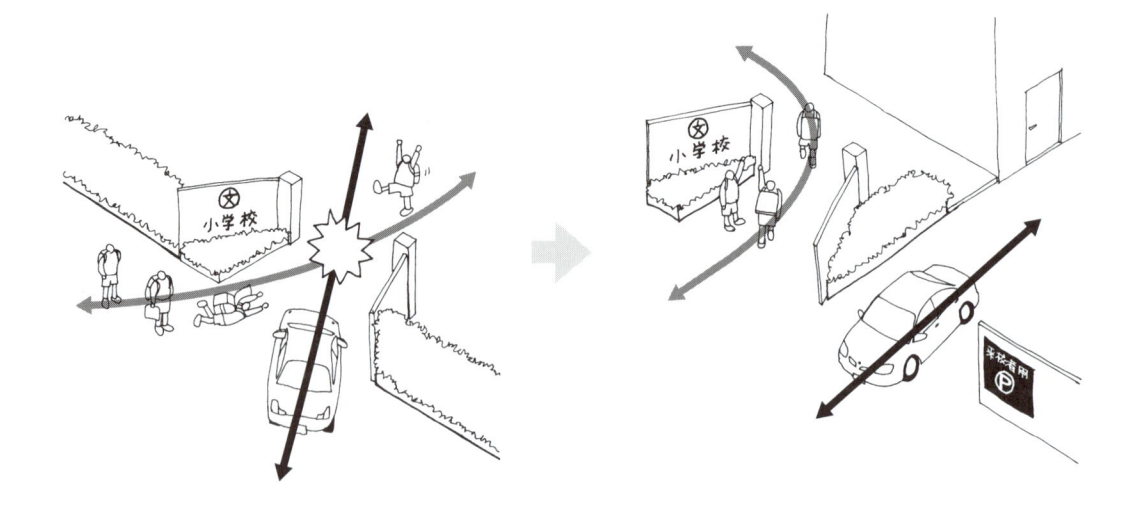

▶ 校門から昇降口（学校の玄関）までのアプローチ，昇降口とグラウンド間の移動路で，児童と車の動線が交差または近接すると危険である．校庭内で児童のアプローチとは別に，駐車場までの車の動線を確保する必要がある．同様に，給食運搬車の配膳室までの通路確保も忘れてはならない．

02 地域開放ゾーンがわかりやすい配置計画を行う

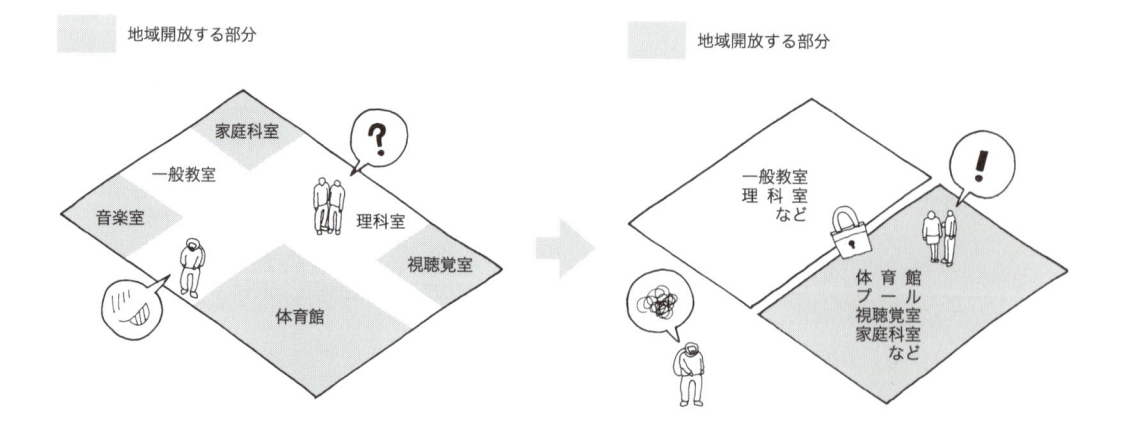

▶ 体育館などの地域住民に開放されるゾーンが分散していると，管理上の不都合があり，また，住民側にとっても開放されているゾーンを認知しにくく，利用しづらい．開放ゾーンと非開放ゾーンを明確に分離することで，学校運営上支障を来すことも少なくなり，住民も気軽に利用しやすくなる．

03 昇降口はグラウンドへ出やすい位置とする

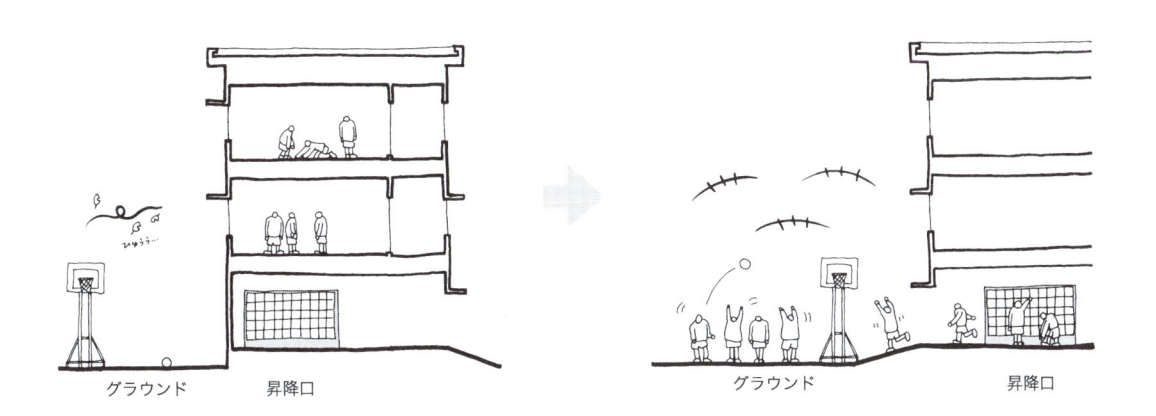

▶ 昇降口がグラウンドと反対方向にあると，グラウンド利用時に校舎を迂回しなければならず，移動距離・時間とも長くなる．昇降口とグラウンドを近づけることにより，下足の履き替えもしやすくなり，短時間の休み時間などにも利用可能となる．

04 職員室は校門からの出入りが確認できる位置とする

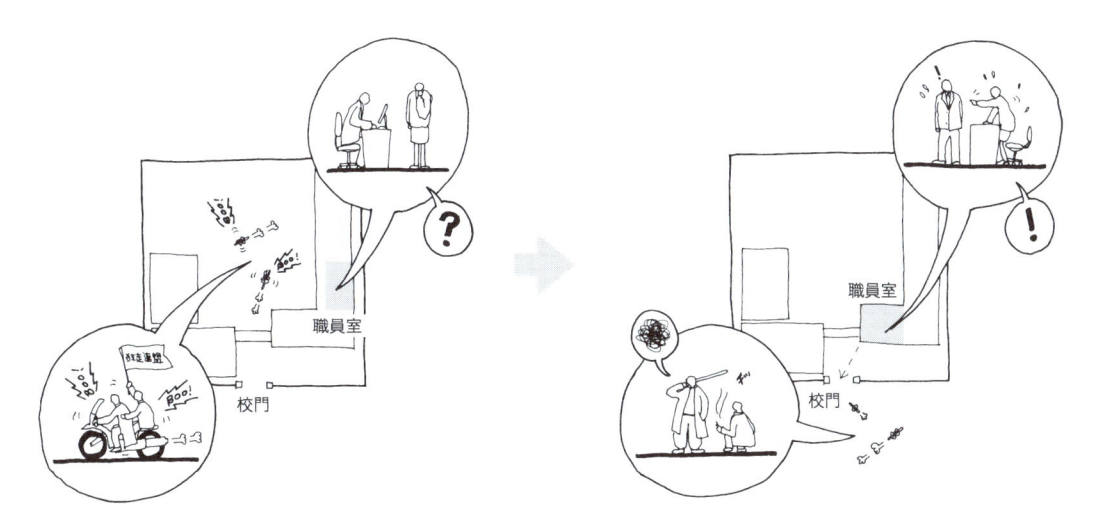

▶ 職員室から校庭内を登下校する児童・生徒の様子や，人の出入りが見えないと，不慮の事故が発生したときの対応ができない．学校内への不審者の侵入を防止し，児童・生徒が安全に学校生活を送る上で，教職員による校庭内の状況把握は重要となる．

05 職員室は校庭が見える位置とする

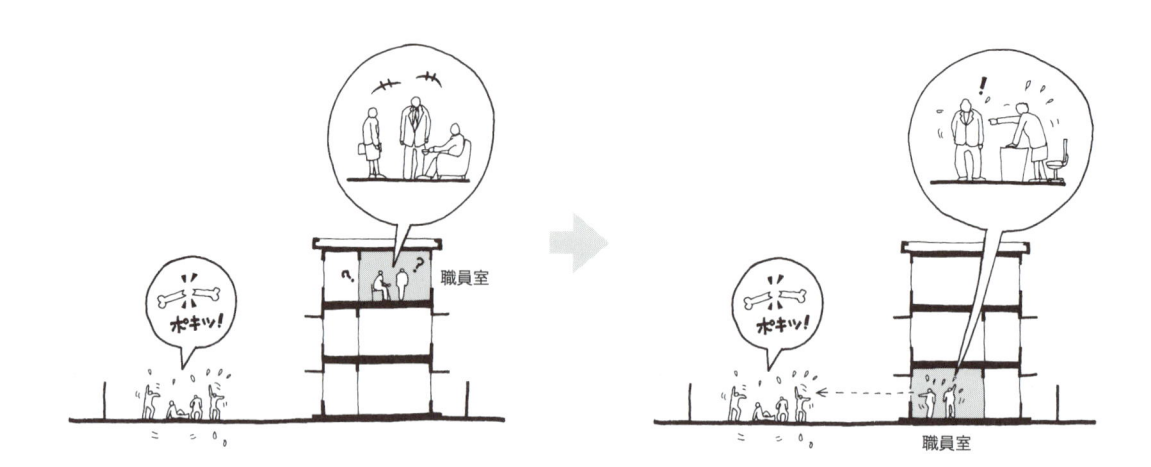

▶ 児童がグラウンドや屋外遊具使用時に何らかの怪我をした場合等，職員室から校庭内の様子が見えないと，事故への対応が遅れる．事故発生時に教員が速やかに対応できることや，危険行為を防止する指導のためにも，職員室は校庭内が見渡せる位置である必要がある．

06 校庭内に死角となる場所を設けない

▶ 体育館や校舎の裏側などに人の目が届かない場所があると，学校生活上の児童・生徒間での出来事に対する管理が不十分となる．安全管理上，校舎内部・外部ともに，他者から認知できるようなオープンな空間構成である必要がある．

07 保健室は救急車が近接できるように配慮する

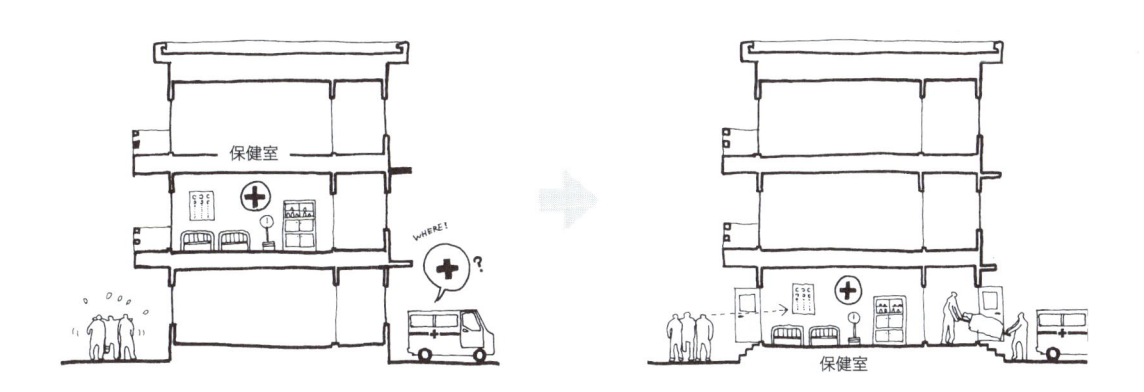

▶ グラウンドや体育館などで，運動中に怪我をした児童が出た場合，保健室までのアプローチが複雑であったり，遠かったりすると，処置が遅れる．また，急病人が発生したときは，保健室から**ストレッチャー**(▶p195) に載せたまま直接救急車へ搬送できると，患者を無駄に動かさずに，適切な対応が可能となる．

08 児童・生徒数の変化を考慮した計画が必要である

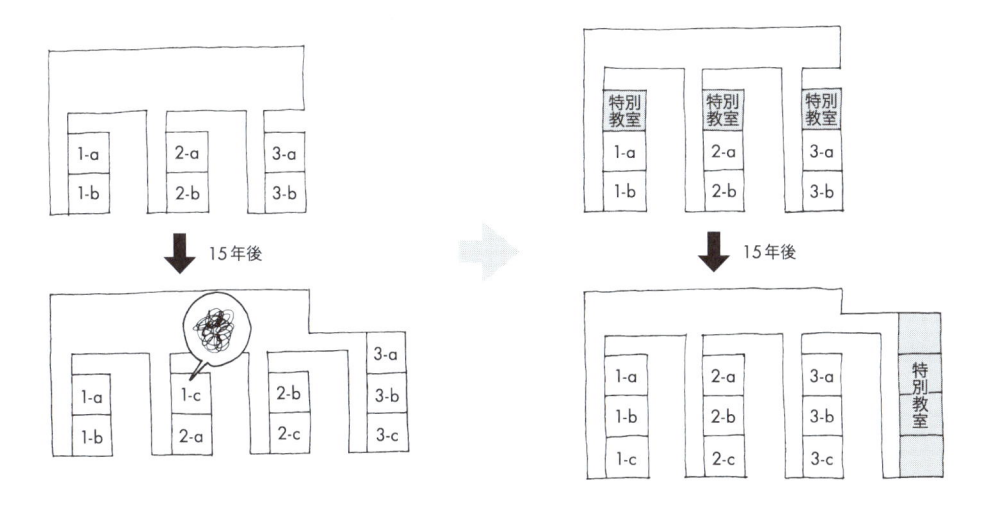

▶ 小学校の建設時には，竣工後6年先までの児童の変動予想数を把握しているが，大型マンションの建設などによって予想外に児童が増加する場合もある．このような場合にも，同学年の交流が可能となるように，特別教室などを用意して，フレキシブルに学年ブロックが形成できる計画が必要である．

学校

| 09 | **多目的スペースの通過動線に注意する** |

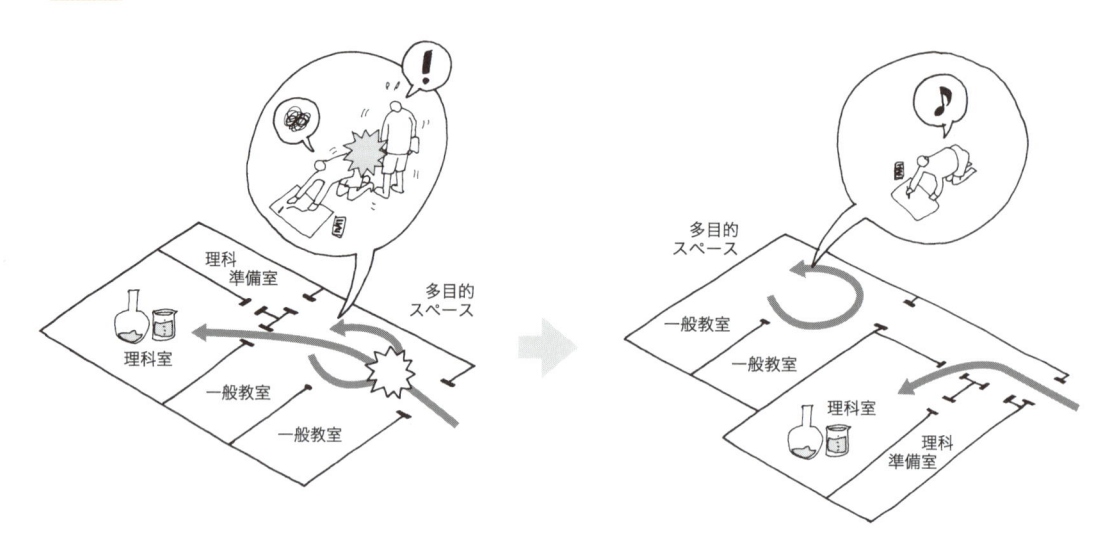

▶ オープンスペースやワークスペースを設けても，その空間が廊下を兼ねている場合，他のクラスの児童の移動空間として使われ，授業に支障が出る．多目的スペースの面積や，通過動線として使われる頻度を考慮して，動線計画と**ゾーニング**（▶p195）を行う必要がある．

| 10 | **音が出る教室は一般教室から離して配置する** |

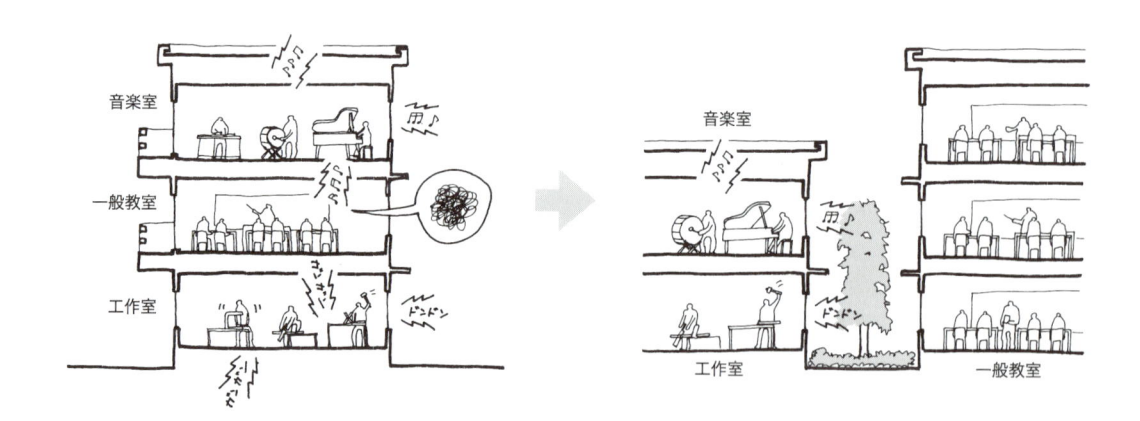

▶ 体育館や音楽室・技術室などの音が出るゾーンが一般教室に近いと，児童が授業に集中できないなどの支障が生ずる．音が生じる教室ゾーンは，一般教室や図書室などの静的ゾーンから隔離して配置することが望ましい．

各種施設

11　廊下は明るく，十分な幅を確保する

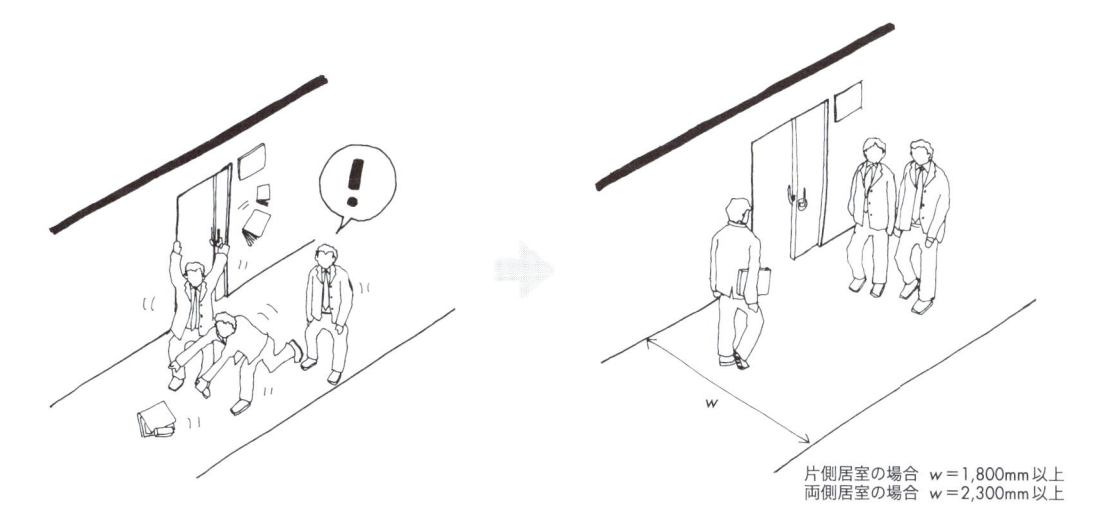

片側居室の場合　w＝1,800mm以上
両側居室の場合　w＝2,300mm以上

▶　廊下の有効幅は，両側に居室がある場合は2,300mm以上，片側にしか居室がない場合は1,800mm以上，と決められている．しかし，これらの値を満足していても，通過人数や頻度によっては十分でない場合もあり，廊下幅が狭いと衝突事故などによる怪我のケースが増える．とくに教科教室型では移動が多くなるので広めにする．

12　多目的スペースは姿勢を限定しない床仕上げがよい

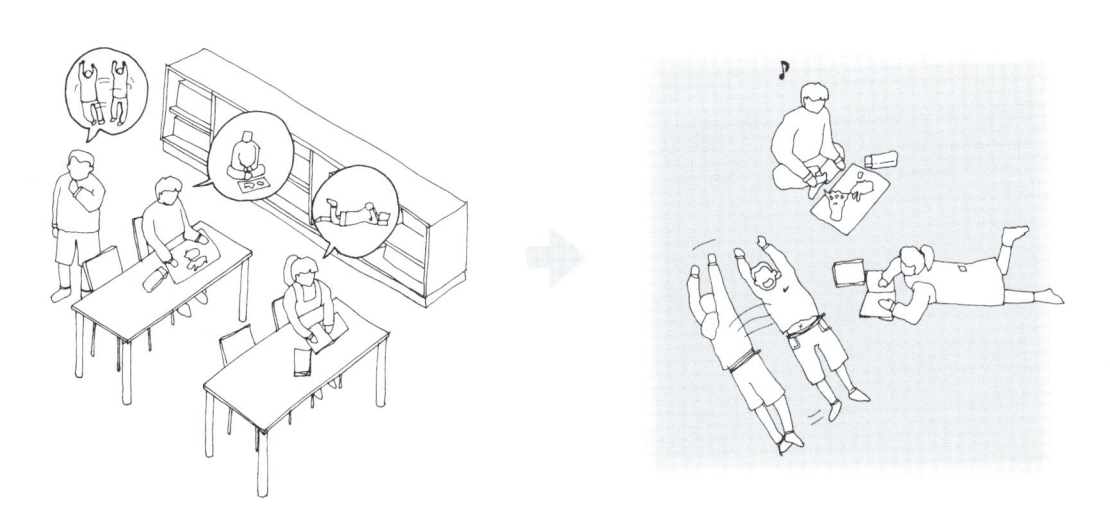

▶　多目的スペースは授業での使用を含めて，いろいろな学習・生活行為の場となる．**起居様式**（▶p193）を限定する床仕上げは避け，行為の自由度が高い床仕上げとすることが望ましい．また，水道・照明設備の他，可動式黒板や展示パネル，机・椅子等の可動家具の仕様にも，行為を限定しないような配慮が必要である．

13　ランチルームの床材は汚れがとれやすい仕上げとする

▶ ランチルームや家庭科室・図工室などは，食べ物や絵の具などによって，床を汚してしまうことが多い．ランチルームや家庭科室・図工室などの床材には防水・耐久性の優れた材料を用い，汚れを除去しやすくする配慮が必要である．

14　教室付近には流しを設ける

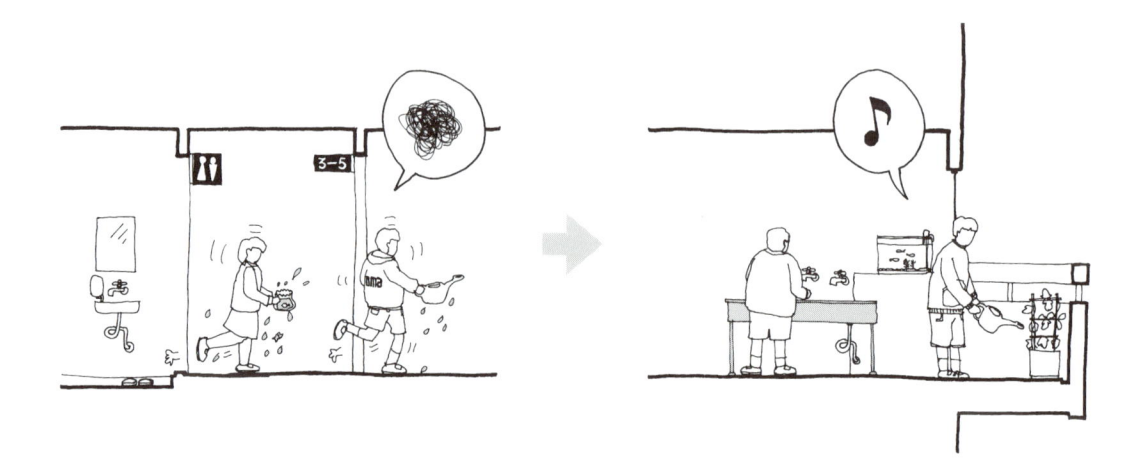

▶ 教室内で植物や小動物などの生き物を飼育することが多く，教室内または教室付近に水道設備を備えていないと不便である．教室内に水道設備を備えることにより，動植物の飼育の他，給食時の手洗いにも使え，衛生上もよい．

15　掲示のための壁面を確保する

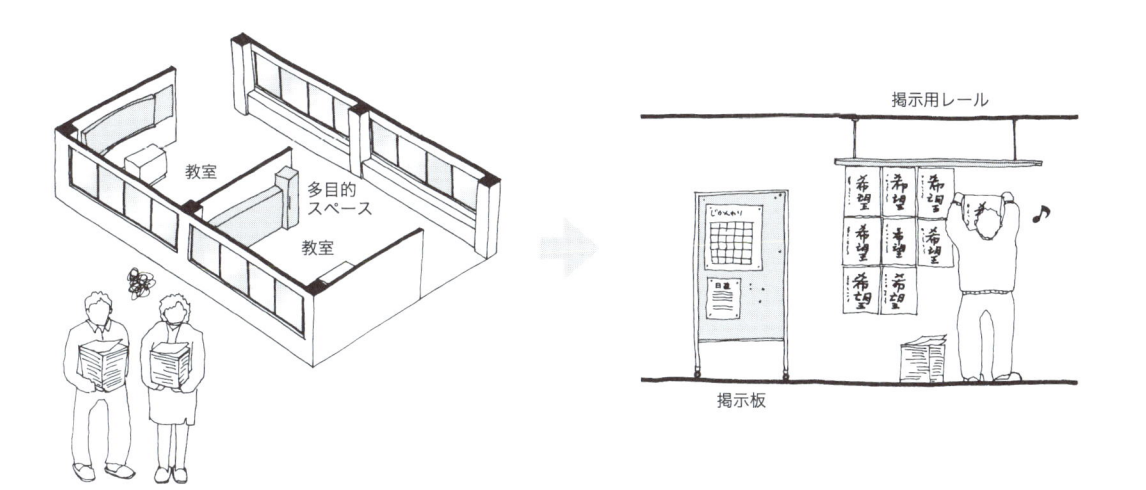

▶　教室は床面積の1/5の採光が必要であり，さらに黒板の設置などにもより，掲示のための壁面が不足しがちとなる．空間構成上，掲示の壁面が少なくなる場合は，天井から掲示用のレールを吊すなどして，児童の作品等の掲示方法を考慮する．

16　コンピュータ教室は防塵と遮光に配慮する

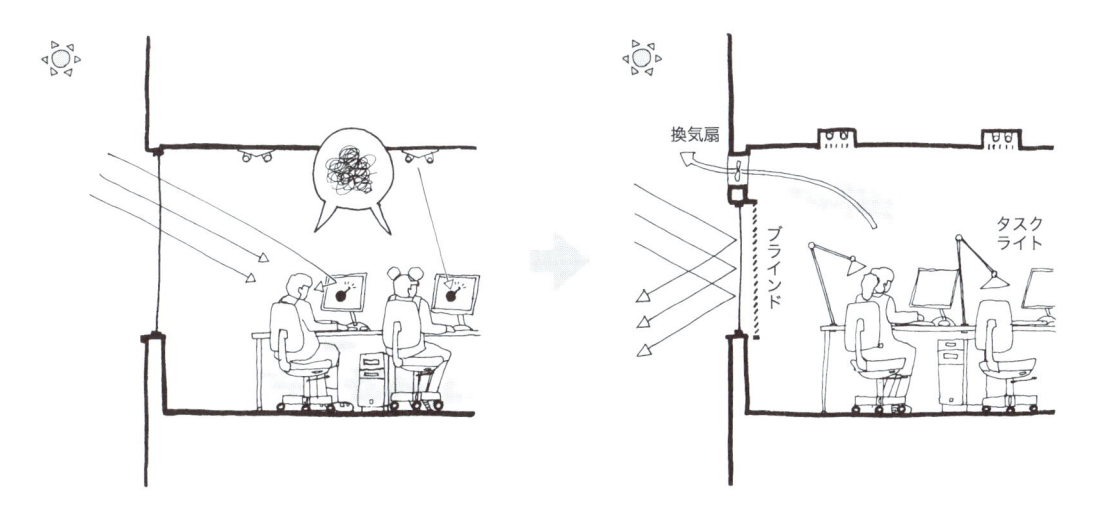

▶　コンピュータのディスプレイ面は，直射日光が当たったり，蛍光灯の光がちらついては見にくい．また，ほこりが多いところでは，静電気に反応してコンピュータ内部までほこりが入り，故障の原因になる．コンピュータ教室には遮光用のブラインドを設置し，換気扇を備える．照明器具にはOAタスクライトを用いるのが好ましい．

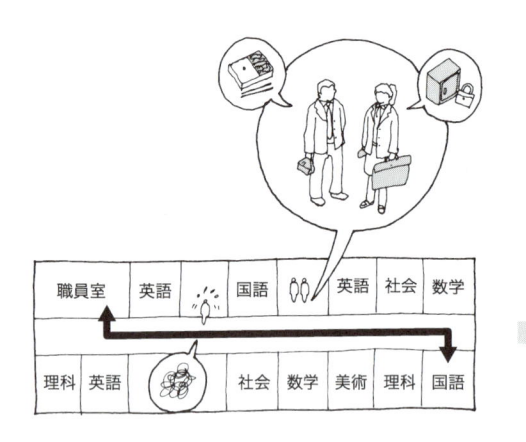

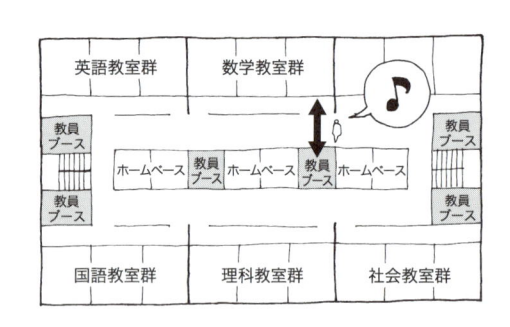

17 教科教室型の方式は，教科ごとに教室群と教員ブースを備える

▶ 教科担任制を行っている中学校や高校では，大規模になると教科ごとの教員数も増え，教科ごとの調整事項や教材も増加する．このような場合，日本では例が少ないが，教科教室＋教科教員ブースなどで各教科センターを構成する教科教室型の運営方式も方法の一つである．この方式では，生徒の所持品を保管したりするホームベースが必要となる．

18 幼稚園には玄関付近に待合いスペースが必要である

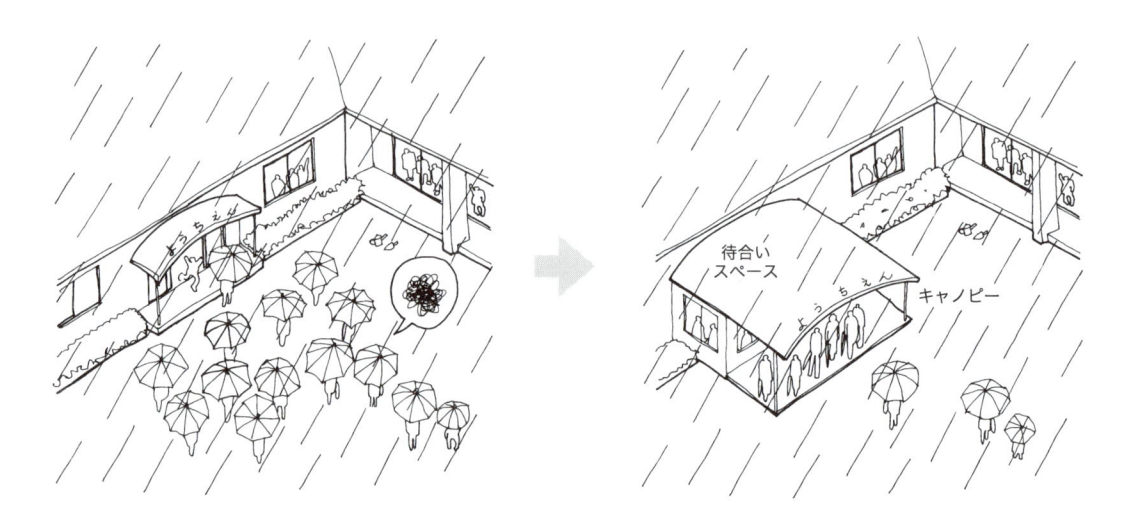

▶ 幼稚園では園児の送迎を保護者が行っているところがほとんどであり，玄関先は子供を待つ保護者で混雑する．玄関先のスペースにゆとりがなく，保護者が道路で待たなければならないところもある．とくに雨の日などは，園児が帰り支度をしている間，玄関内の待合いスペースや**キャノピー**（▶p193）があると便利である．

各種施設

| 19 | **柱や家具の出隅は面取りする** |

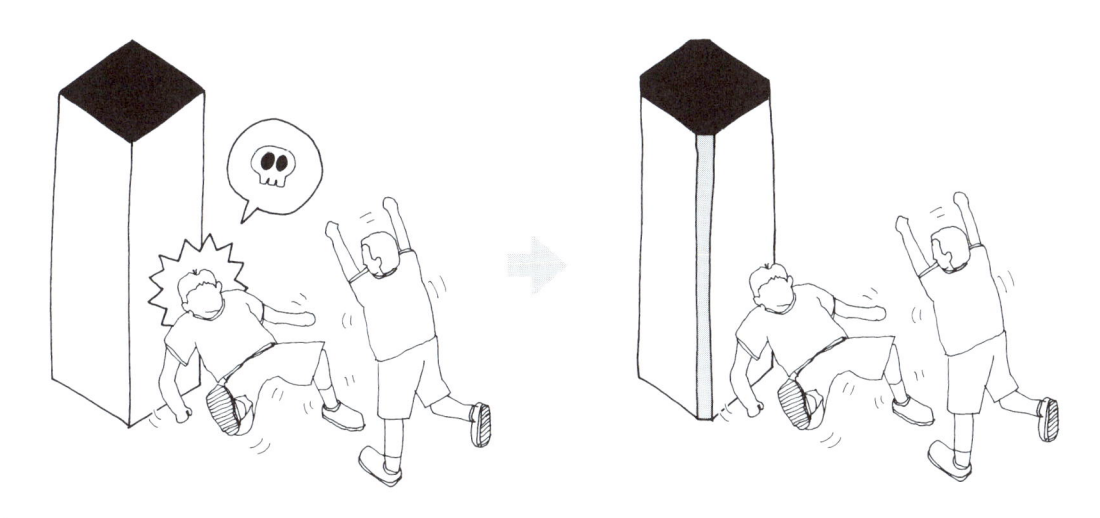

▶ 学校生活において，児童が柱や家具の角にぶつかって怪我をすることがある．児童にとっては，遊びの中でまわりに注意が行かなくなることもあり，危険となる場所が無いように安全対策を施しておかなければならない．角のある柱や家具の出隅は**面取り**（▶p198）やR加工を施すか，クッションとなる材料で保護すべきである．

| 20 | **扉は引き戸が望ましい** |

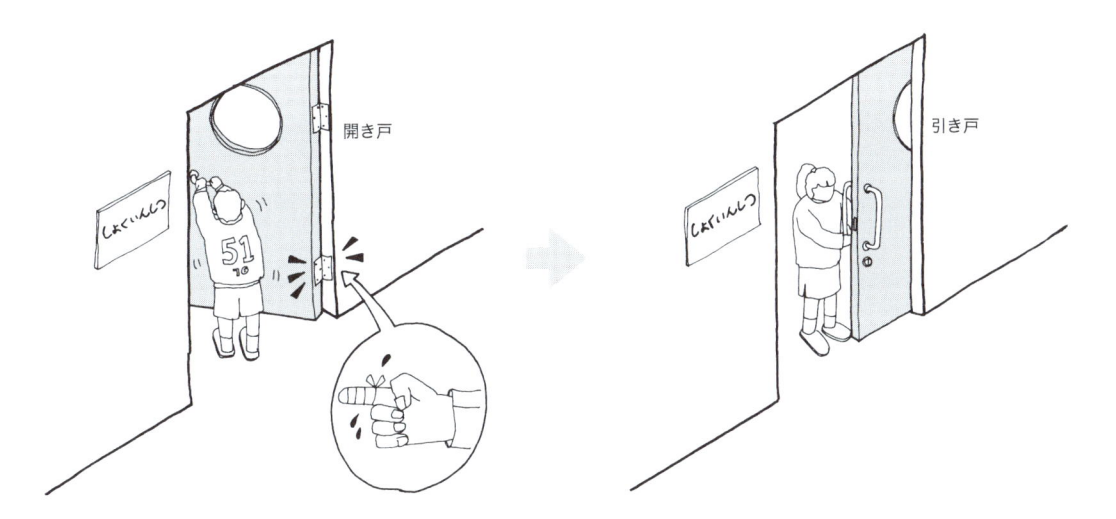

▶ 開きドアの場合，後ろを未確認でドアを閉め，後ろから来た児童が指を挟む事故が多い．衝突，怪我を避けるため，扉はできるだけ引き戸にするか，もしくは指を挟みにくい構造のものを採用する．とくに幼稚園などの年少者が利用の中心となるところでは，窓サッシも安全策が施された仕様のものを用いることが望ましい．

6 図書館

01 外部空間に増築スペースを計画しておく

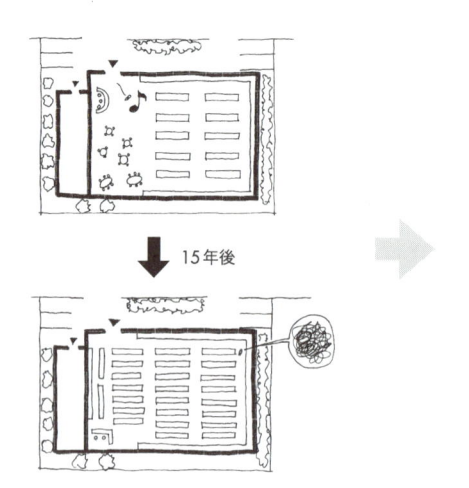

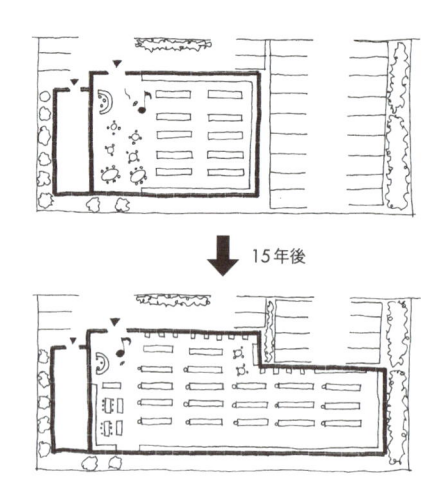

▶ 図書館の蔵書数は，新刊図書や収集資料により，年々増加する．また，情報機器の発達にともない，新しいメディアの収蔵スペースも必要となる．増え続ける資料の収蔵スペースや，情報機器の使用増加に備え，将来の増築を見越して外部空間を計画する．

02 書庫と閲覧を構造的に分けるとコスト上有利

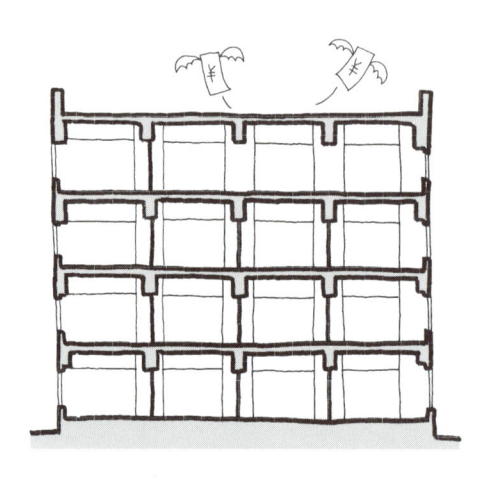

▶ 本の重さは予想以上に大きなもので，本が集積する書庫と閲覧室では，構造設計上の積載荷重基準が床・ラーメン共に大きく異なり，本の重さ分高い強度の設定が必要となる．このため書庫と閲覧室部分を構造的に分け，各ゾーンに適した構造と**スパン割**（▶p195, スパン）を選択する方が建設コスト上も有利となる．

| 03 | **利用者，職員，図書の動線を分ける** |

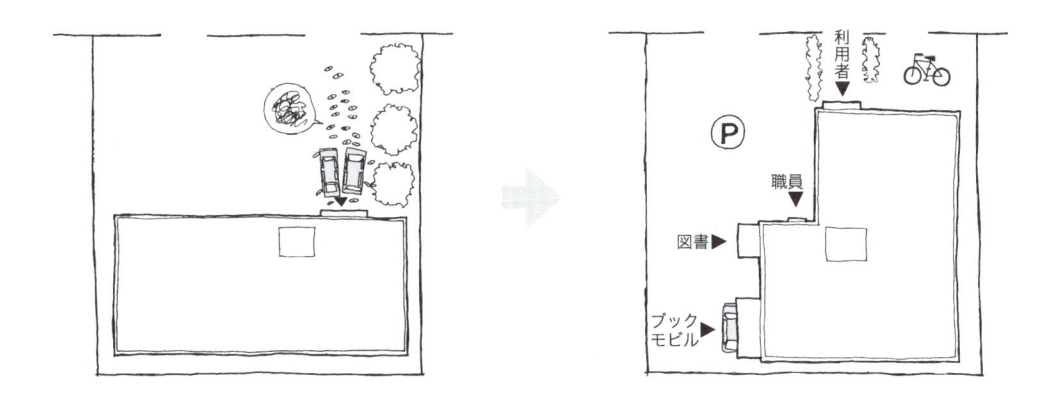

▶ 図書館では利用者と職員の他に，図書資料の動線が重要となる．新刊図書，返却図書，移動図書館からの入れ替え図書，製本や修復が必要な図書等，図書資料の動線が最も複雑となる．スムーズな運営のために，利用者用，職員用，図書用の出入口と動線を分離し，交差しないように配慮する．

| 04 | **固定壁は少ない方がレイアウトに有効** |

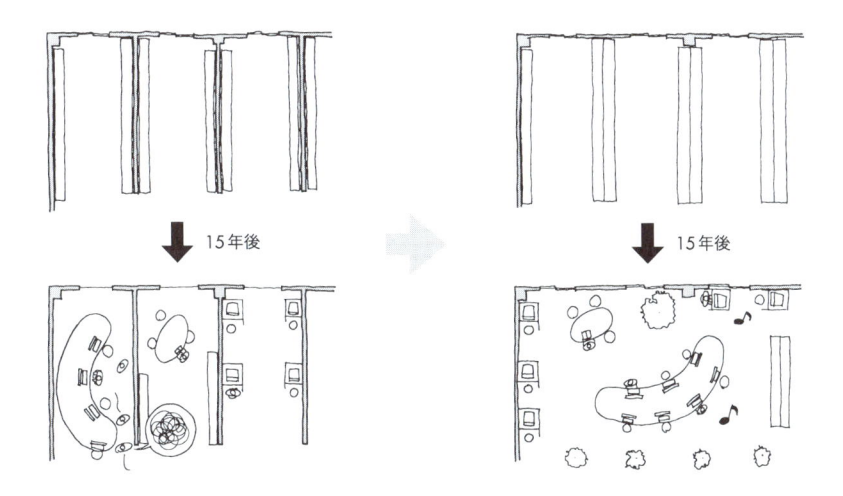

▶ 図書資料の増加や，需要の変化に対応するために行う模様替えや機能変更の際，固定壁が多いと，自由な変更を行えないことがある．予め，固定壁を少なくして計画することで，将来の変更に対応しやすくなり，オープンな館内は空間認知の面でも有効となる．

05 書籍の階層移動のためにリフトを設置する

▶ 閉架書庫と開架書庫のフロアが異なる場合，人の手によって重い書籍を入れ替えするのは大変な労働となる．閉架と開架の階層を分けるときは，書籍入れ替え用のリフトを設け，書籍の動線を考慮して計画する必要がある．

06 ブックモビル専用の車庫が必要である

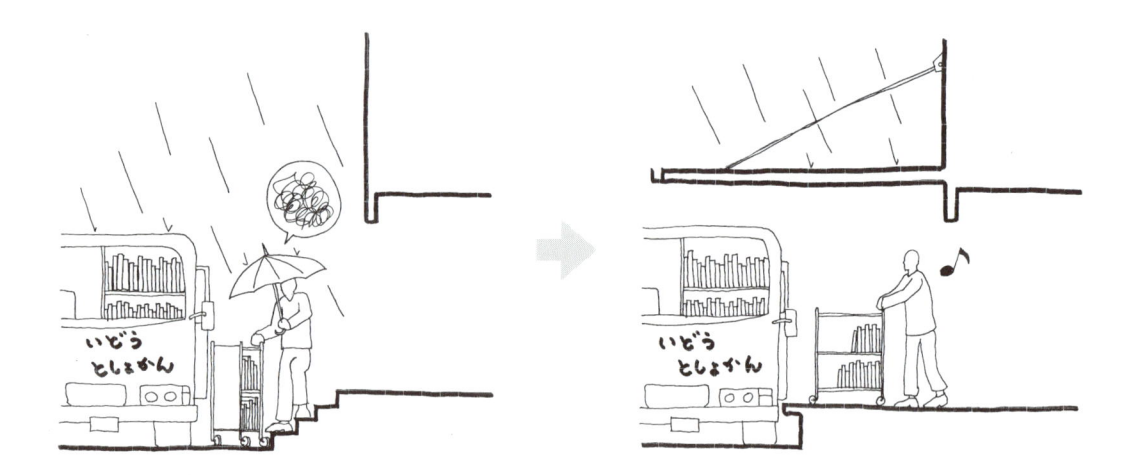

▶ 移動図書館（**ブックモビル** ▶p197）では，住民の希望図書に対応することもあり，図書の入れ替え作業が頻繁に必要となる．図書の入れ替えの際，雨でも図書が濡れないように作業スペースを備えた専用の車庫を設ける．車庫にはブックモビルの床高さと同じ高さの**エプロン**（▶p193）を備えていると，書籍の台車が利用できて便利である．

07　出入口にはBDSを設置する

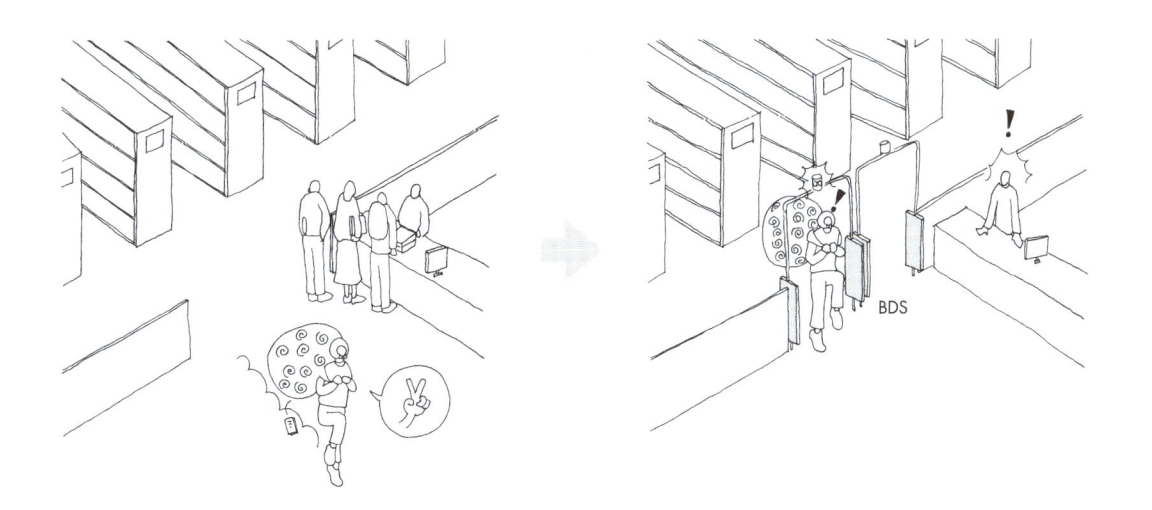

▶ 人間の目視による図書の管理には限界がある．書籍に磁気センサーを埋め込むなどして，出入口に **BDS（ブックディテクションシステム** ▶p197）を設置することにより，書籍の盗難を防ぐとともに，出入口付近の動線交差を防ぐ．BDSはカウンターから見通しやすい位置に設置する．

08　利用者用の出入口は1か所とする

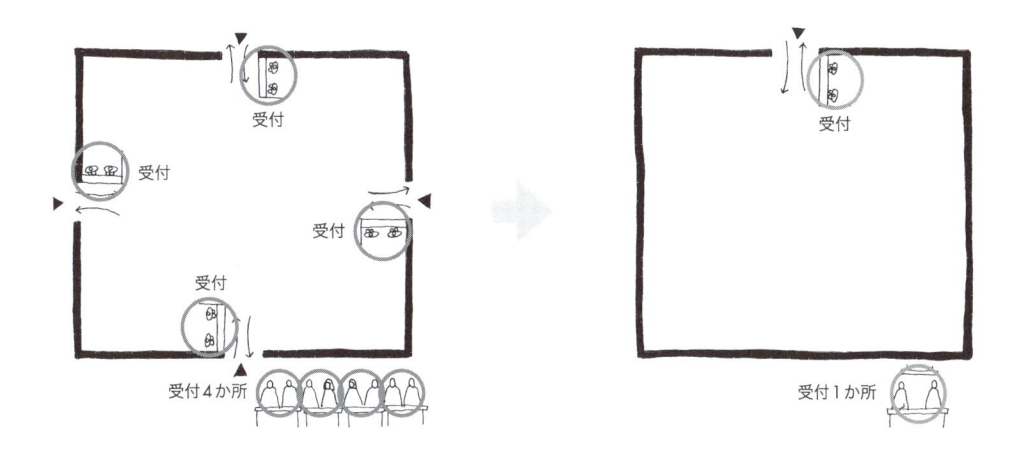

▶ 利用者の出入口が複数あると，書籍の管理に必要となる職員数が増え，利用者・職員・図書の動線も複雑になり，空間の構成にも支障が出る．利用者の出入口は1か所に限定し，動線をシンプルにすることによって，機能的で落ち着いた図書館となる．

09　図書館内の床に段差を設けない

▶ 返却図書を書架に整理する作業は，図書館職員の日課である．返却ボックスやカウンターと書籍棚間の床に段差があると，図書の移動をスムーズに行えない．図書の移動にブックトラックが使えるように，床には段差を設けないよう配慮する必要がある．また，ブックトラックは荷重がかさむため，スロープも望ましくない．

10　カウンター前面には十分なスペースを確保する

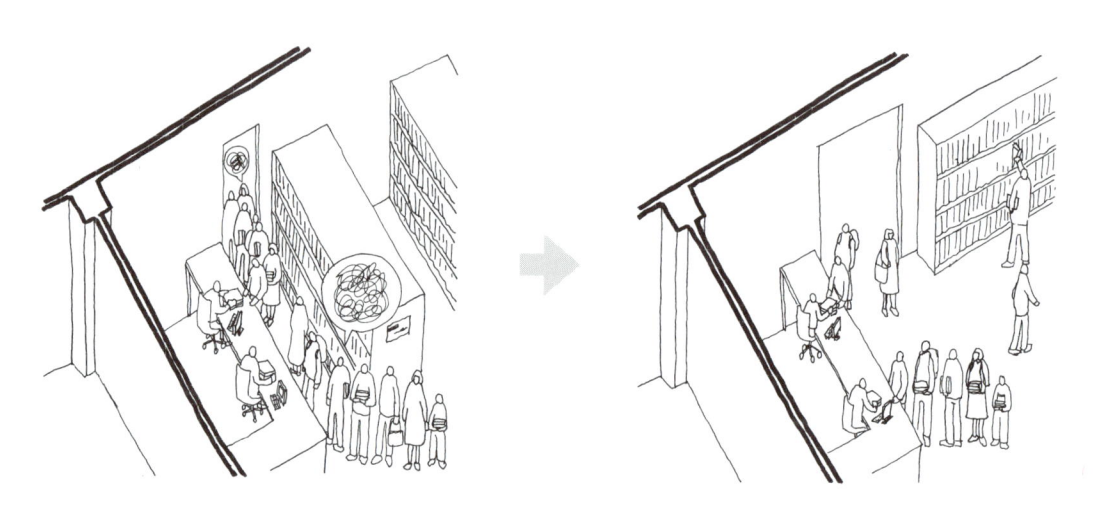

▶ 出納カウンター前は，図書の貸出・返却を行う利用者や，**レファレンスサービス**（▶p198）や利用案内を求める人などで混雑しがちである．出納カウンターは利用者の行列を予測して，対応できる十分なスペースを確保し，出入口からの動線が交差しないように配慮する．

各種施設

11 カウンターから館内が見渡せるように配慮する

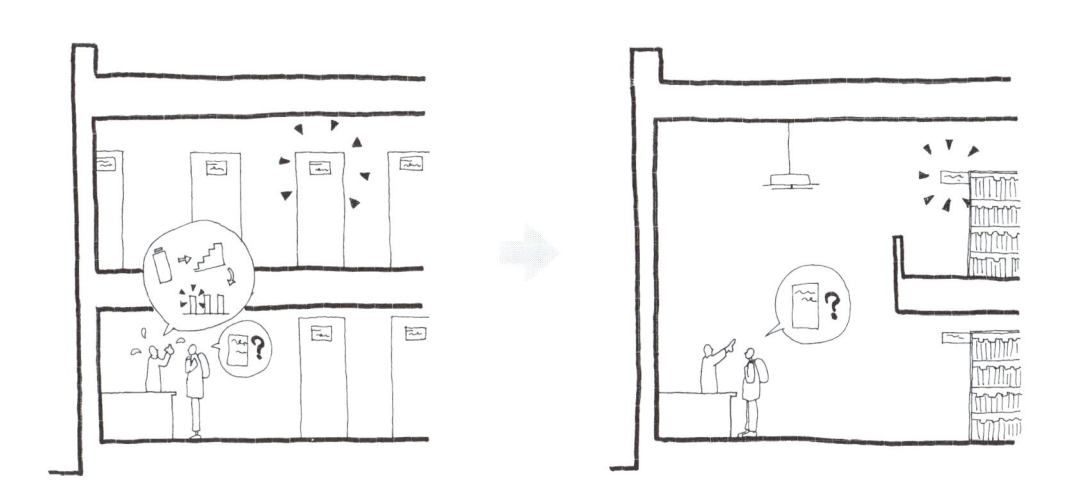

▶ 出納カウンターからの視界が閉ざされていると，職員の**レファレンスサービス**(▶p198)をはじめとする，館内の安全管理にも支障を来す．出納カウンターの設置場所は，開架書籍棚の方向や吹き抜け空間などを配慮して，極力死角が少なくなるようにする．

12 書架の間隔はすれ違いに十分な幅で設定する

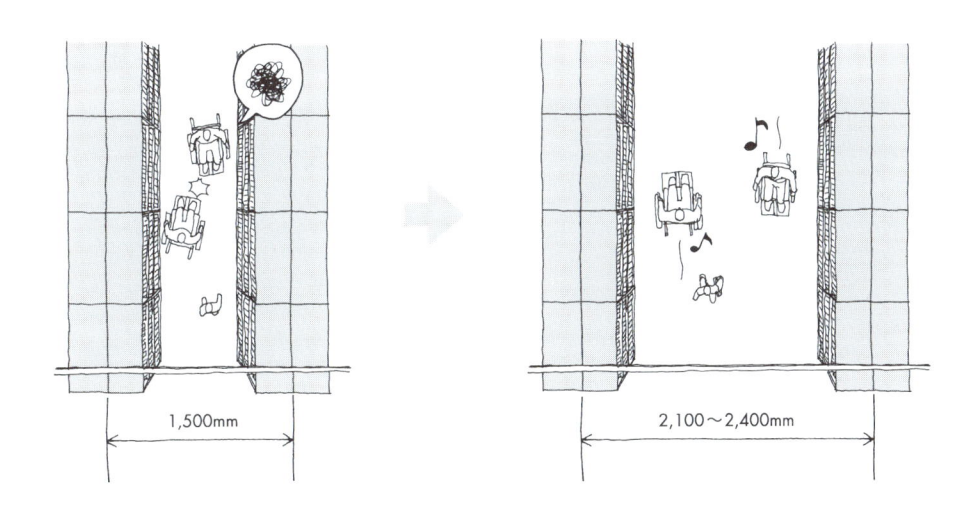

▶ 書架の種類には，床置き型の標準的書架，積層書架，集密書架などがあり，利用方法や収蔵効率で使い分ける．一般に，開架式書架の場合は，書架の心々で1,500mm以上，閉架式の場合で1,200mm以上とされるが，開架式書架の間隔は，書架の形状や車椅子などの利用を考慮して，2,100〜2,400mmで設定するのが望ましい．

13　書架の近くで本が読めると便利である

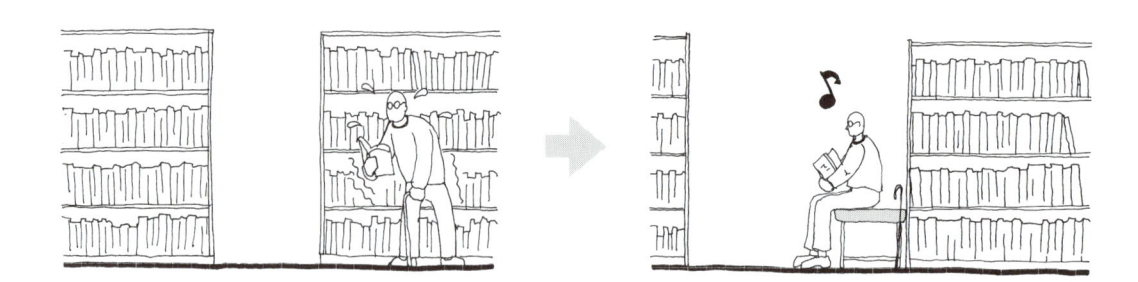

▶　書架と閲覧室が別であったり，書架から閲覧机までの動線が長いときに，図書を閲覧机まで持ち運ぶまではなくても，簡単に図書内容を検討したいことは良くあることである．選択した図書が希望する内容であるかを検討する際に，書架の側に**キャレル**（▶p193）や椅子があれば，便利である．

14　児童閲覧室には読み聞かせコーナーを設置する

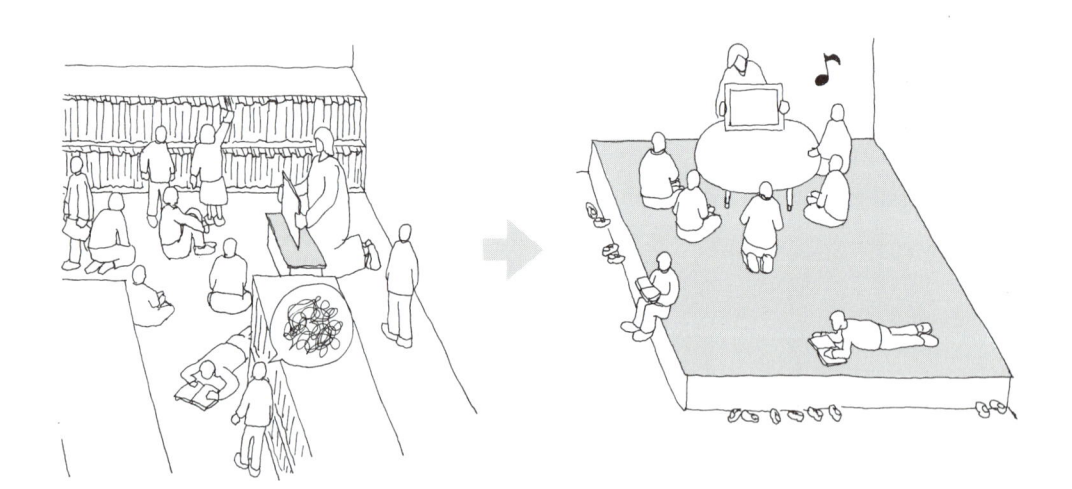

▶　児童スペースの利用対象は，初めて絵本を見る乳幼児から，中学生前半ぐらいまでにわたるため，発育段階の体位や読書能力や興味に著しい差がある．幼児に対応するスペースでは，読み聞かせや紙芝居などのイベントができる場所を設けたり，靴を脱いで，寝ころがりながら使えるスペースがあるとよい．

15　児童スペースはカウンター付近に設置する

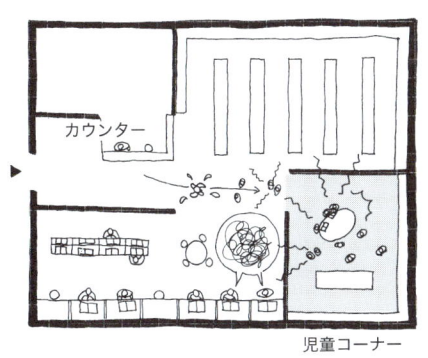

▶ 読み聞かせコーナーや紙芝居などを行うスペースを持つ児童閲覧室は，職員が対応しなければならない頻度も多くなる．動線計画では，職員の対応頻度が多い児童スペースを出納カウンター付近に，静的な大人スペースを奥側に配置する．

16　児童と成人の利用スペース間は遮音を考慮する

▶ 読み聞かせコーナーや紙芝居などを行うスペースを持つ児童スペースは，騒々しくなりがちであり，静的な大人の閲覧室と同一のゾーンにすることは支障がある．児童と大人の利用スペースを明確に分離することが望ましいが，やむを得ず，児童と成人の利用スペースが隣接する場合は，壁の遮音効果を高くする．

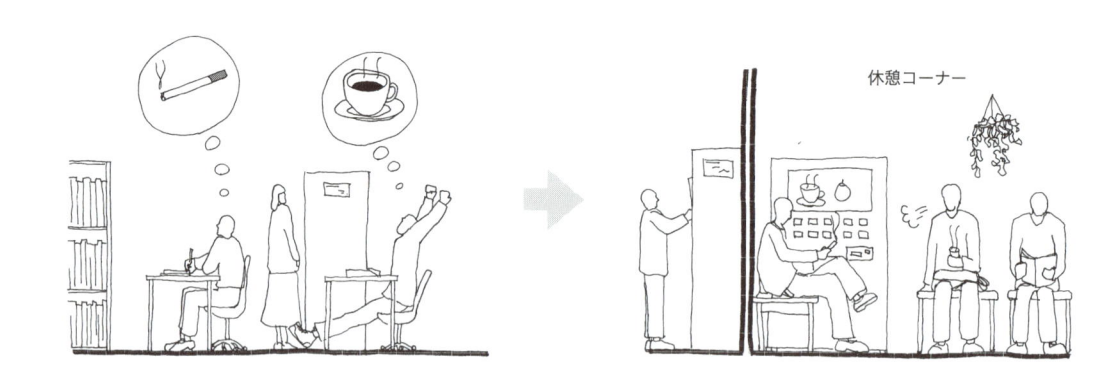

17 利用者のための休憩コーナーを設ける

▶ 利用者の中には学習室や研究室を使って，長時間にわたって利用する人もいる．これらの利用者にとっては，環境のよい場所にくつろいだ雰囲気の休憩スペースがあると便利である．喫煙や自動販売機コーナーとして設置する場合や，**ブラウジングコーナー**（▶p197）として，軽読書や試し読みのスペース，新聞・雑誌コーナーを兼ねて設ける場合もある．

18 グループで利用できる学習スペースを設ける

▶ 閲覧室内の机とは別に，グループ読書や数人による図書館資料を利用した学習・研究活動をするための室があると望ましい．このほかに，利用者が一定期間資料とスペースを専有できる**キュービクル**（▶p193）や**キャレル**（▶p193）を備えると，いろいろな利用目的に対応できる．

19　資料のマルチメディア化に対応する

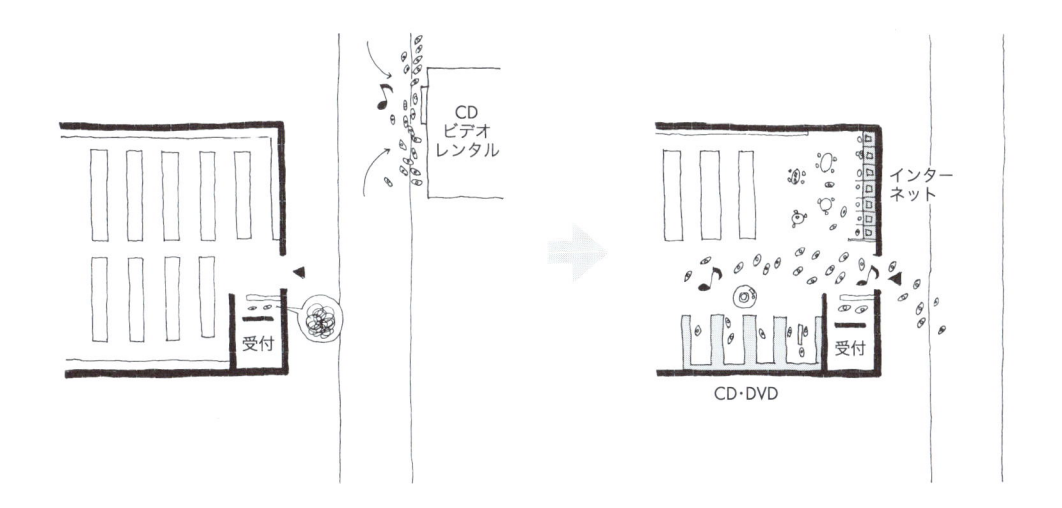

▶ 書籍や新聞などの活字メディアの他，CD-ROMやインターネットなどの電子化資料など，図書館で扱う資料形態が多様化している．これからの図書館は，これまでの資料形態別の配架から，主題別にメディアミックス型のゾーン構成が求められる．マルチ資料に対応する設備と空間設定が必要である．

20　視覚障害者向けの資料や設備を整える

▶ 図書館に備える設備が一般的な書籍のみでは，視覚に障害を持つ人に対応できない．視覚障害者向けに，対面朗読室・録音図書・点訳本・大活字本などの資料や設備を備えるスペースを確保する．とくに対面朗読室は，晴眼者と二人対二人で使用できる広さとして，朗読を録音できる設備の部屋を隣接すると効果的である．

7 コミュニティ施設

01 玄関の位置はわかりやすくする

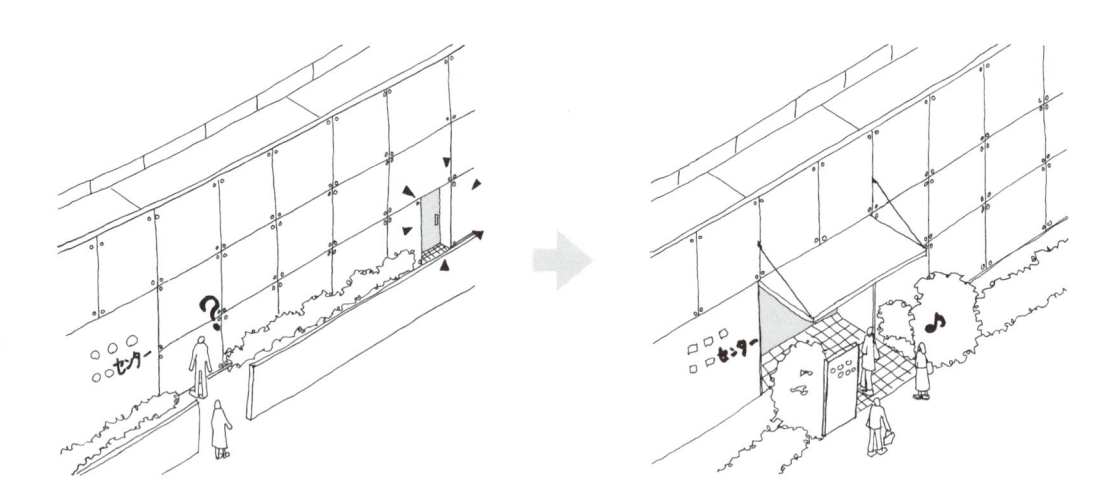

▶ 施設は見えていても，どこが玄関で，どこからアプローチすればよいかがわかりづらい施設は，初めての施設利用者の妨げとなる．敷地の入口は，地域と施設の接点として，重要である．エントランスまでのアプローチを含めて，わかりやすく，親しみやすく，スムーズに導かれる計画とする．

02 敷地内には地域住民の憩いの場所を設ける

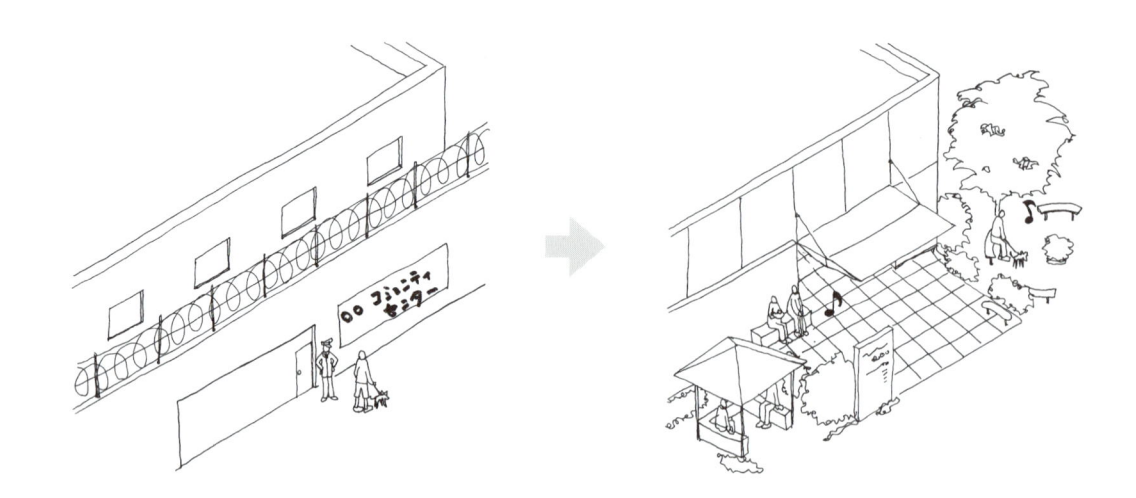

▶ 敷地内は，いつでも，誰もが自由に使える公共空間として，地域住民にとっての居場所となるように整備することが望ましい．敷地面積に制約がある場合は，建物の屋上やバルコニー，**ピロティ**（▶p197）部分などを工夫して，施設利用者の休息の場，あるいは地域住民の憩いの場として利用を図る．

各種施設

03 事務室は玄関の正面を避けて配置する

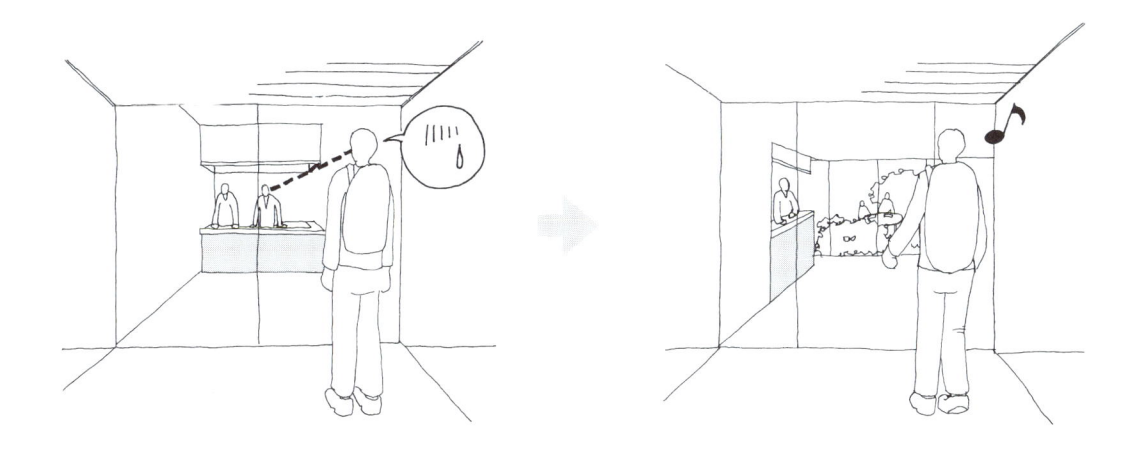

▶ 施設の玄関を入って，正面に事務室があると，職員に監視されているような雰囲気や圧迫感が出て，入りづらいものである．地域住民にとって，誰もが自由に入りやすく，身近な施設であるために，事務室は玄関正面を避けて配置することが望ましい．

04 時間帯による使用ゾーン分けを考慮する

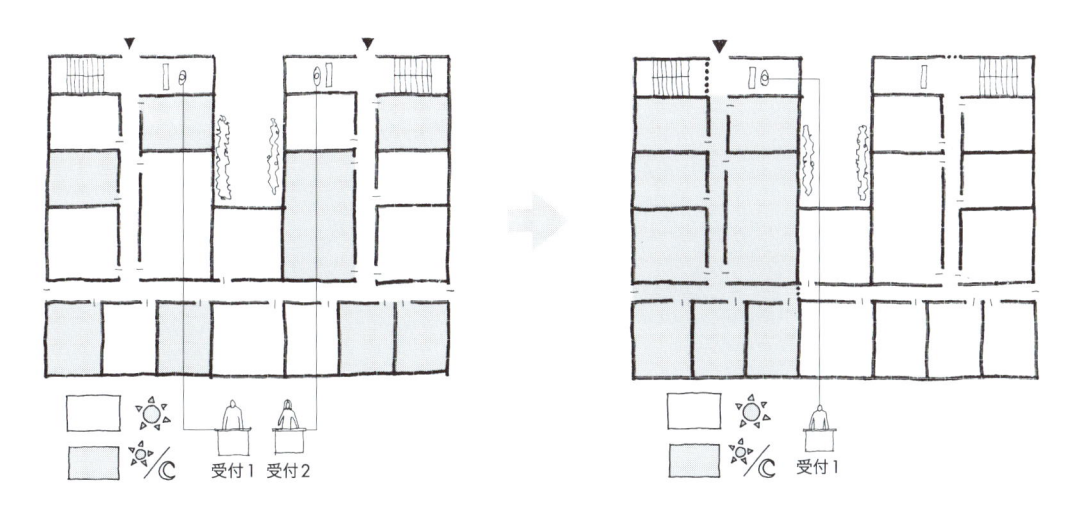

受付1　受付2

受付1

▶ コミュニティ施設の利用者には，学業や仕事によって夜間しか利用できない人も多い．公共施設では事務管理を公務員が行っている場合もあり，17時以降の運営の仕方が問題となる．日中と夜間の利用可能ゾーンを区画できるようにすることで管理ゾーンを明確にし，夜間利用を可能としている地域もある．

コミュニティ施設

| 05 | **自由利用空間と予約利用空間を明確にする** |

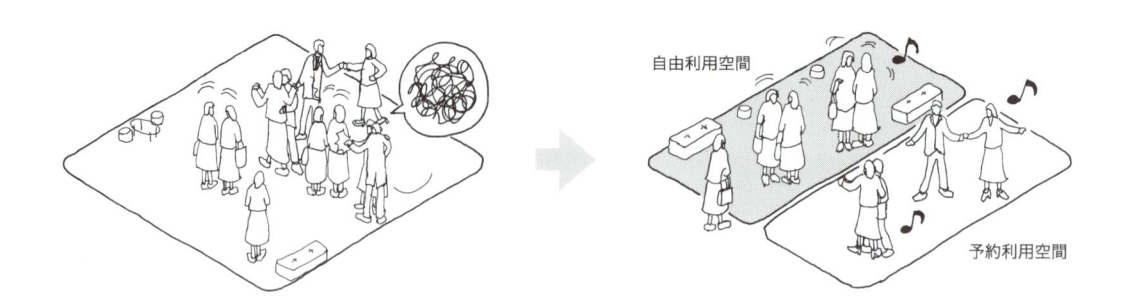

▶ 地域集会施設には，住民の意思で自由利用可能なオープンスペースと，管理者の許可を必要とするスペースがある．これらのスペースが混在していると，利用者は施設利用方法や利用可能スペースを認識しづらく，予約の有無や利用の順番などによって，利用者間にトラブルが起こりやすい．また，不審者への対応等，施設運営上の問題も生じやすくなる．

| 06 | **活動内容が見えるオープンな空間構成とする** |

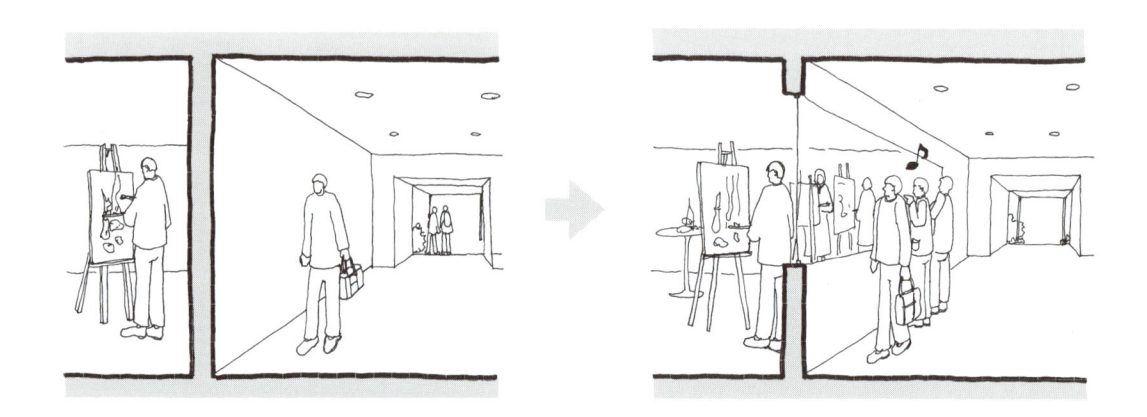

▶ コミュニティ施設の利用者は，来館目的が済むと帰宅してしまう場合が多い．これでは，地域住民の交流や出会いの場としての役割を十分に果たしているとはいえない．施設の中心となるロビー空間を吹き抜けにしたり，各室にガラス面を設けるなど，他諸室での魅力的な活動内容が見えるように配慮して，活動の活性化を図る．

各種施設

07　各室への動線はできるだけ単純にする

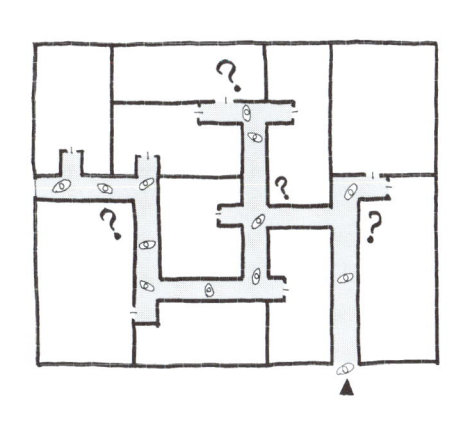

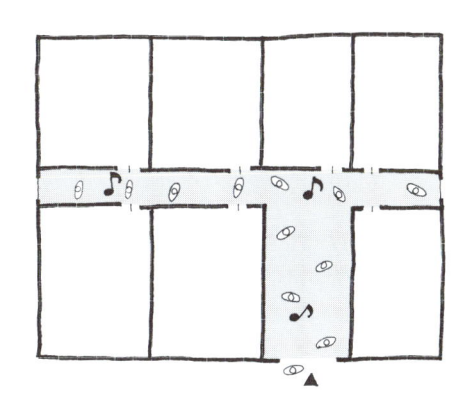

▶　廊下が迷路のように複雑になっている施設は，安全・管理上不都合が多く，利用者サイドにとっても，空間を認知できず利用しづらい．ロビーを中心に，各部屋をつなぐ動線を明確にすることによって，初めての来館者にも全体の構成が把握しやすくなり，安全・管理上もよい．

08　廊下の一部にアルコーブを設置する

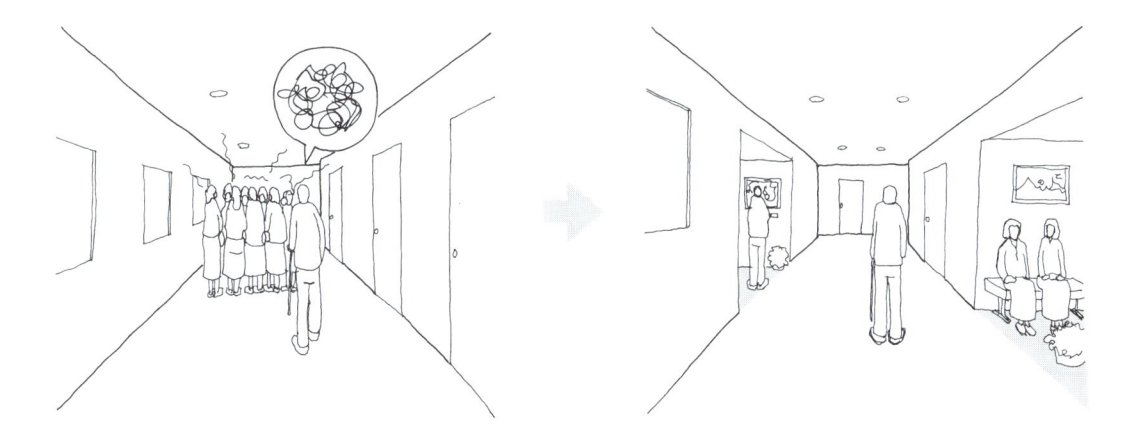

▶　単調な廊下の連続は，歩行中も退屈な空間であり，新たな行為を誘発する空間にはなりにくい．また，廊下での立ち話などは，他の歩行者の妨げにもなる．廊下の一部に右図のようなアルコーブを設けることで，利用者の休憩スペースや立ち話や小ギャラリーとしても有効な空間となる．

09 ロビーは明るく開放的にする

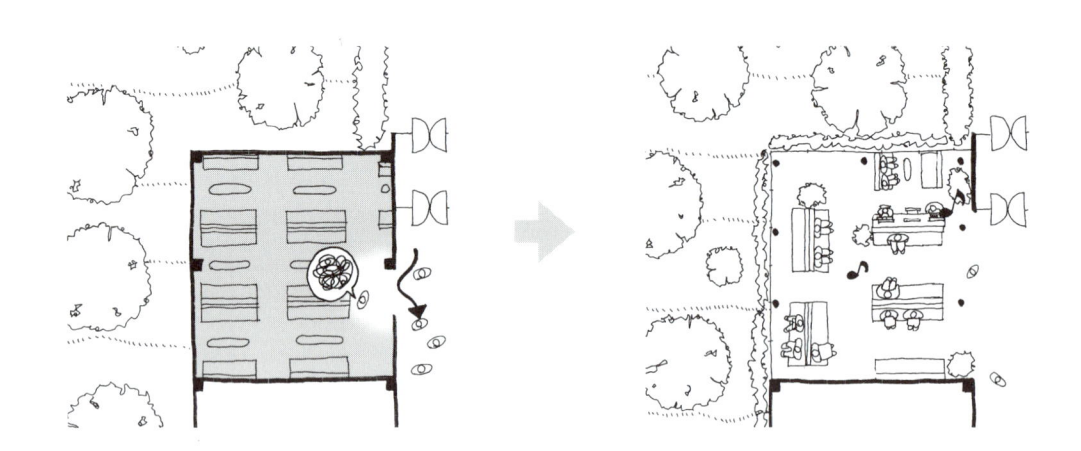

▶ 天井が低く，ガラス開口部が少ないロビーは，暗くて陰湿な雰囲気になりがちである．ロビーは施設内のオープンスペースとして，各室へのアプローチが容易な位置に配置することが望ましい．ロビーに面した外部空間を緑地にし，ガラススクリーンによって視界を広げることによって，屋外緑地と一体となった開放的なロビーとなる．

10 情報提供型のロビー空間によって利用者が増加する

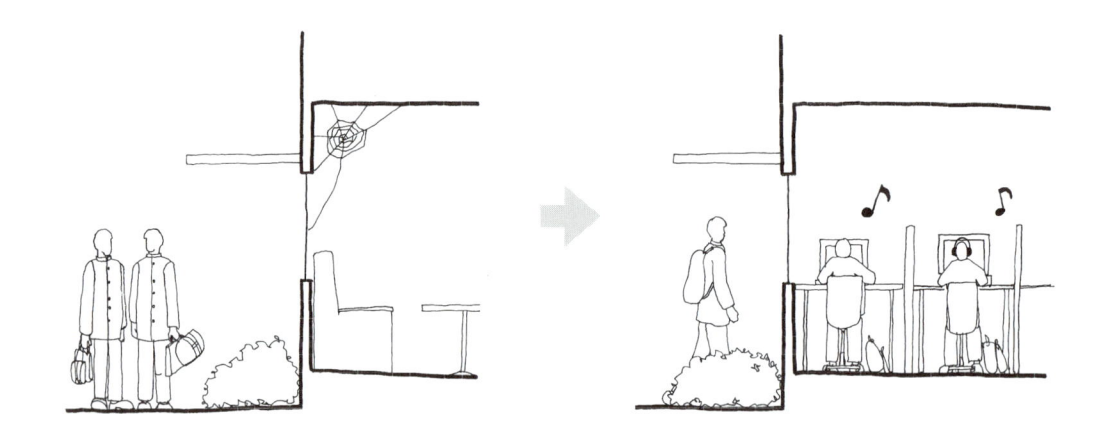

▶ コミュニティ施設のロビーは，社会と施設の接点として，主に地域住民の出会いや語らいのスペースとしての役割を果たしてきた．近年は，ロビー空間にAVコーナーやコンピュータコーナーを備えた施設が増え，若者の利用が増加している．用事が無くても学習情報を得られるようにすることで，立ち寄りやすい雰囲気と施設利用の機会が生まれる．

各種施設

11　可動間仕切り壁によって収容人数に対応する

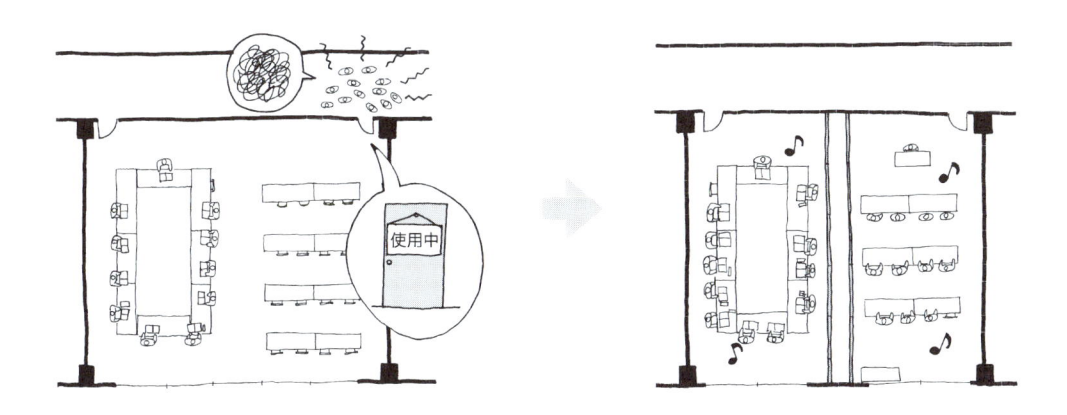

▶ 大きい部屋であっても，複数のグループが同時に利用することは難しい．大空間を少人数で利用する際は，一室を収容人数によって**可動間仕切り壁**（▶p193）で分割し，複数グループが同時利用できるように，融通性を持つ空間設定が必要である．一室を可動間仕切り壁により分割して使用する場合，間に空間を設けて音が通らないように配慮する．

12　室を専門ごとに分けすぎないように配慮する

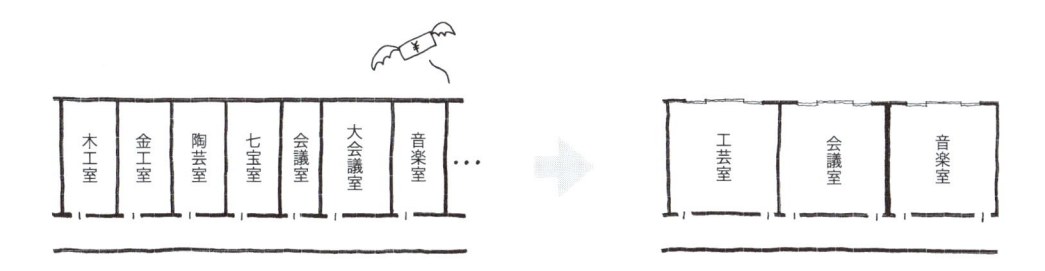

▶ コミュニティ施設が地域住民すべての要求行為を満足する専門機能を備えることは，規模的にも大きくなり，住民の身近に必要な施設として不適切である．利用内容の重複するものは1室にまとめ，少ない室数を多目的に使用できるように，諸設備やしつらえによって対応する．

コミュニティ施設

13　学習室の外部に植樹帯を設けると室内環境に効果的である

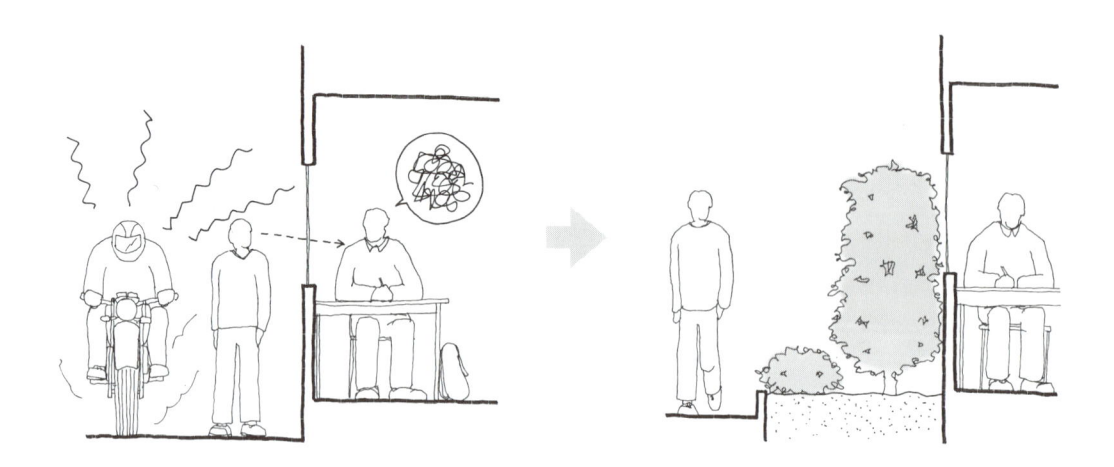

▶ 学習室の窓が交通量の激しい道路に面していたり，窓から歩行中の人が見えたりすると，落ち着かなくせわしいものである．建物と外部との緩和部分に，テラスや芝生，花壇，植樹帯などを設けることによって，騒音を和らげ，建物内部における学習活動に落ち着きや安らぎを与えることができる．

14　上履きのホールは履き替え線を明確にする

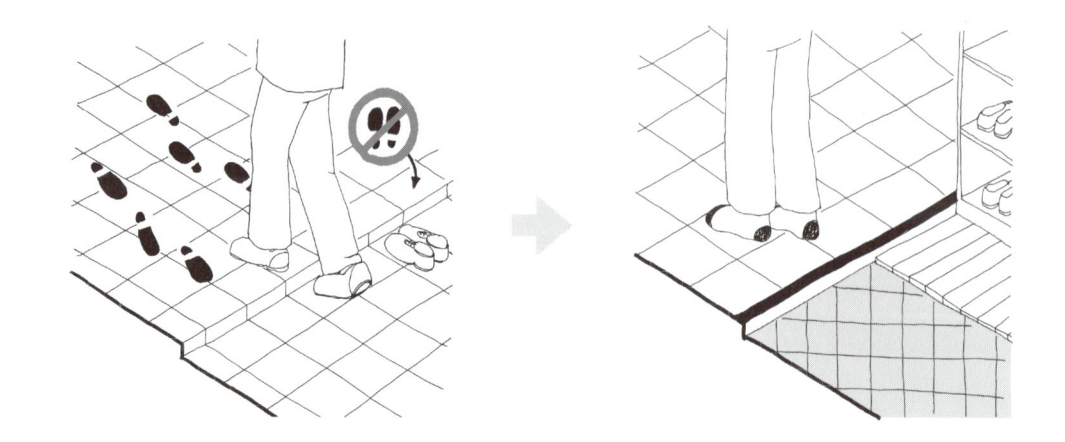

▶ 下足で入れないホールなどの入口では，ホール内部まで汚れが付いたり，ホール入口まで土足の床を靴を脱いで歩いている人を見かける．下足で入れないホールの入口には，シート等によって履き替えゾーンを明確に示し，下足棚を設ける．

15 平土間ホールにも舞台設備や映写室を設ける

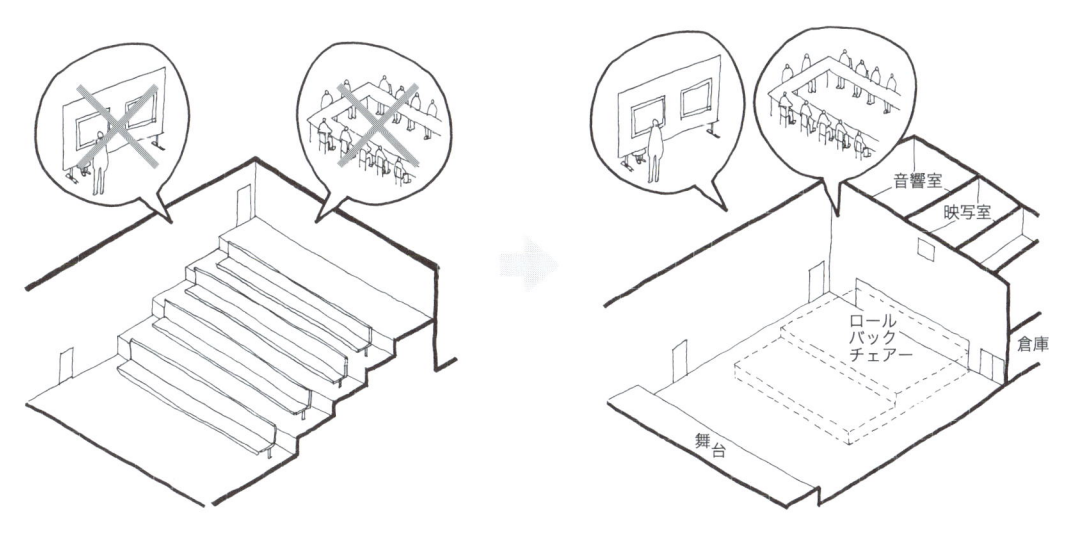

▶ コミュニティ施設内のホールは，段床のものより，**平土間**（▶p197）として多目的に利用可能としたホールの方が利用頻度が高い．平土間ホールであっても，舞台・音響室・映写室・控え室・備品倉庫などの付属室を備えることで，専門的な利用が可能となる．また，ロールバックチェアーを備えることで，より視界条件を良くすることもできる．

16 ホール固定席は，幅500mm以上，間隔900mm以上が目安

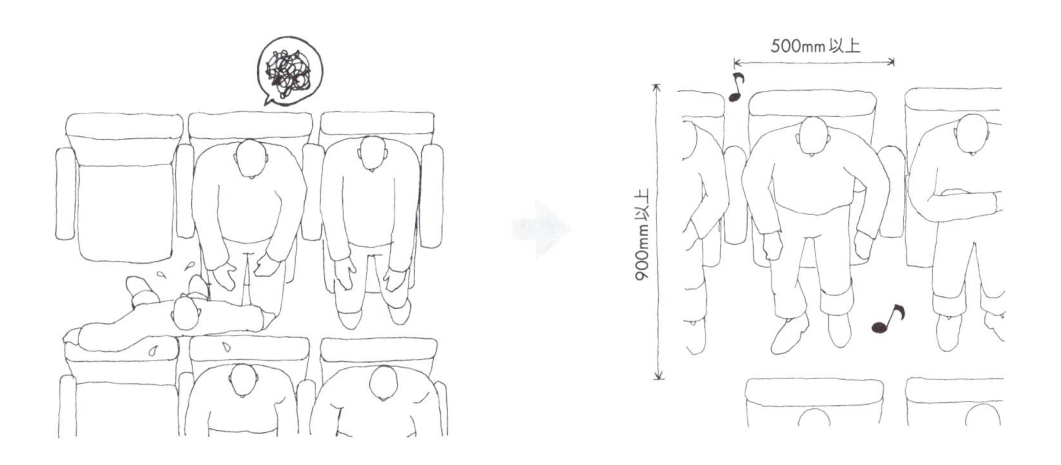

▶ 一般に固定席の座席幅は500mm以上，座席間隔は900mm以上が目安となる．座席幅の寸法は肘心から肘心までで表されるため，端部席では肘幅の1/2を考慮に入れる．最後列の段床の奥行き寸法は，背の傾斜による寸法を考慮に入れる．**平土間**（▶p197）部分に用いる椅子は，段床上の椅子より背の傾斜が大きいものにする．

コミュニティ施設

17　簡易な舞台でも照明の演出効果を考慮する

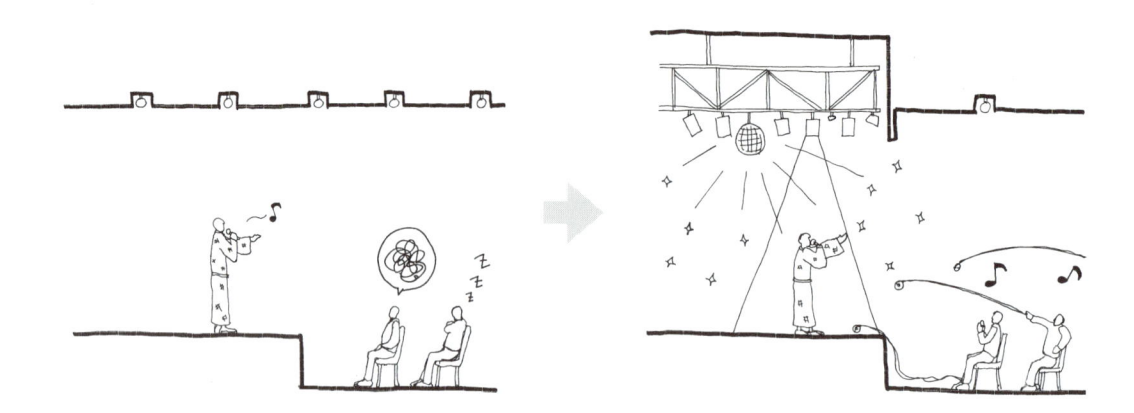

▶ 調光設備を備えていない舞台は，居室より床が高いだけの空間であり，舞台として十分な機能を備えているとは言えない．簡易な舞台であっても，スポットや調光設備を備えた演出効果のある照明器具を選択することで，舞台としての有効利用が可能となる．

18　大ホールにはキャットウォークを設ける

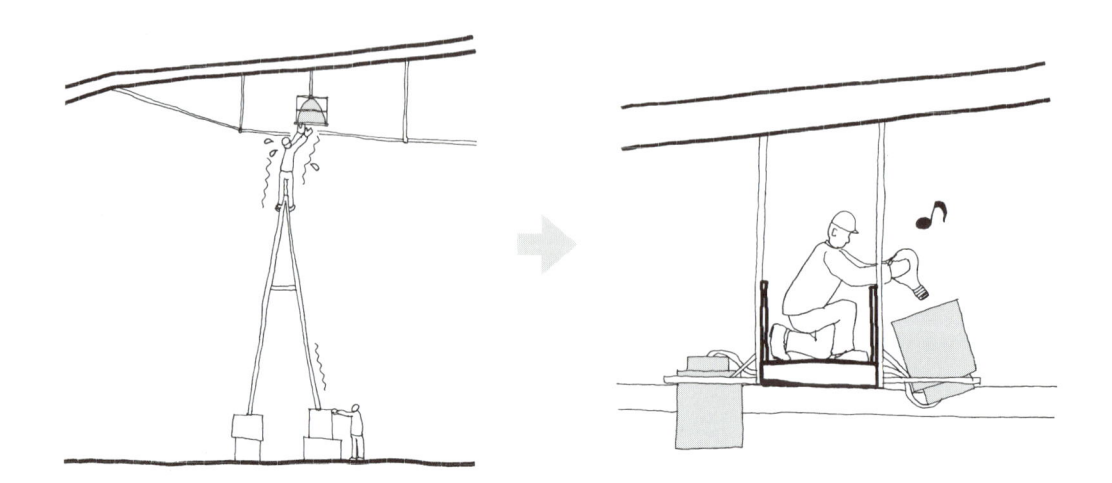

▶ 大ホールの上部には，照明器具や音響・空調関係の設備が多くあり，これらの点検や修理のため，高所で作業しなければならないことがしばしばある．天井材が有る場合もない場合も，設備を**メンテナンス**（▶p197）したり照明器具の交換を行うために，管理用の通路（**キャットウォーク**▶p193）を設ける必要がある．

19　多目的ホールの倉庫は大きめにとる

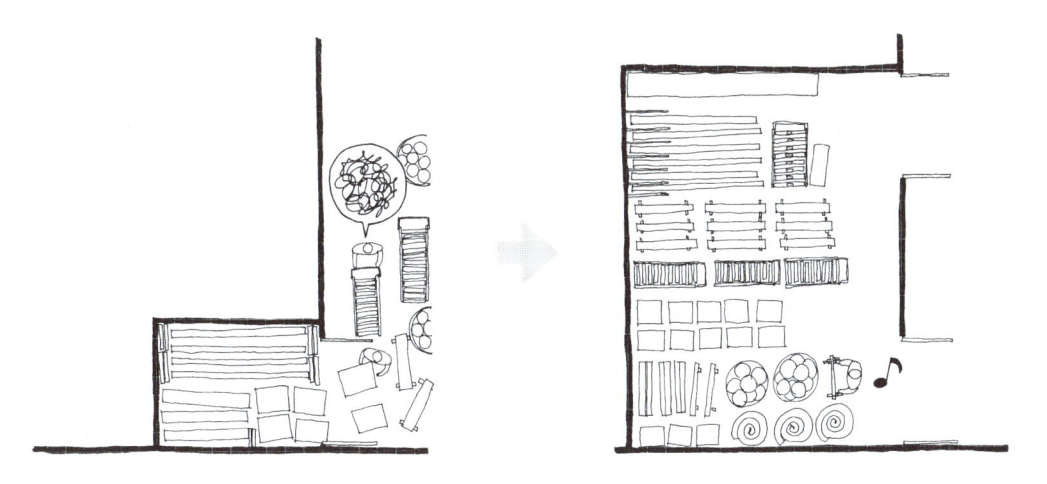

▶ 平土間（▶p197）の多目的ホールは，椅子を並べた講演会，椅子と机を使った研究会，展示パネルを並べた絵画展，体重計や身長計を使う健康診断，時には卓球場として，多種多様な使い方をする．多目的ホールは使用に応じた家具・什器・パネル・運動器具等を使い分けるため，備品を収納するための大きめの倉庫を必要とする．

20　視聴覚室は遮光・遮音効果を高くする

▶ 視聴覚室において，映画の鑑賞中に太陽光が漏れてきたり，音楽が隣室まで聞こえては，十分に機能しているとは言えない．視聴覚室は映像・音響への配慮から，閉鎖された室の構造で，吸音・反射等の音響への配慮と調光設備の設置を必要とする．

21 視聴覚室には収納や編集作業室を設ける

▶ 視聴覚室では，映像や音楽に関係する多くのメディアを使用するため，機器の他，スライド，ビデオ，フィルム，レコードなどを保管するための収蔵庫が必要となる．また，隣接して音響や映写の調整室を備えることによって，視聴覚室の高度利用が可能となるばかりではなく，調整室自体がフィルムやビデオの編集室としても利用可能となる．

22 会議室には出入口を室の前後に設ける

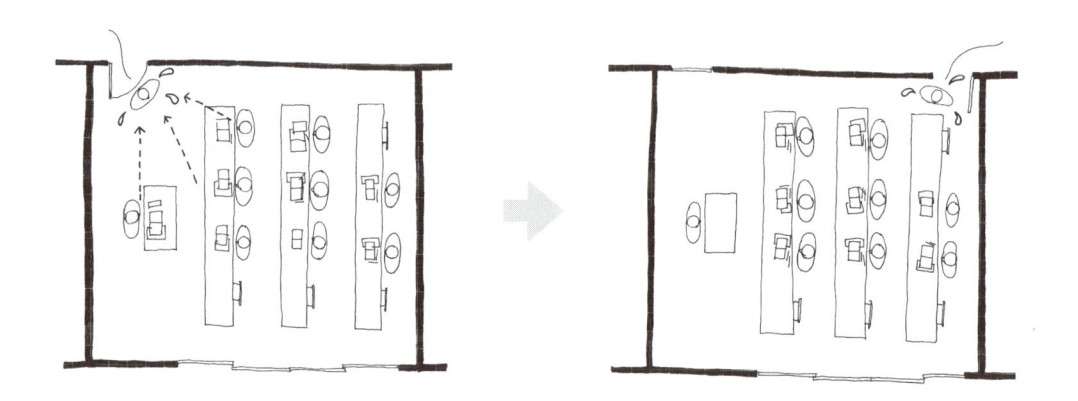

▶ 会議室や講義室では，講演者と聴講者といった異なる立場の人が同時に利用する形態が多く，部屋への出入口が，前方か後方の1か所のみでは不都合である．会議や講演途中に，部屋の前方からは入りづらく，また他の利用者にも迷惑である．会議室の出入口は，会議の邪魔にならない位置を利用できるように，部屋の前後2か所に設けることが望ましい．

各種施設

| 23 | **工作室から発生する騒音に配慮した配置とする** |

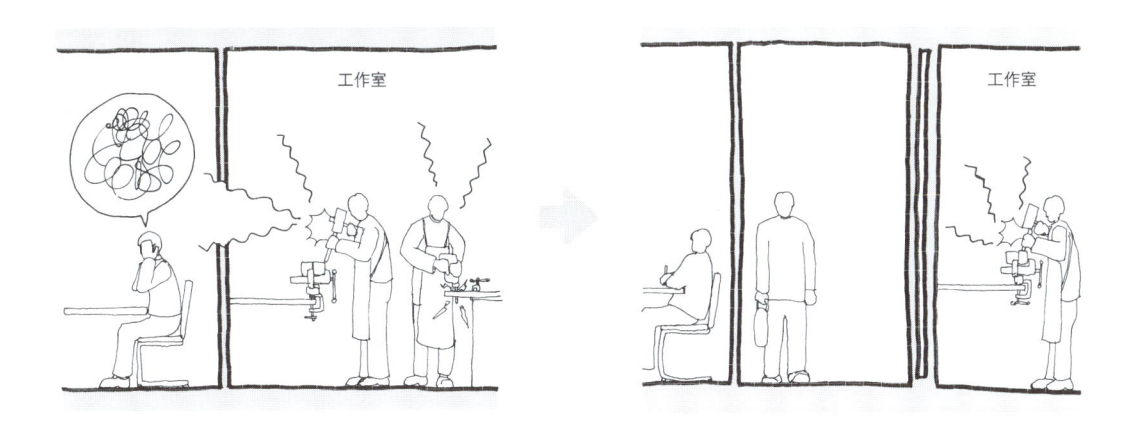

▶ 工作室では，金槌や鋸をはじめとする，いろいろな工具を使用するため，室外まで騒音や振動が漏れやすい．工作室は静的環境を必要とする居室から離した位置に**ゾーニング**（▶p195）するとともに，発生する騒音や振動に対処するための構造対策を施すことが望ましい．

| 24 | **工作室の床・壁材は補修しやすいものを使う** |

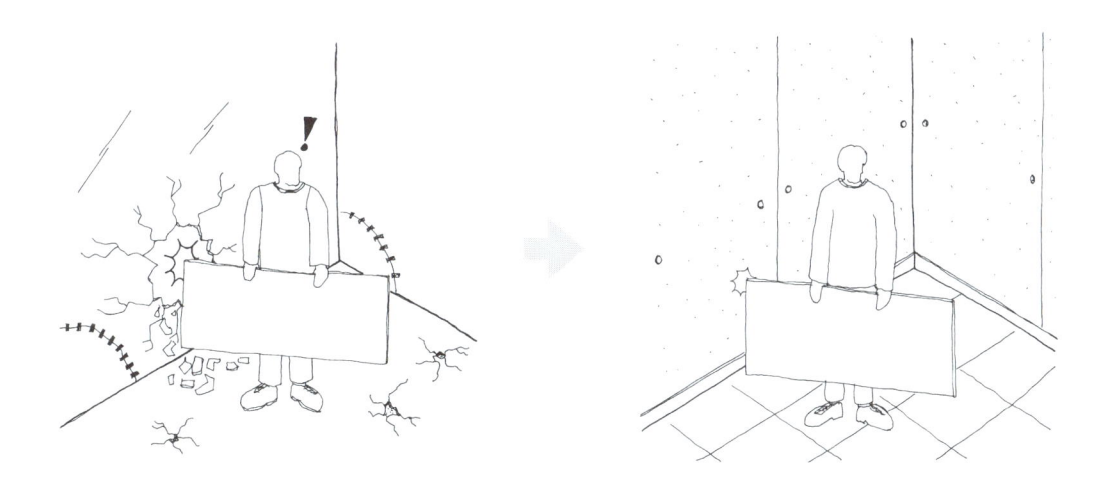

▶ 工作室は，木工や金工などで，いろいろな工具や大きい資材を使用することも多く，室内を汚したり傷めたりしやすい．このため，室内の仕上げ材料は，傷が付きにくく，補修しやすく，掃除しやすい材料を選択しなければならない．

コミュニティ施設

25　工芸室には材料・工具の収納庫を設ける

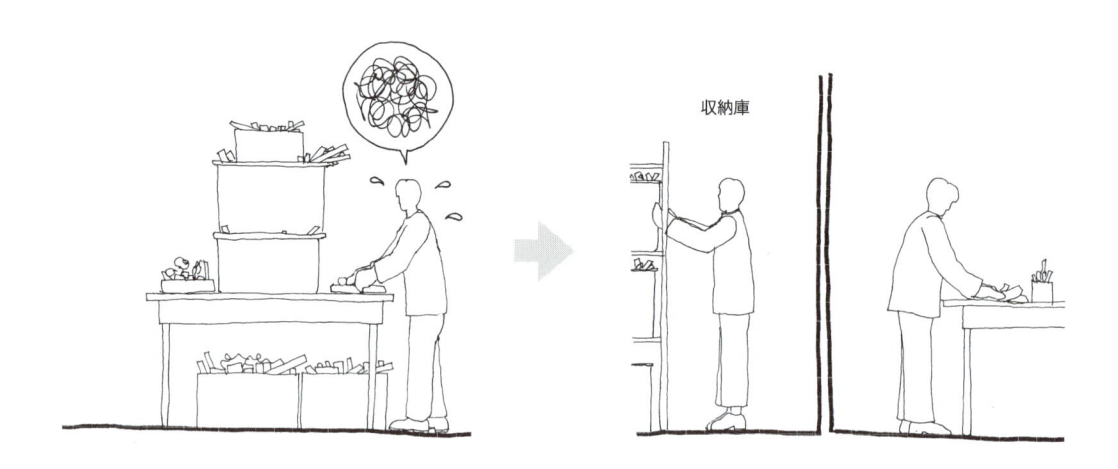

▶ 木工，金工，陶芸，絵画，織物，竹細工などを行うためには，それぞれに専門の道具と材料の他，特殊な設備を必要とするものもある．各工芸室には作業のための空間と，作業の下準備を施すための空間，使用する材料と道具等を保管・整理しておく収納空間が必要となる．

26　料理実習室は臭いや熱の換気に配慮する

▶ 料理実習室は，調理の際の臭いや熱がこもりやすく，油汚れがつきやすいため，不衛生になりがちである．換気設備に配慮し，内装も清潔で明るい色と材料を選ぶ．また，実習室内には調理実習台の他，食器や鍋・釜などの調理器具の収納用家具が必要となるため，他の実習室より家具の占有スペースが多くなる点に留意する．

27 料理実習室には試食スペースを備える

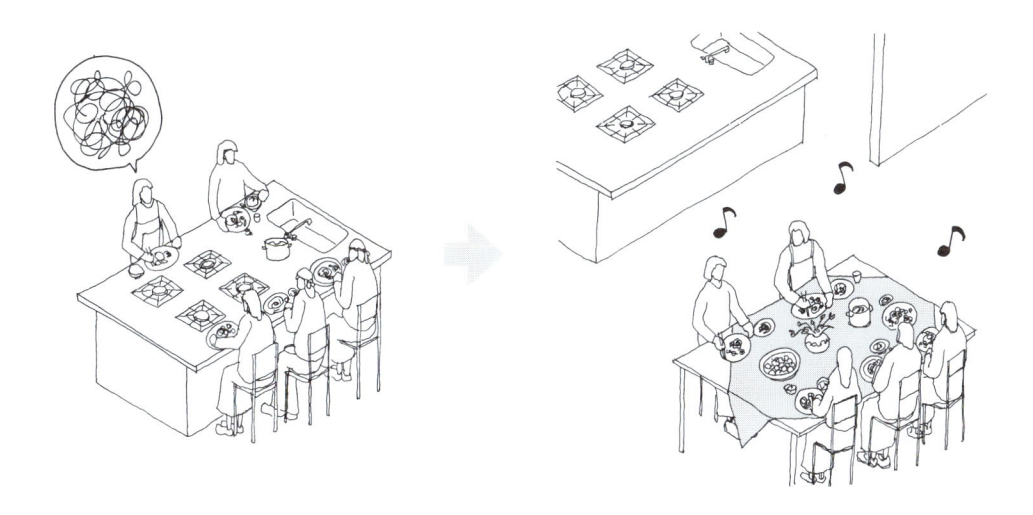

▶ 料理実習室では，調理から盛りつけまでが主な作業となり，実習成果の試作品を試食するスペースまでは，なかなか兼用するのが難しい．実習室に隣接して，試食の空間が用意されていると，活動内容も充実する．この空間は試食の他に，食事マナーの講習室としても兼用できる．

28 体育室には更衣室・便所を備える

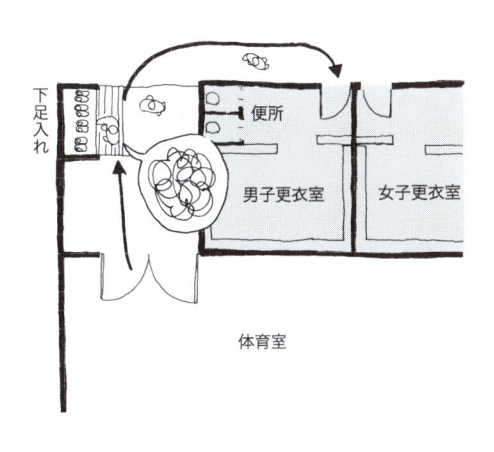

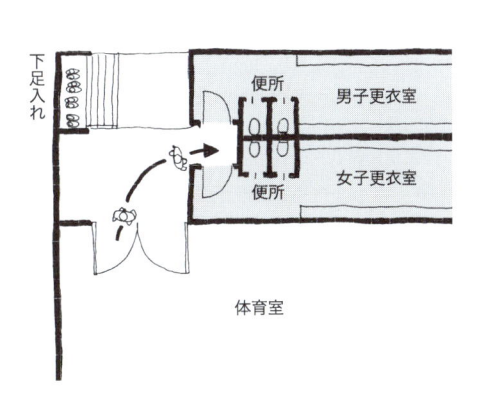

▶ 一般に，体育室内は上履きエリアとなるため，土足使用の便所のみしか無い場合は，靴を履き替えなければ利用できない．上履きのまま使用できる体育室の付属室として，更衣室，シャワールーム，便所，休憩室などを備えることが望ましい．

29 託児室には幼児用便所を備える

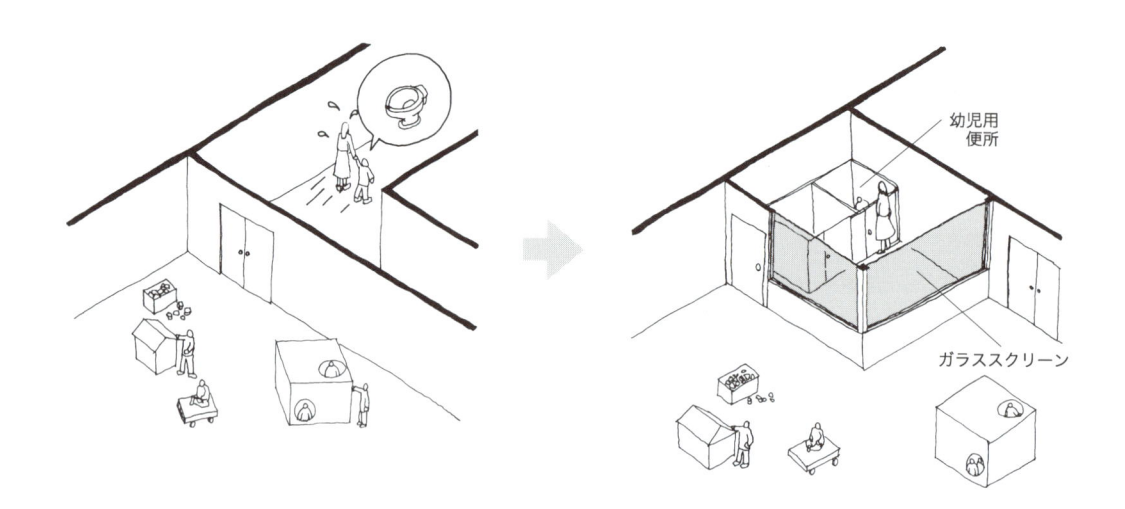

▶ 幼児は排便・排尿を我慢ができずに，ちょっとした距離の移動も間に合わないことがしばしばある．また，世話をする大人が一人で複数の子供を世話する場合，便所まで連れて行くことも難しくなる．託児室には，ブースの上から様子が確認でき，かつ介助可能な広さの便所を設置することが望ましい．

30 地域活動の拠点となる室と資料庫を備える

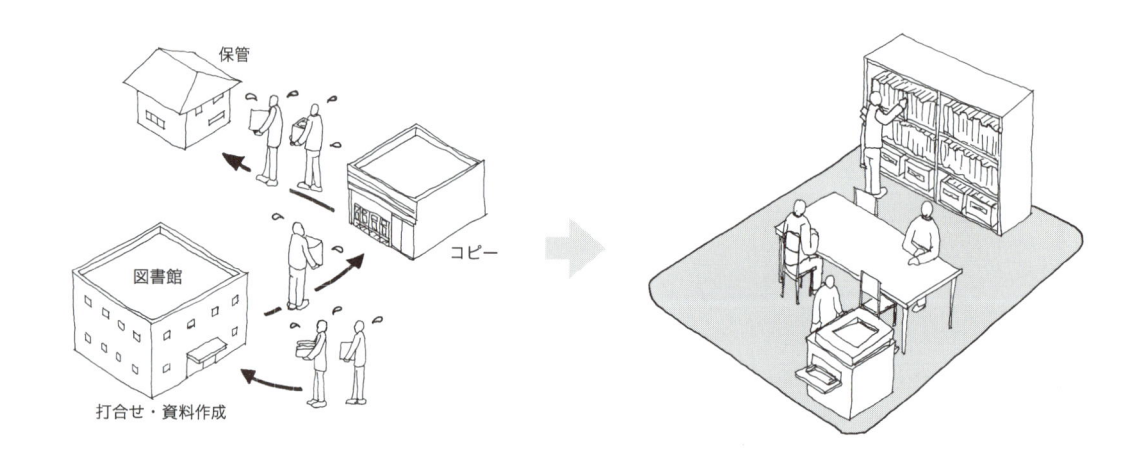

▶ コミュニティ施設が地域住民の活動拠点になるためには，住民にとって利用しやすい施設であるとともに，運営や管理への住民参加が重要となる．地域活動の活性化のため，地域住民がいつでも使える室と，活動記録や用具を保管するための資料庫を備える必要がある．

31　レストランは外部から利用できる位置がよい

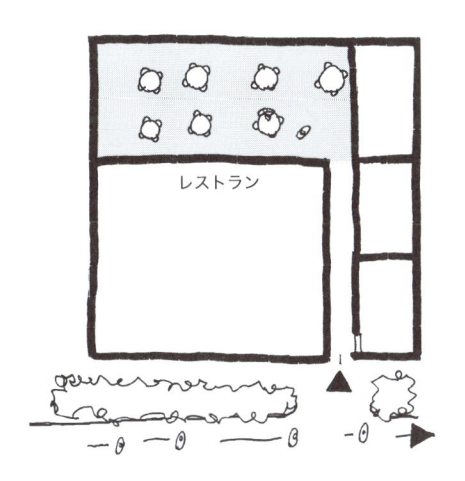

▶ コミュニティ施設に軽食喫茶やレストラン等を複合した場合，飲食店部分の利用が施設内部からに限定されると，利用者も少なくなり，運営・営業時間に時間的制約が出る．コミュニティ施設に複合する軽食喫茶やレストラン等は，施設来館者以外の人々の利用の便を図るため，外部から直接出入りできる位置に設置することが望ましい．

32　食堂は配膳⇨食卓⇨下膳の動線を明確にする

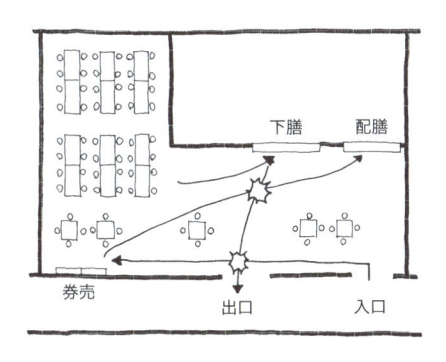

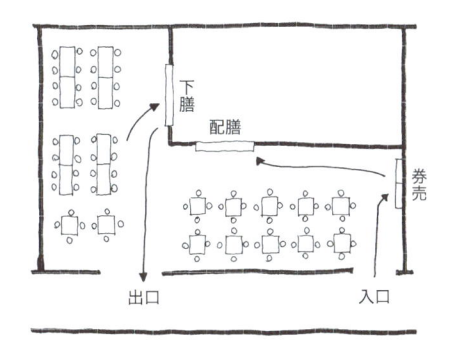

▶ セルフサービスの食堂は，券売から下膳へ至る動線が不明確だったり，途中で交差していたりすると，利用者が集中する時間帯には混雑の原因となる．メニュー案内や券売機の前は十分なスペースを確保するとともに，券売⇨配膳⇨食卓⇨下膳に至る動線が交わらない配置計画とする．

コミュニティ施設

33　住民の学習を支援する学習情報を受信・発信する場が必要である

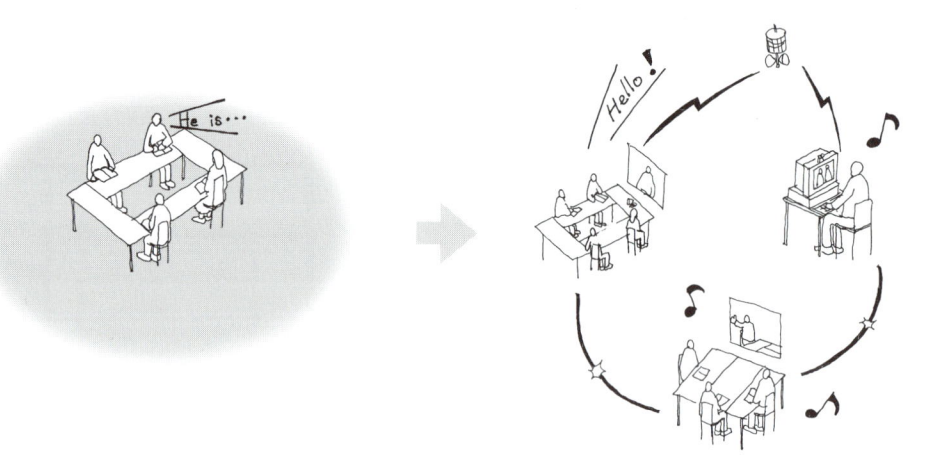

▶ 情報技術の進歩により，これまでの小集団を基本単位とした講座型の学習形態から，通信衛星やインターネットを使った，新しい学習方法が可能となってきている．これからの施設では学習情報を受信・発信し，他施設とネットワークが可能となる端末機能を備えることによって，地域住民の活動を支援することが重要となる．

34　パソコン用の机と椅子は高さ調整ができる物にする

▶ 小学校入学時からコンピュータを使う時代を迎え，コミュニティ施設においても，コンピュータを使った学習や情報収集への対応が必要となっている．しかし，コンピュータを操作する際に，子供と大人では机や椅子の共用はしづらく，ディスプレイも見にくい．コンピュータ用の机と椅子は，体格に合わせて高さ調整が可能なものとする．

35　共用の椅子や机は移動に便利な物にする

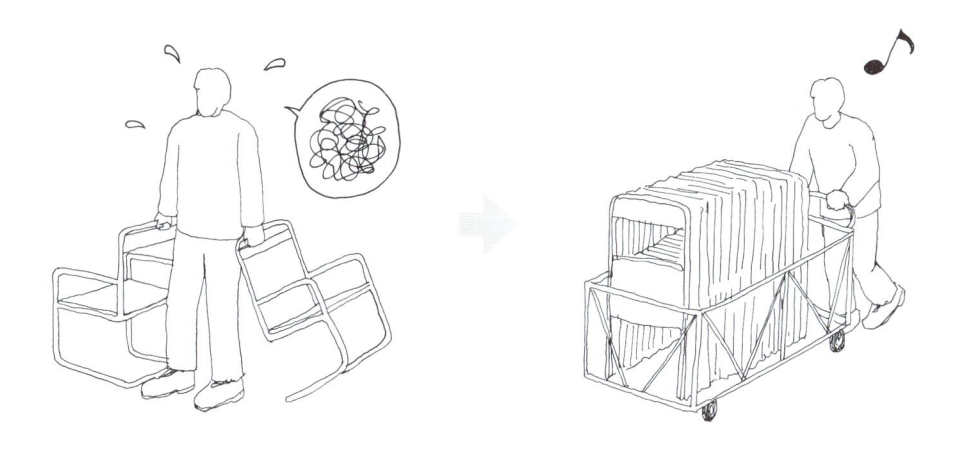

▶　室の利用行為によって家具の必要性が異なる．また，利用人数によっても必要になる家具数が異なる．このように，利用行為や人数によって家具を調節することで，空間が有効に利用できる．いくつかの部屋で共用する机と椅子は，持ち運びや移動がしやすいように，軽量で折り畳めることが重要となる．これらの共用可動家具を収納する倉庫を備える．

36　人数に対応した机のレイアウトができる家具とする

▶　利用人数や対話形式によって，テーブルレイアウトが自由に変えられることは，ロビーやグループ学習室において便利である．テーブル形状をユニット化して，組み合わせをフレキシブルにしたり，脚部を**起居様式**（▶p193）や使用する体格に応じて取り替えられるようにする方法も有効である．

8 スポーツ施設

01 エントランス前に滞留スペースを確保する

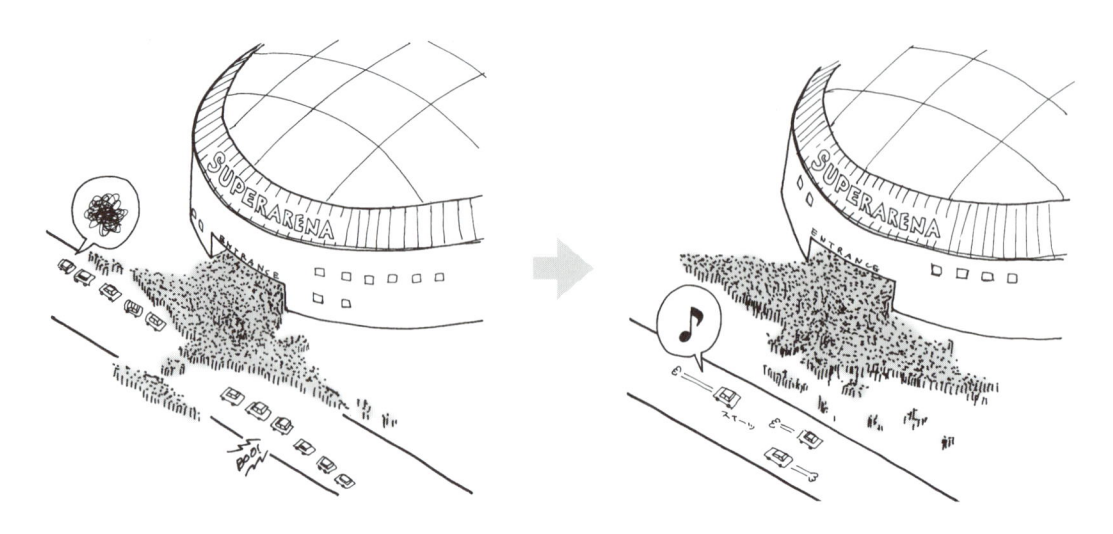

▶ 大規模の観客席を有した施設では，競技開始と終了時に，大勢の人が一気に出入りすることになる．エントランスが道路に面していたり，十分な広さがないところでは，避難時に限らず危険である．大規模なスポーツ施設の出入口周辺には，十分な観客の滞留スペースを確保する．

02 競技者と観客の動線が交差しないようにする

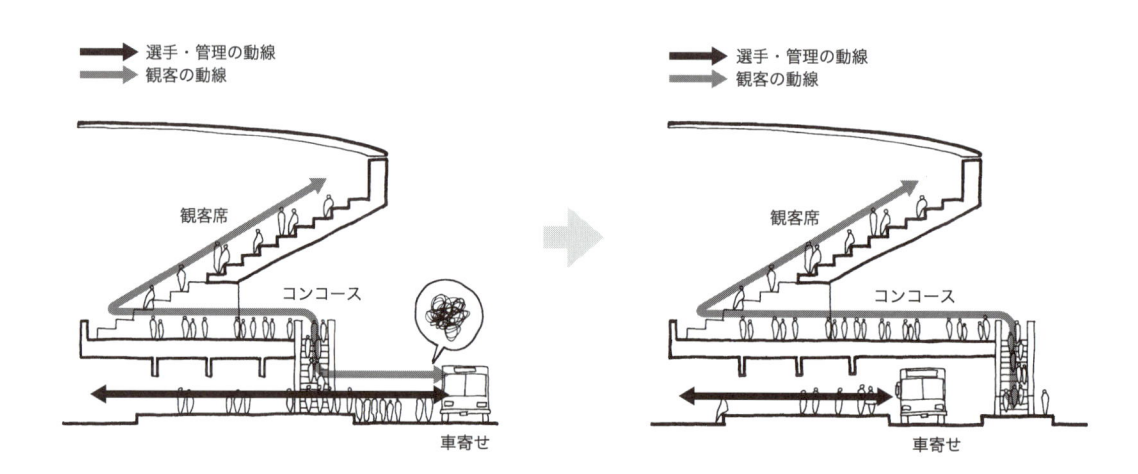

▶ スポーツ施設において，競技者と観客の入口が同じ場所であれば，競技者の警護や競技場内の立ち入り制限ゾーンの警備に支障が出る．施設の入口から，競技者用，観客用，管理用を別に設け，動線が交差しないように各ゾーンを明確に区分し，競技者が競技に集中できる環境を整える．

03 アリーナの採光方向と照明計画に配慮する

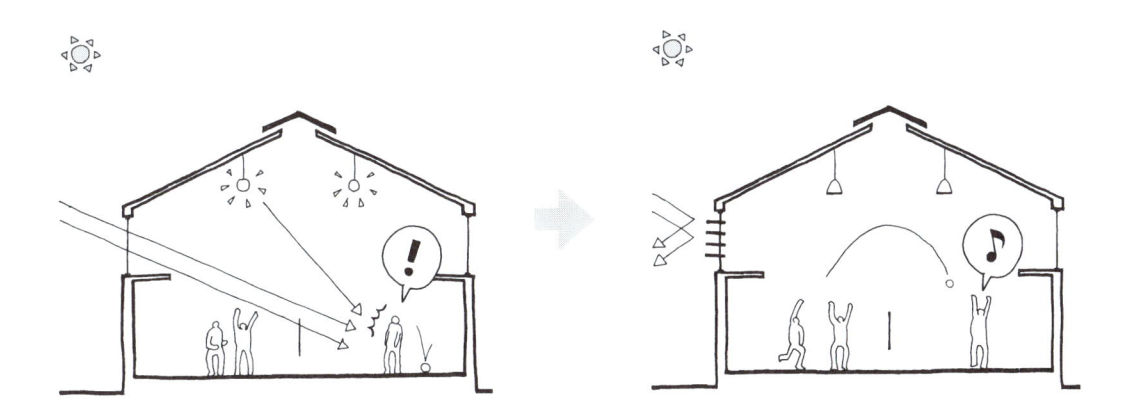

▶ アリーナの開口は，直射日光によって競技に支障が出ない方位を考慮する必要がある．また，水銀灯やナトリウムランプの併用で，点灯するまでの時間を調整したり，空間内の電気の色による温度感覚にも配慮する必要がある．これらの照明器具は，故障時には取り替え可能なように，すべて昇降装置を付けたものとする．

04 アリーナ部分の天井高さを十分にとる

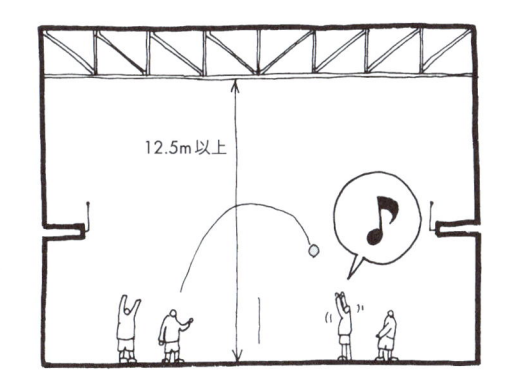

▶ アリーナの天井が低いと，球技などの競技に支障があるので，天井の高さは十分にとる．バレーボールの公式試合を行う体育館の天井高は，ネット上で12.5m以上必要である．競技中，声援などによる反響音を防ぐために，天井材や壁材には吸音効果の高い材料を選択する．

05 アリーナ入口前に履き替えのスペースを確保する

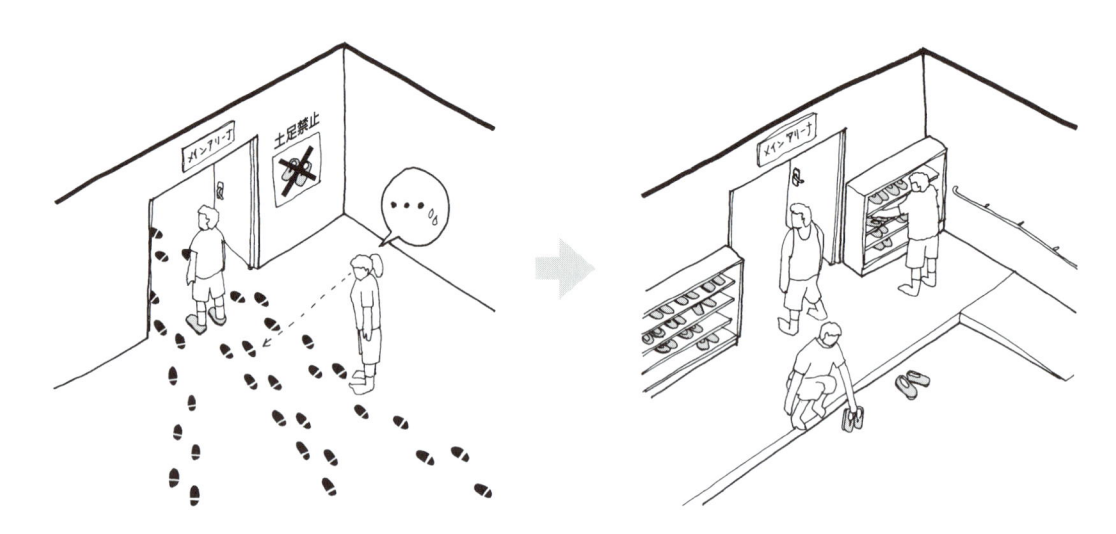

▶ アリーナの入口付近まで土足で近づけたり，履き替えを行うスペースが明確に示されていないところでは，アリーナの内部まで，土足によって汚されたところがみられる．土足使用の観客席から，直接アリーナへ行かれないようにすることや，アリーナの入口後方で，履き替えを行えるスペースを設け，土足による動線を断ち切ることが必要である．

06 競技場内に柱などの出隅をつくらない

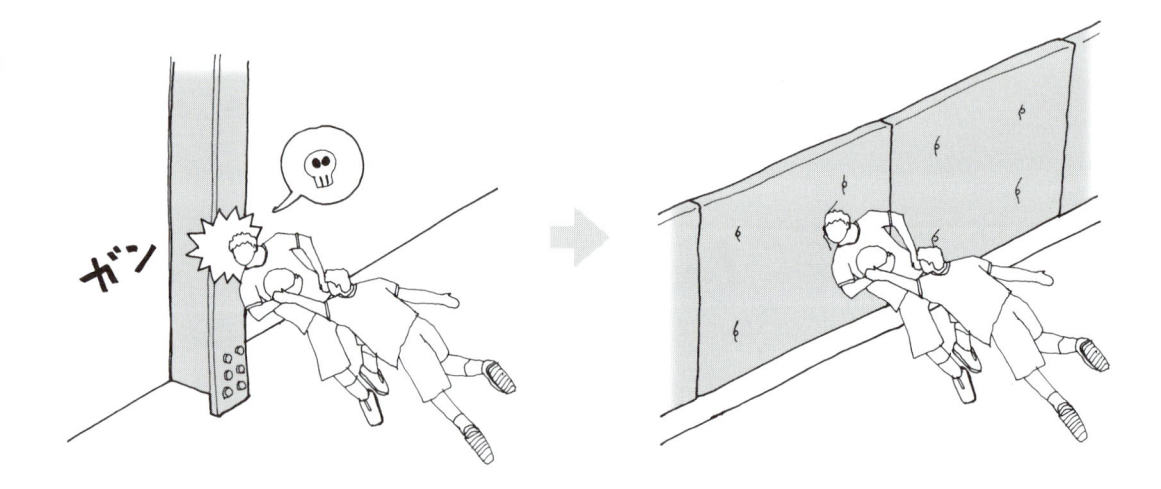

▶ アリーナ内の床面が競技用の支柱取り付け口などによって平坦でなかったり，壁面に突起物があっては，競技中に怪我をする恐れがあり，大変危険である．コート内は床仕上げが均質になるように配慮し，とくに柱などの出隅は面として覆い隠すか，衝突しても危険がないようにクッション材などによって保護をする．

07 人やボールによるガラスの破損を防ぐ

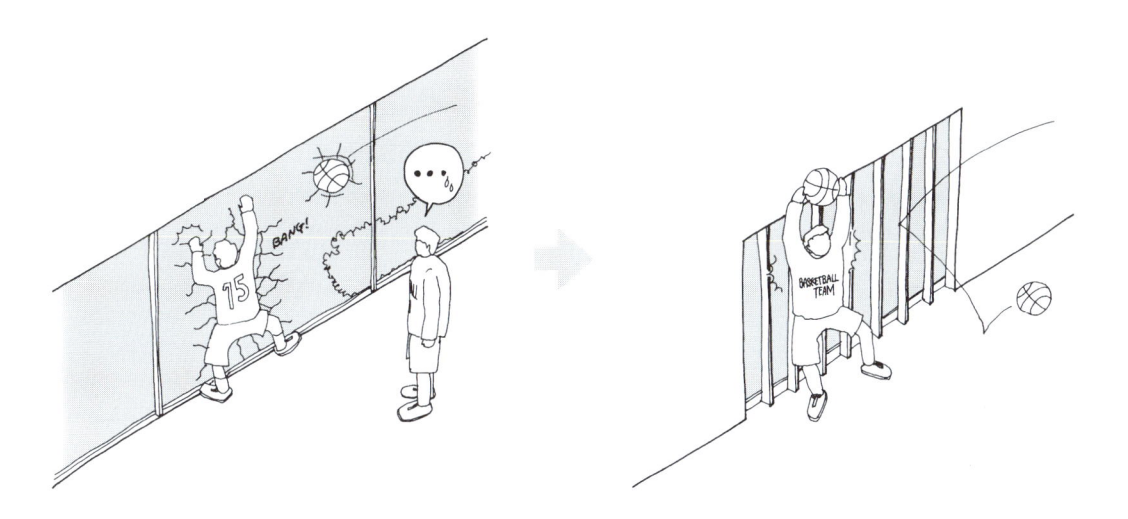

▶ アリーナに面して，ミーティングルームや放送室などを設置し，そこから競技状況が見えるように窓を設けたり，壁面に姿見鏡を取り付けることがある．アリーナの室内面にガラス類を使用する際は，人やボールの衝突に耐えられる強度の強化ガラスを用いるか，防御用の金網等によって安全を図る．

08 アリーナの分割利用のネットを備える

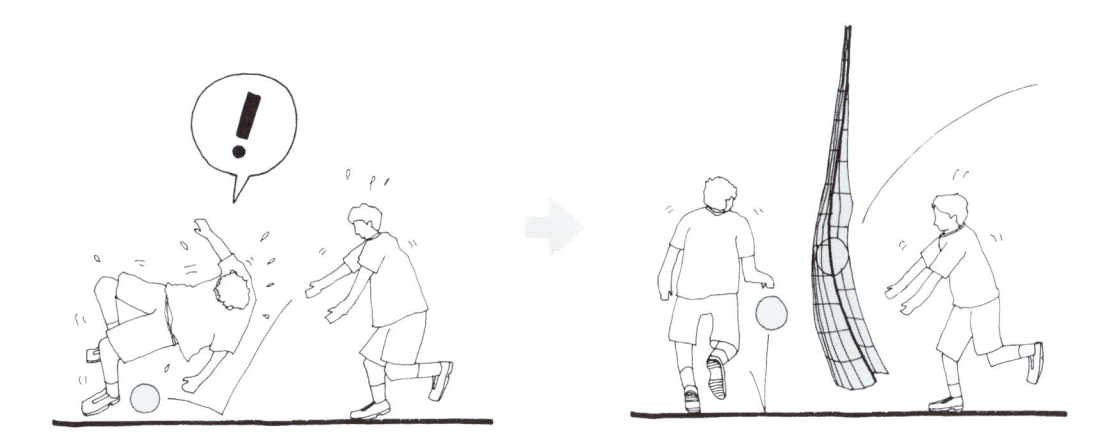

▶ 公式のバスケットコートを2面とれるアリーナの場合，一般用のバレーコートは4面，バドミントンの公式コートは8面，卓球台は15台で同時に使える広さを持っている．一面のコートを分割して同時に競技を行うことを想定する場合は，予め，競技内容に即した分割が可能となるように，防球用のネットを備えておくことで，効率よく使える．

09 容積により空調の系統分けを考慮する

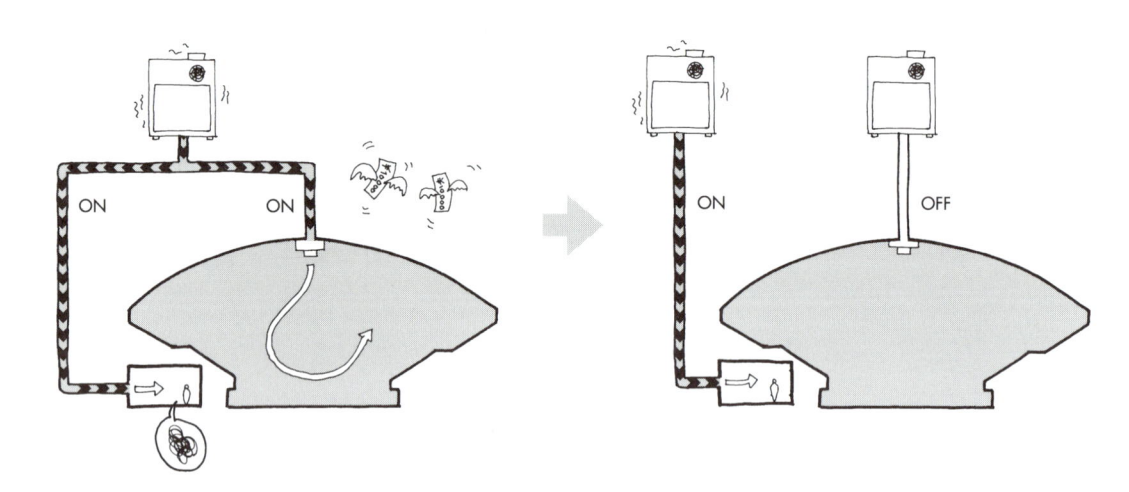

▶ スポーツ施設は，アリーナ部分と他の諸室で室内容積に大きな違いがある．このため，同一系統の空調設備を設けると，居室部分とアリーナ部分で負荷が大きく異なる．また，居室のみの使用に際しても，同時に大容積のアリーナへも空調を行わなければならなくなり，効率が悪い．アリーナと他の諸室は別系統の空調設備を用いる方がコストの削減になる．

10 アリーナと客席の換気は別系統とする

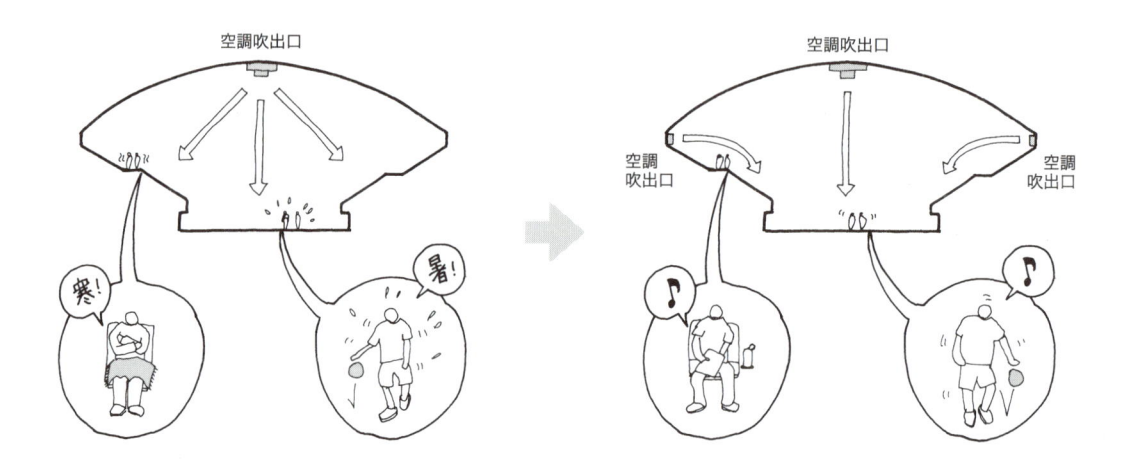

▶ アリーナで運動している人と，観客席で観戦している人では，発熱量が異なるため，室温の適正値に違いがある．静観している観戦者に合わせて温度設定すると競技者には暑すぎ，逆にアリーナに合わせて温度設定すると，観客席が寒すぎることになる．このため，アリーナと観客席では機械換気を別系統とすることが望ましい．

各種施設

11　室内プール部分は他室より負圧にする

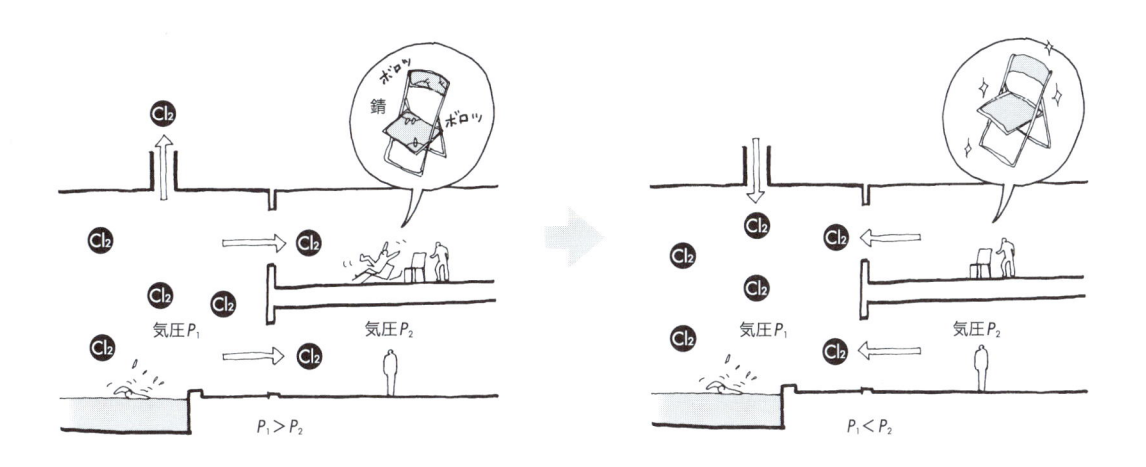

▶ プール室内の塩素を含んだ空気が，他の諸室に入ると，鉄製部分の腐食につながる．このため，プール室内の空気がまわりの諸室に流れないように，プール室内を付属室よりも負圧にする必要がある．ただし，プールの天井内部は吊りボルトなどの腐食を防ぐために，プールとは別換気として，正圧にする．

12　更衣（便所）⇨強制シャワー⇨プールの動線を確保する

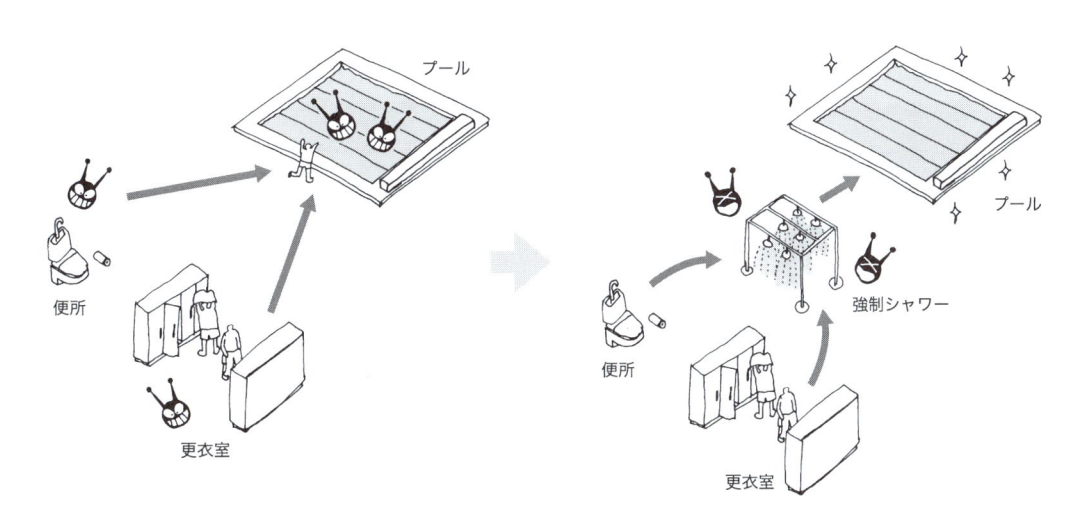

▶ プールの水質を確保するための滅菌方法には，塩素，オゾン，紫外線等がある．しかし，人体についた細菌を水中にもちこんでいては，滅菌効果がおいつかない．そのため，更衣（便所）⇨強制シャワー⇨プールへの動線を確保し，入水前に細菌を取り除くことが重要となる．

13　ウエットゾーンとドライゾーンの動線を分離する

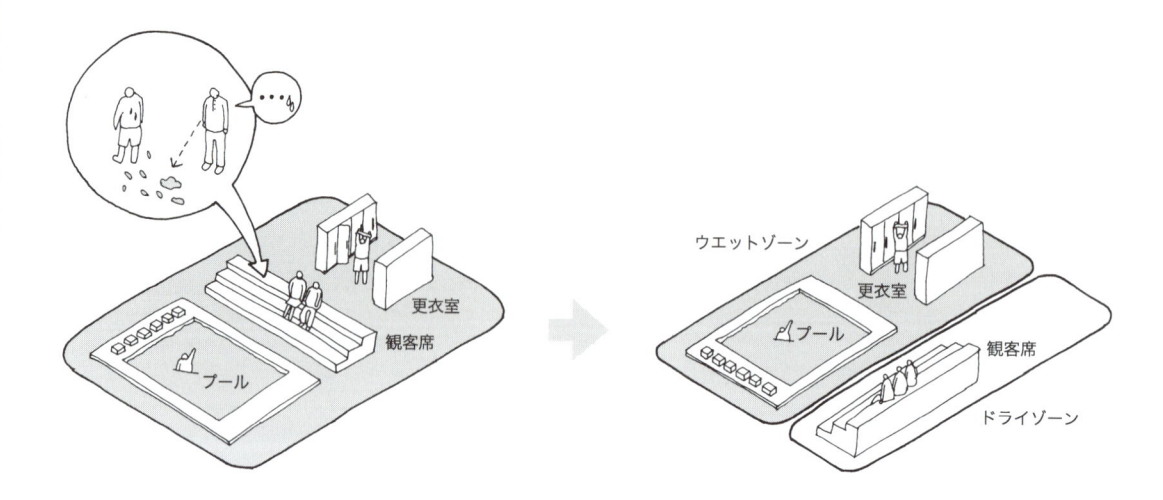

▶ 競泳の大会開催会場となる屋内プールにおいて，更衣室からプールまでのウエットゾーンと，更衣室から観客席までのドライゾーンの動線が交差・重複しないように配慮が必要となる．観客席は競技前後の選手の控え場所となる．観客席から更衣室，更衣室から観客席までの移動用に，ドライゾーンの裏通路を更衣室サイドに設ける．

14　プールに階段・スロープの入口を設ける

▶ プールの水深の調節は床面の昇降装置により機械的に変更できるところが増えているが，泳げない人や幼児・高齢者にとって，プールに入水する際に，はしご状のタラップを利用するには恐怖心があり，不十分である．高齢者等の利用に備えて，手すり付きの階段やスロープ等の入水口を設ける必要がある．

各種施設

| 15 | **便所利用の集中に配慮した便器数を設定する** |

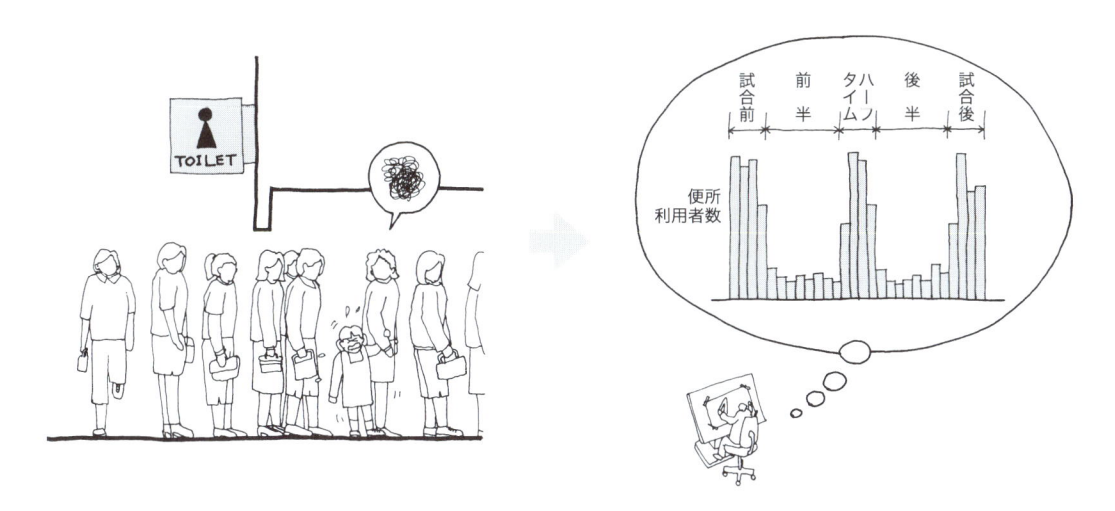

▶ 劇場などと同様に，スポーツ施設の場合も，競技のハーフタイム等に観客用便所の利用者が集中する．観客席の収容人数から，便所利用者が集中することを見込んで，便器数を多めに設定する必要がある．

| 16 | **ロッカールームは部外者が立入りにくい動線にする** |

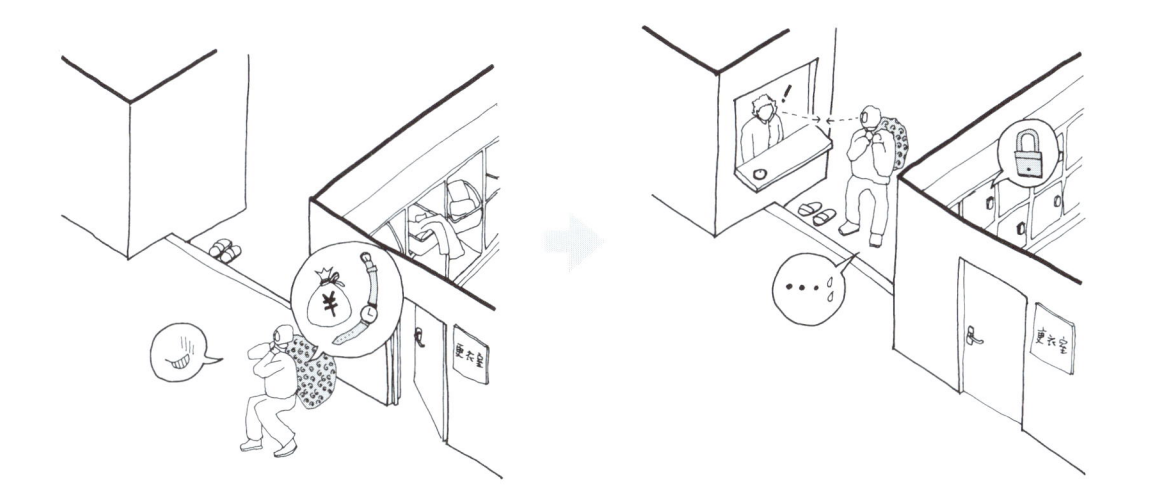

▶ スポーツ施設において，競技中の人の出入りが少ないロッカールームが，最も盗難の発生しやすいところである．ロッカールームへは，観客等の部外者が入りにくいような動線計画にするとともに，各ロッカーは個別に施錠ができるように配慮する．

9 事務所

01 賃貸ビルはレンタブル比を大きくする

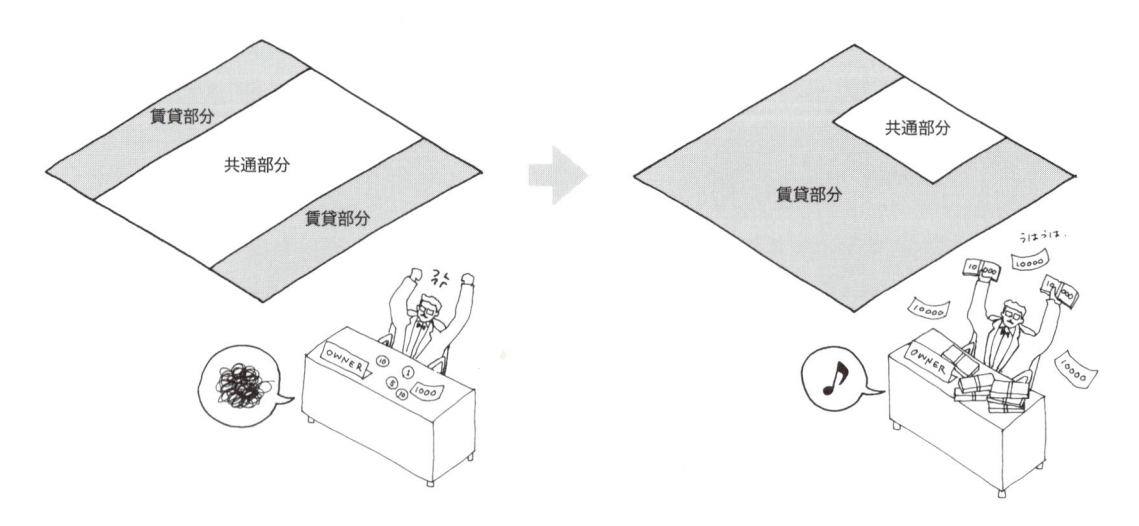

▶ **賃貸ビル**（▶p195, 自社ビル, 賃貸ビル）のオーナーの立場で考えてみよう．オーナーの利益は貸している事務室部分から得られるので，床面積，坪当り賃貸料が同じならば，事務室部分の面積が大きいほど利益が多くなる．この点から廊下等の共用部分をむやみに大きくするのは好ましくない．一般に基準階での**レンタブル比**（▶p198）は70〜80％となっている．

02 高層の事務所ビルはコアを形成する

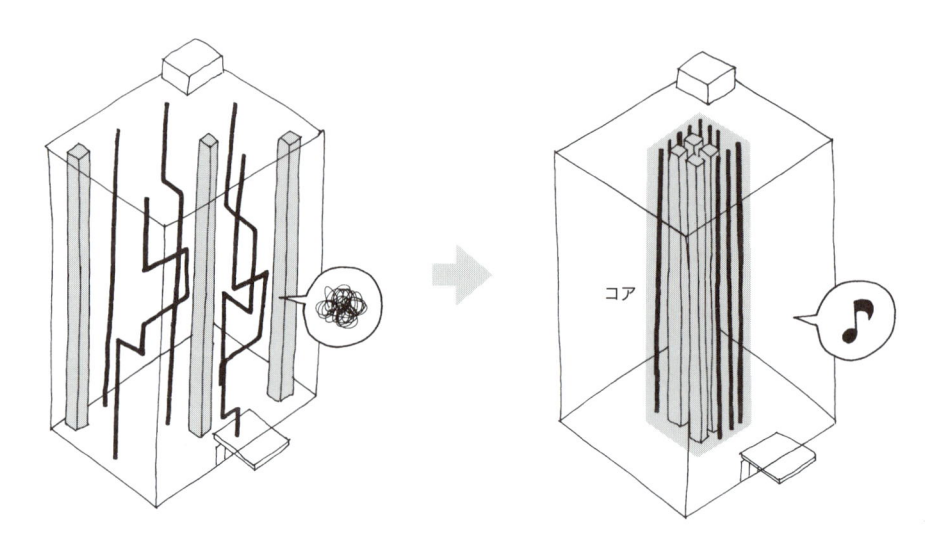

▶ 高層の事務所ビルではエレベータや階段の縦動線，上下水，通信などの配管，配線スペースの占める面積が大きくなる．これらの面積をおさえ，**メンテナンス**（▶p197）を容易にするためには，まとめて**コア**（▶p194）を形成しておくとよい．コアの配置にはいくつかの種類があるが，規模，構造，防災など，さまざまな観点から検討する必要がある．

| 03 | **事務室の一人あたり面積の標準は5〜10m²である** |

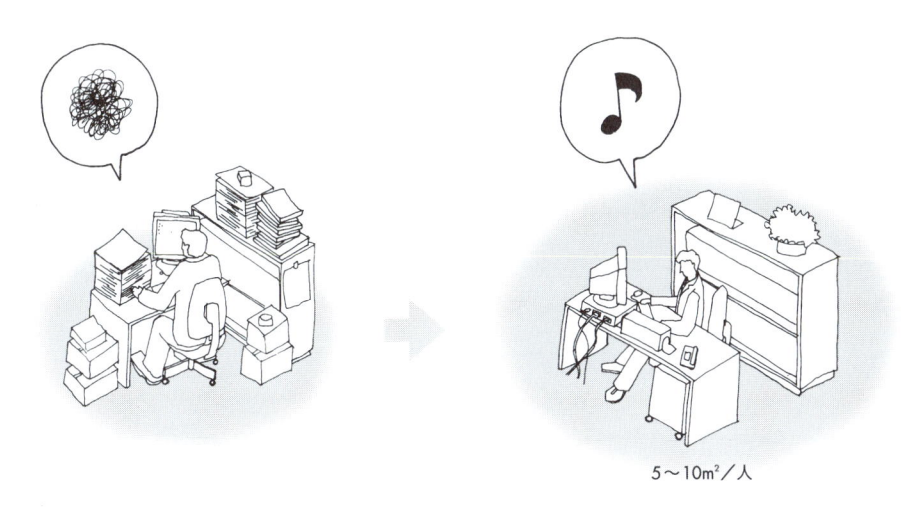

5〜10m²／人

▶ 標準的な事務室部分の一人あたりの面積は5〜10m²であり，初期段階では，この値を参考にして事務室部分の大まかな利用人数を把握するとよい．ただし，最終的には業務に適した机の配置等を具体的に図面に描いて検討しておきたい．

| 04 | **執務空間内の柱はなるべく少なくする** |

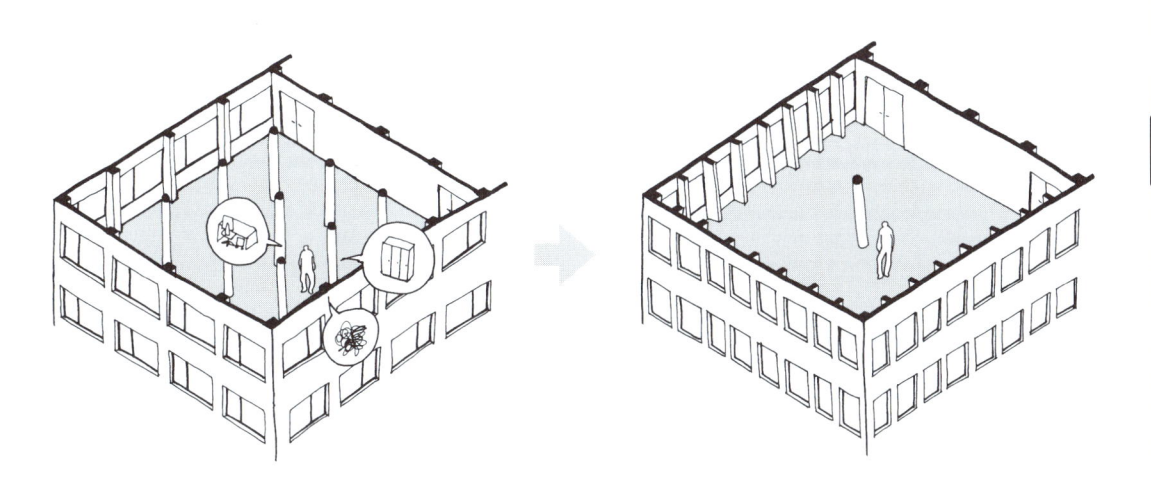

▶ 事務室空間は机や家具のレイアウトを自由に変えられるようにしておくことが望ましい．事務室内の柱はレイアウトを限定してしまい，自由なレイアウトの障害となる．そのため**スパン**（▶p195）を長くとり，事務室内の柱をなるべく少なくするほうがよい．

05　事務室へ外部の人が直接立ち入らないようにする

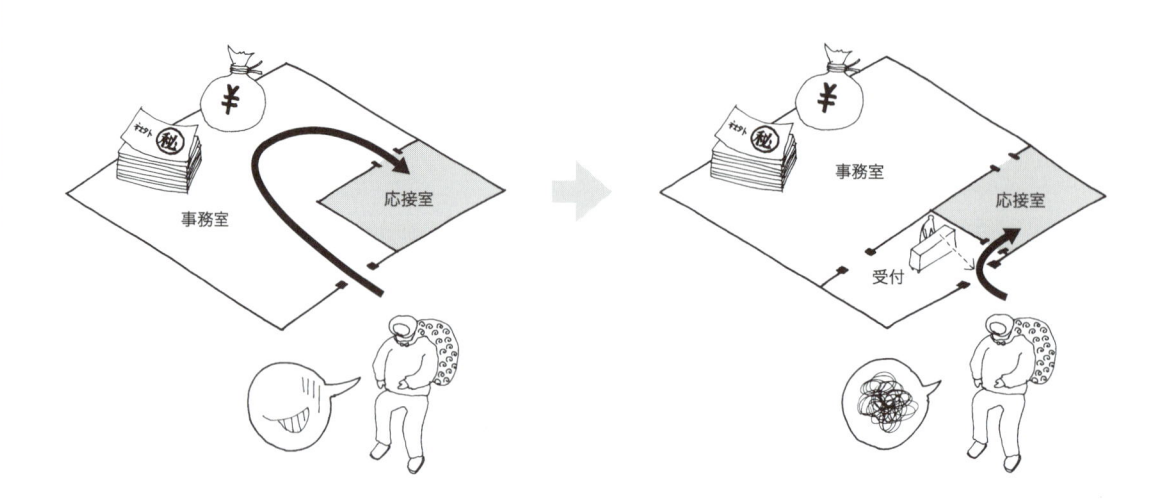

▶　一般に事務所ビルは柱や壁をなるべく減らして開放的なものとし，さまざまなレイアウトに対応できるとよい．しかし，開放的にするあまり来訪者が事務室に自由に出入りできることは防犯上好ましくないので，来訪者が受付の前を通るような動線にするなど，チェックを行えるようにする必要がある．

06　商業施設等との動線を分ける

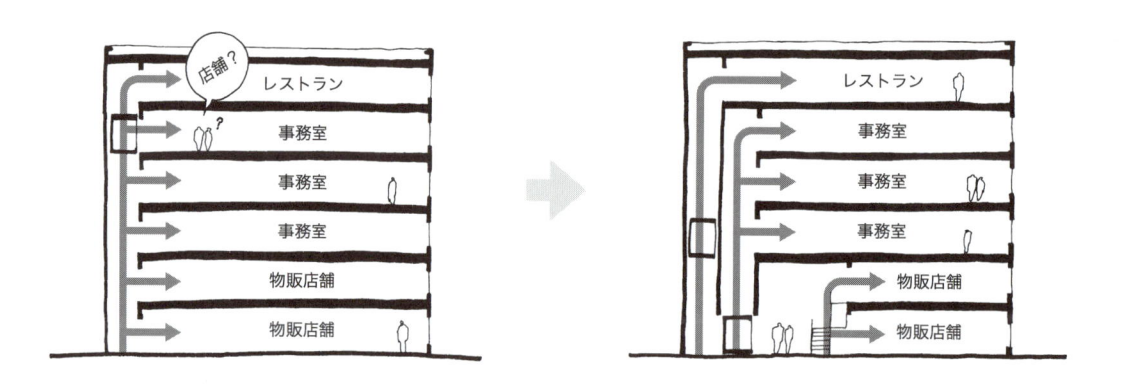

▶　事務所ビルの低層部や最上階に，商業施設などの異なる用途が入っている場合を考えてみよう．休日や夜間，事務所は閉めているが商業施設は営業している場合がある．このとき，利用者が迷ったり防犯上の問題などが生じないよう，事務所を経由しないで商業施設へ行くことのできる動線を確保しておくべきである．

07　守衛室は夜間通用口の近くに設ける

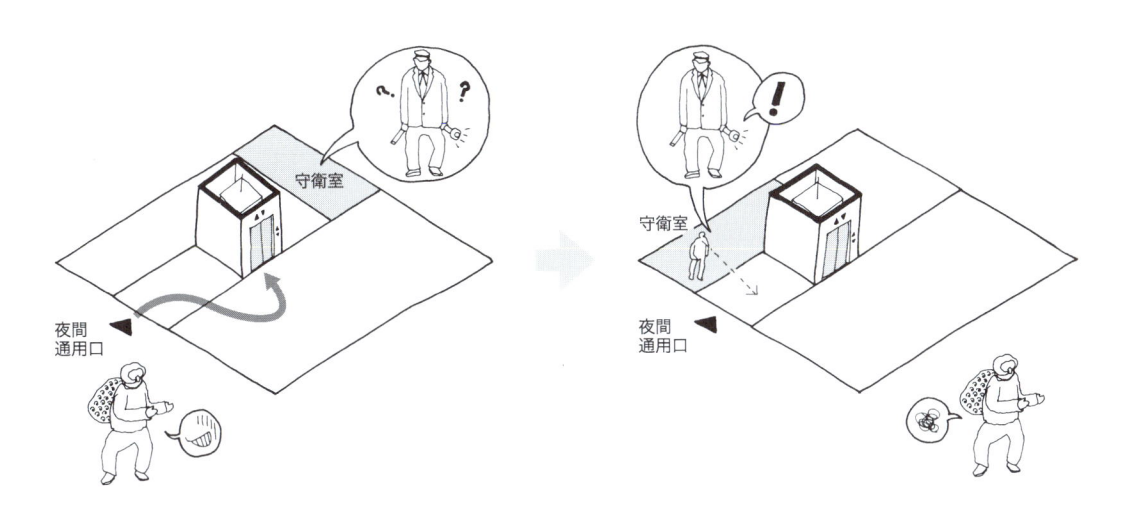

▶ 事務所ビルは夜間に通常の入口を閉鎖し，通用口からのみ出入りすることが多い．その際不審者の侵入を避けるために，守衛室から通用口の人の出入りをチェックできるようにするとよい．また守衛室は**防災センター**（▶p197）を兼ねることがあるので，その点からも通用口の近くにあることが望ましい．

08　わかりやすい位置にエレベータを配置する

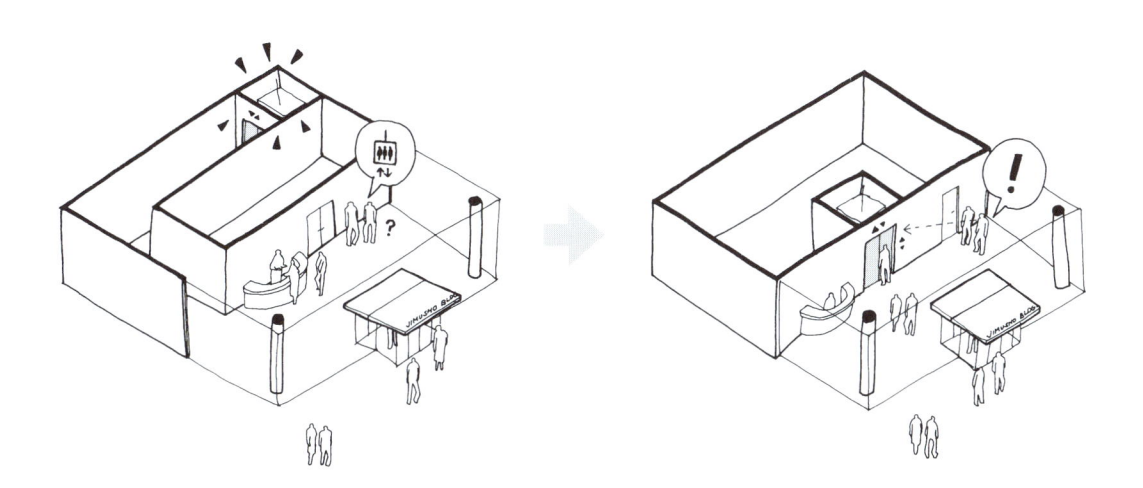

▶ 打ち合せ等で来訪者が事務所に来ることを想定し，エレベータは入口からわかりやすい位置に設けるとよい．また入口から離れた奥に設けられたエレベータは，不必要な廊下面積が増えてしまう点からも好ましくない．

09 超高層ビルのエレベータは停止階を分ける

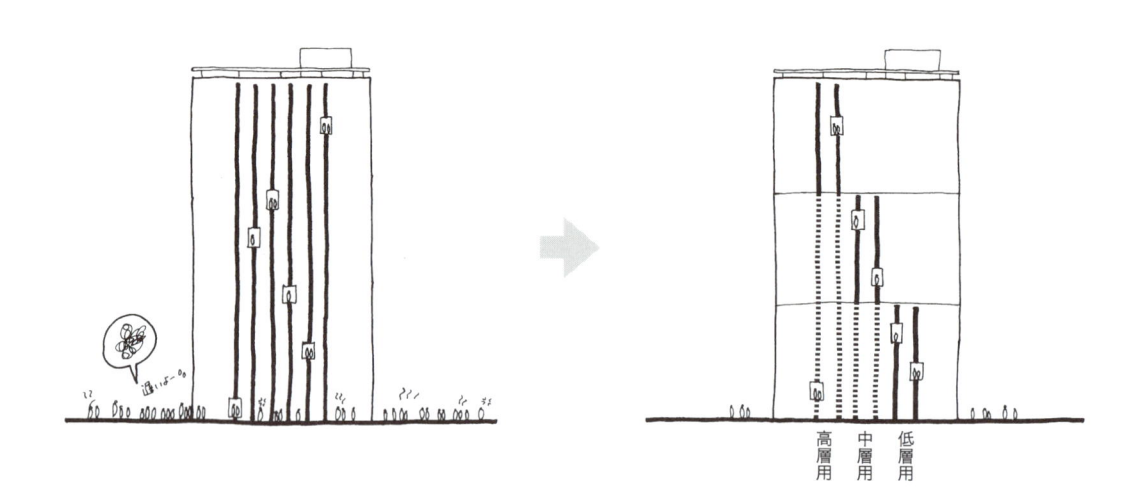

▶ 超高層ビルになると，大勢の人を効率よくそれぞれの目的階へ運ぶための工夫が必要になる．一般には低層用，中層用，高層用とエレベータの停止階を分ける方法が用いられている．

10 並べるエレベータの数は3，4台程度とする

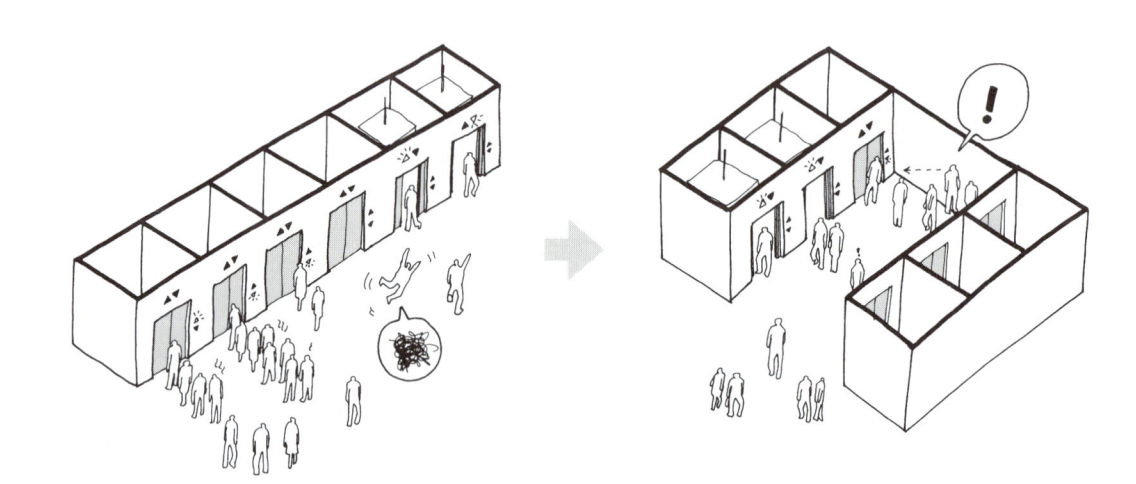

▶ エレベータの数は多いほど待ち時間は少なくなるが，横一列に並んでいると，開いたそちらに移動しているうちに閉まってしまい，今度はあちらが開いて……と効率が悪くなる．すぐに移動できる距離を考えると，一列に並べる数は3，4台程度が適当である．

各種施設

| 11 | 大規模な事務所ビルはサービス用エレベータを設ける |

▶ 事務所ビルでは物品の搬入出やごみの搬送なども主にエレベータが用いられる．ごみの搬送がエレベータホールで行われて来訪者の目にふれるようなことがないよう，規模の大きなオフィスビルではサービス用のエレベータを設けておきたい．

| 12 | 自社ビルは開放的なエントランスでイメージアップ |

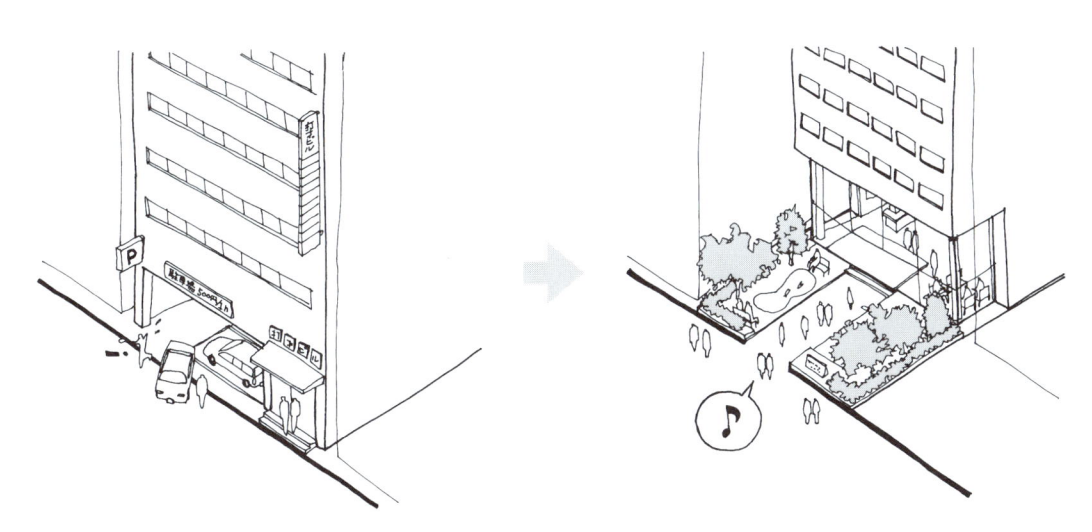

▶ 事務所ビル1階のエントランス部分は，その事務所を印象づける重要な部分である．**自社ビル**（▶p195,自社ビル,賃貸ビル）ならば，開放的なロビーなど，あえて大きな共用空間を設けて特徴を持たせることで，来訪者にわかりやすく，かつ良い印象を持ってもらうようにする．

13　日常用いる動線から避難階段がわかるようにする

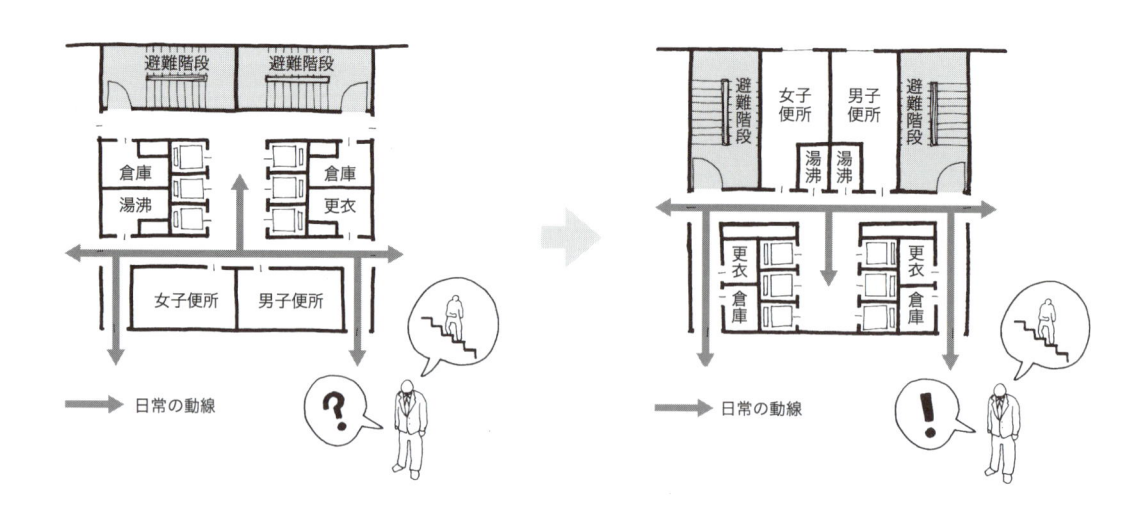

▶　高層の事務所ビルなどで普段階段を用いることが少ないと，災害時に避難階段の位置がわからなくて避難が遅れてしまう恐れがある．用いることがなくても普段から目にするような位置，たとえば便所などへの動線の途中に設けておくと，いざという時にすぐ向かうことができる．

14　コンピュータ等への配線のスペースを確保する

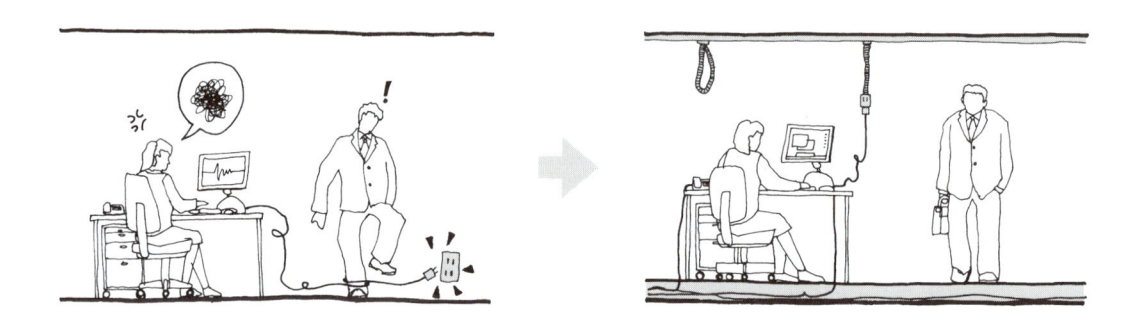

▶　どのような業種であっても事務所にはコンピュータ，電話をはじめ，たくさんの電気機器が置かれる．配線のスペースを確保するには床下や天井などを利用する方法があるが，機器の位置や数の変化に柔軟に対応できるように検討し，通路を延長コードが這い回るようなことがないようにしておく必要がある．

各種施設

15　ペリメータゾーンの空調をオフィスゾーンと分ける

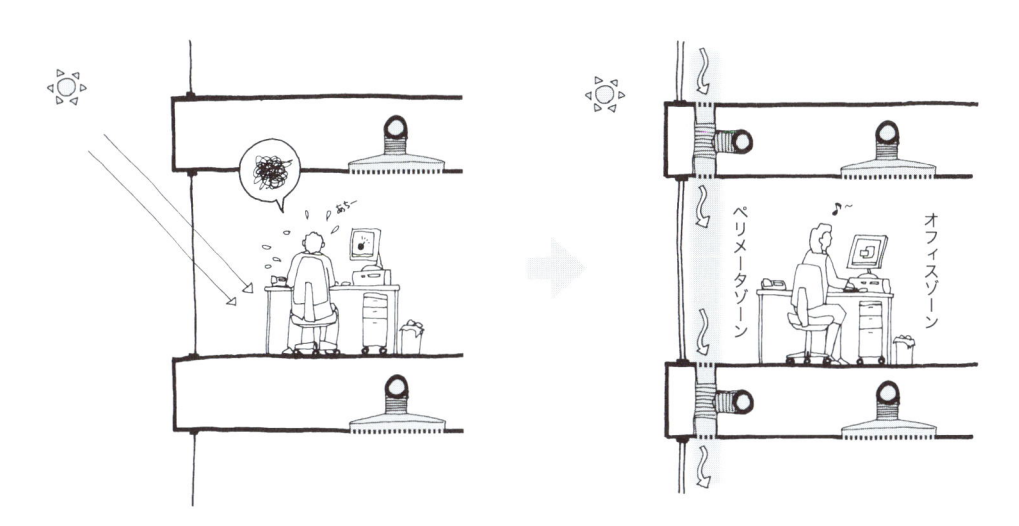

▶ 窓際の部分をペリメータゾーンというが，この部分は日射や外気温の影響を受けやすく，温度を一定に保ちたいオフィスゾーンに熱が伝わると空調負荷が大きくなってしまう．ペリメータゾーンに空気を流すなど，熱が伝わらないような空調の工夫をするとよい．

16　メンテナンスの困難な形を避ける

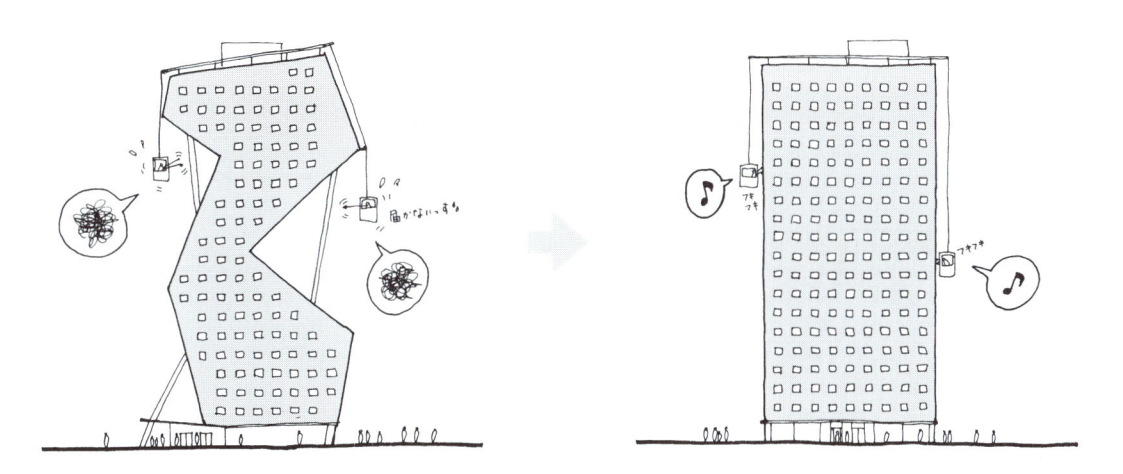

▶ とくに高層ビルの場合，内部から行えない外部の窓ガラスの清掃方法などについても検討しておきたい．外観にインパクトを持たせたいがために清掃のできない形にしてしまうと，時間が経つとせっかくの外観が台無しになってしまうことがあるので注意したい．

商業施設

01 大規模物販店舗は2面以上道路に接するようにする

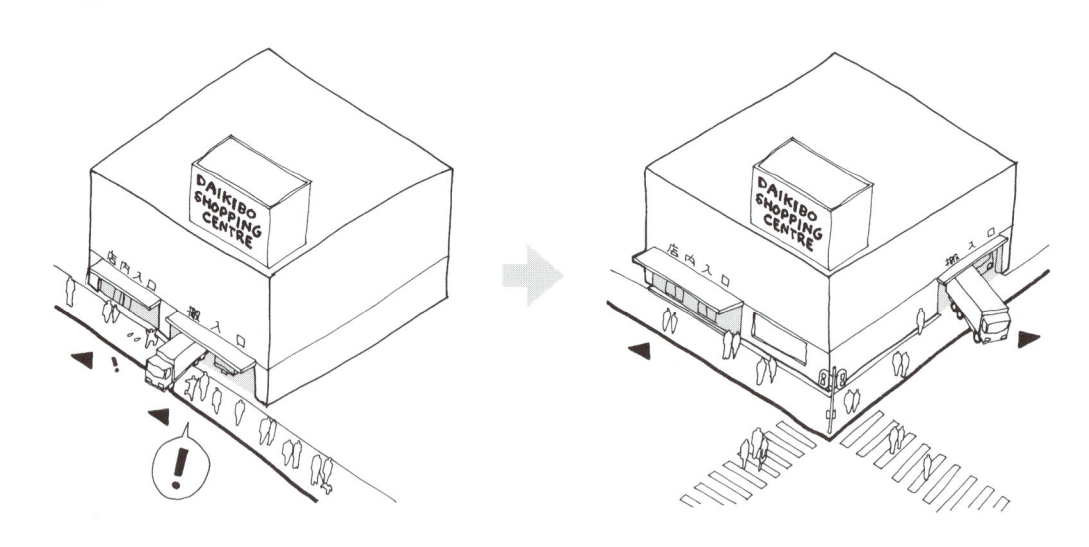

▶ 大規模物販店舗では，たくさんの人や物が出入りするので，客の動線と搬入出の車の動線が交錯しないよう，とくに注意する必要がある．敷地が1面しか道路に接していない場合，これを解決することは困難であり，2面以上接した道路をそれぞれ客動線用，サービス動線用と使い分けるとよい．

02 客と搬入出の動線を分ける

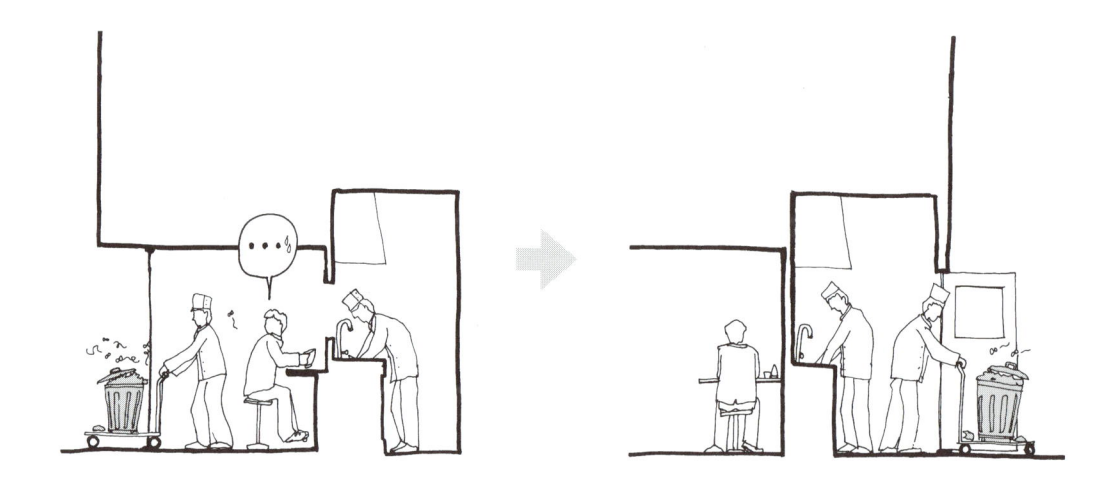

▶ 商品，食材の搬入やごみの搬出などが，商品を選んだり食事をしている客の目の前で堂々と行われるのはその店の印象を決して良くするものではない．搬入出を客の目にふれないところで行えるようにする必要がある．

03 生鮮食品と他の商品の搬入口を分ける

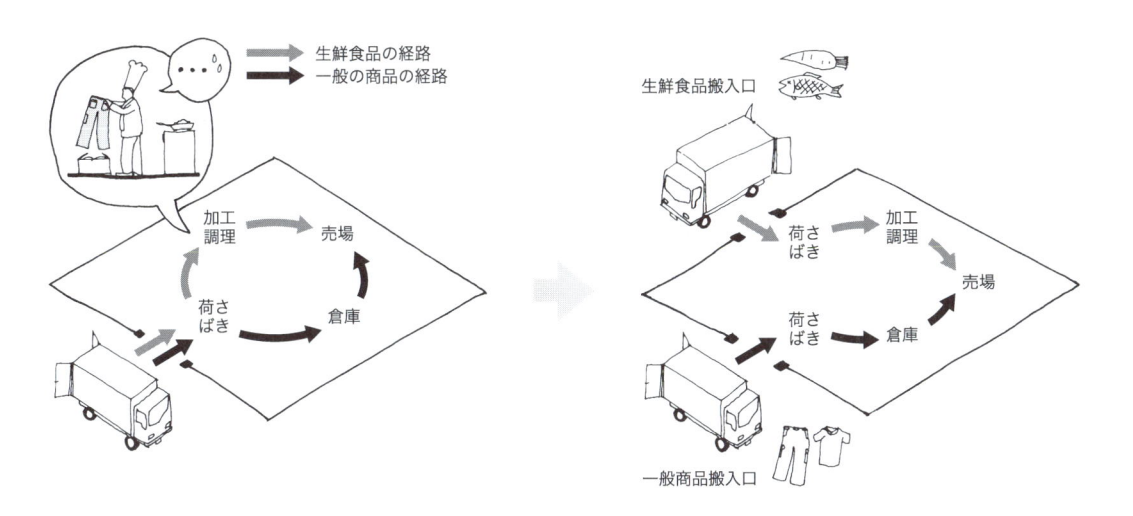

▶ スーパーなどでは，一般の商品は搬入された後，荷さばきされ，倉庫，売場へ運ばれるが，野菜，肉，魚などの生鮮食品は加工，調理を行ってから売場へ運ばれるので，その経路が異なる．大規模な店舗であれば二つの搬入口を別々に設けておくとよい．

04 搬入車が荷物を効率よく搬入口へ運び込めるようにする

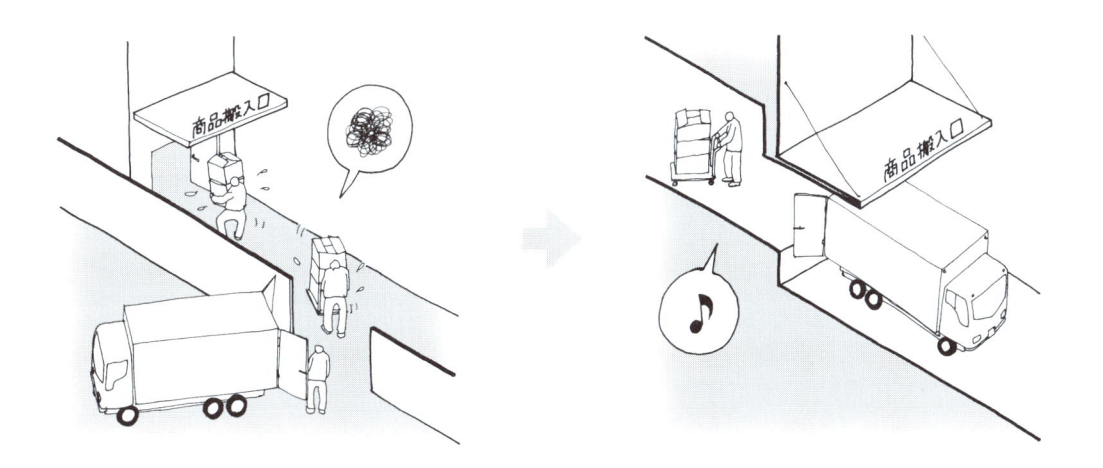

▶ 商品の搬入出をできるだけ効率よく行うためには，荷物を搬入のトラックの荷台から直接搬入口へ運び込めるようにした方がよい．そのためには，搬入口に荷台を向けて駐車できるようなスペースを用意しておく必要がある．

商業施設

05 ショッピングセンターの核店舗は奥に配置する

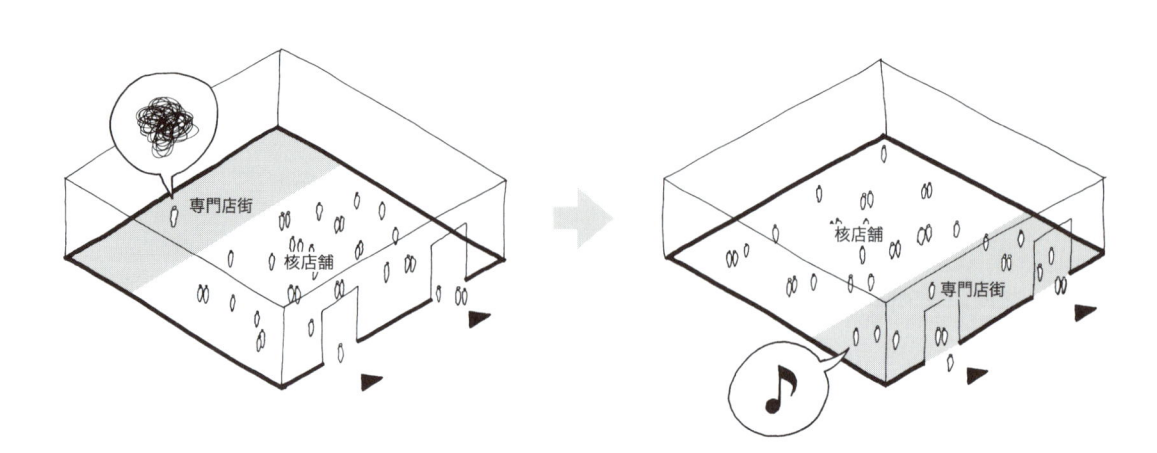

▶ 百貨店のような多くの人が訪れる**核店舗**（▶p193）を手前に配置すると，その他の店舗へ訪れる機会が失われてしまい，客が核店舗に独占されてしまう．これを避けるために，核店舗を奥に配置することでショッピングセンター内の人通りにかたよりがないようにして，他の店舗を目にする機会を積極的につくるようにする．

06 物販店舗は間口をなるべく広くとり，有効に活用する

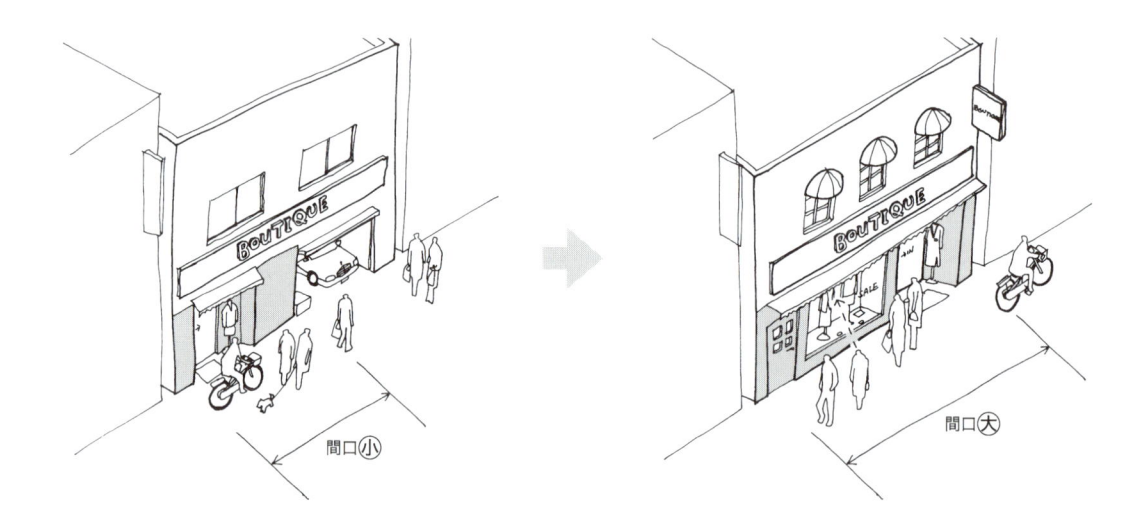

▶ 物販店舗の売上は間口の広さにほぼ比例するので，建物の間口はできるだけ広い方がよい．同じ間口であっても，前面をただの壁でふさがずに，ショーウィンドーなどで通行している人の気を引くよう工夫する．

各種施設

| 07 | **歩行者動線に合わせてショーウィンドーと入口を配置する** |

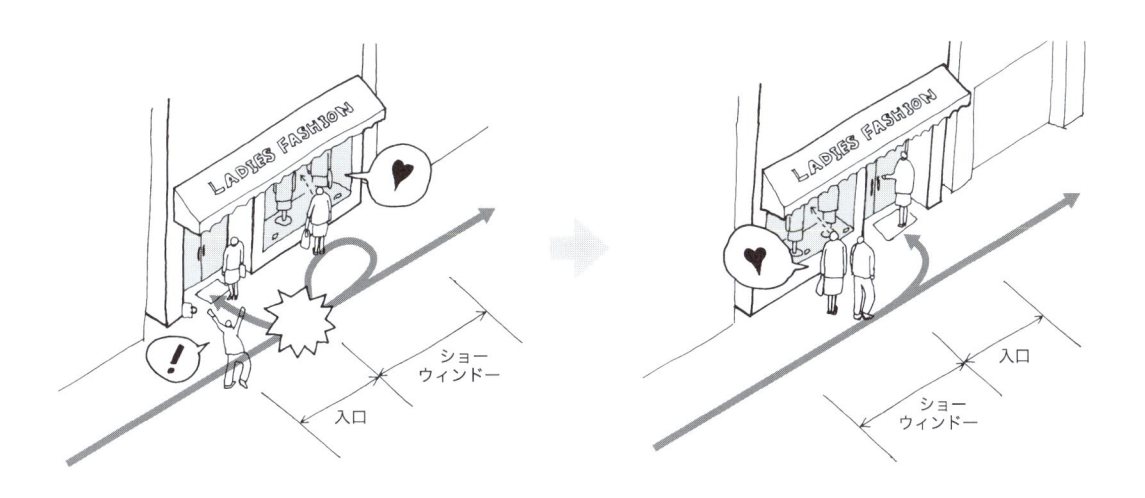

▶ 何気なく目に入ったショーウィンドーの商品に気に入ったものがあると，店に入って詳しく見ようと思う場合がある．歩行者は一般的に通路の左側を歩く傾向があるので，通路に面してショーウィンドーと入口を設けるときには，人の流れを配慮し左にショーウィンドー，右に入口を配置するとよい．

| 08 | **スーパーでは入口と出口を明確に分ける** |

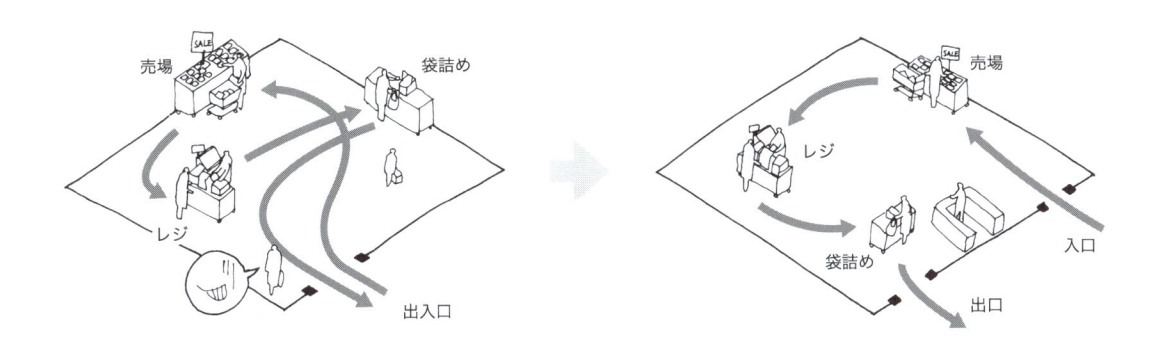

▶ スーパーでは，商品をかごに入れる，会計をする，商品を袋に入れて帰るという流れが交錯しないように注意しなければならない．出口と入口を明確に分け，会計を済ませていない人が，済ませた人にまぎれて入口から出て行くようなことがないようにする．

09　動線に回遊性を持たせる

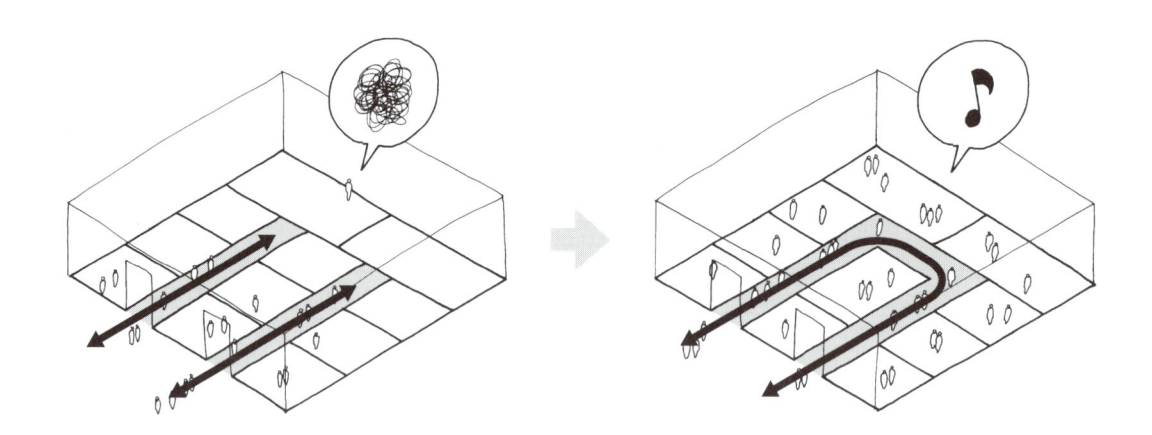

▶　百貨店の中などで通路の先が行き止まりになっていると，とくに目的が無い限り先へ進むことはないため，その通路の人通りが少なくなる．行き止まりにある店舗を目にする客が少なくなり，その店は売上が少なくなってしまう．通路は行き止まりをなくし，回遊性を持たせるとよい．

10　回転率の高い商品は主動線沿いに配置する

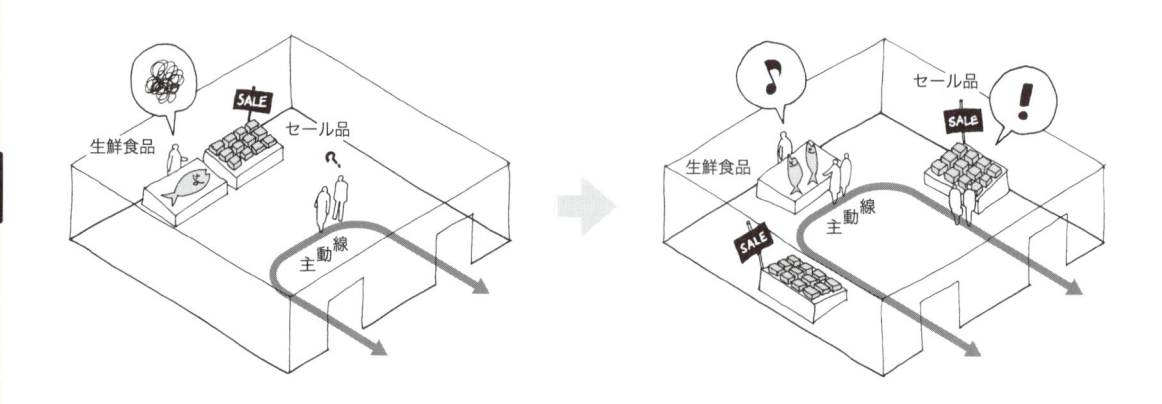

▶　スーパーなどでは，生鮮食品や安売りをしている商品を主動線沿いに配置することで，客の流れをスムーズにすることができる．また，主動線はなるべく店の奥まで客を引き込むように設け，客がさまざまな商品を目にするようにするとよい．

11 避難経路をわかりやすくする

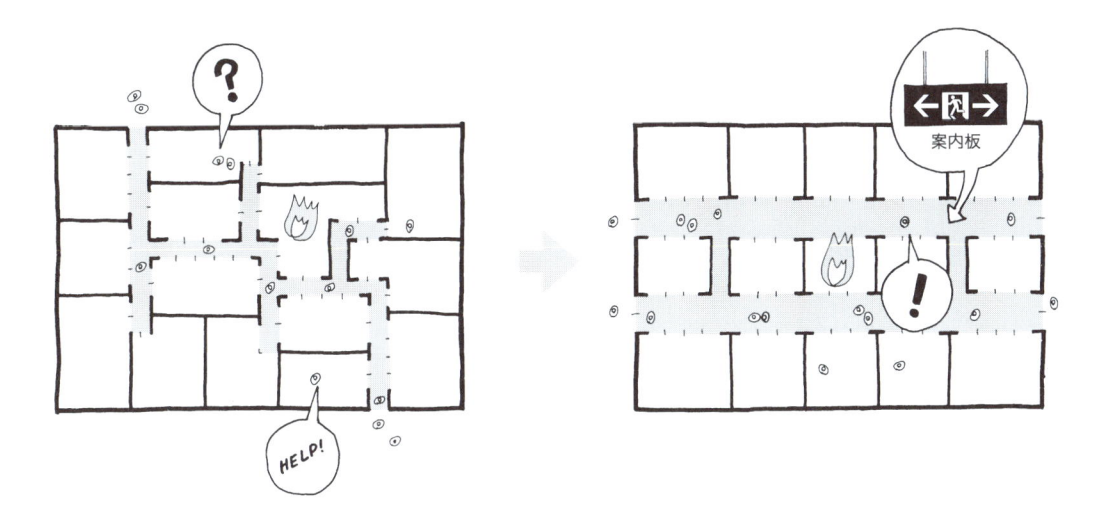

▶ 大規模なデパートなどでは，さまざまな商品を目にしてもらうために通路が迷路のように複雑になってしまうこともある．このような場合でも，災害時に逃げ遅れてしまうことのないよう，案内板などで避難経路がすぐわかるようにする．その際，広いほう，明るいほうへ避難するといった緊急時の人の動きも考慮しておきたい．

12 陳列棚が置かれても通路幅がとれるようにする

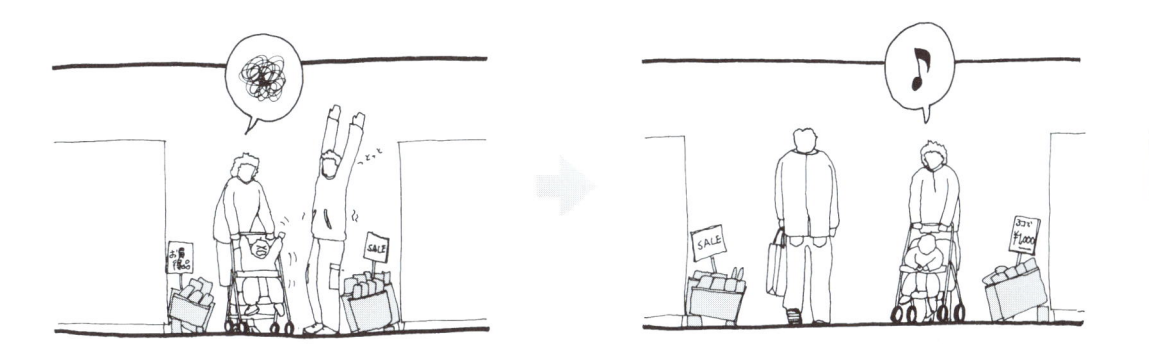

▶ できるだけ多くの商品を目にしてもらうためには，陳列棚などをたくさん店内に配置するとよいが，車椅子やベビーカーなどの通行の妨げとならないように注意して計画する必要がある．

13　物販店舗には十分な倉庫（ストックヤード）を設ける

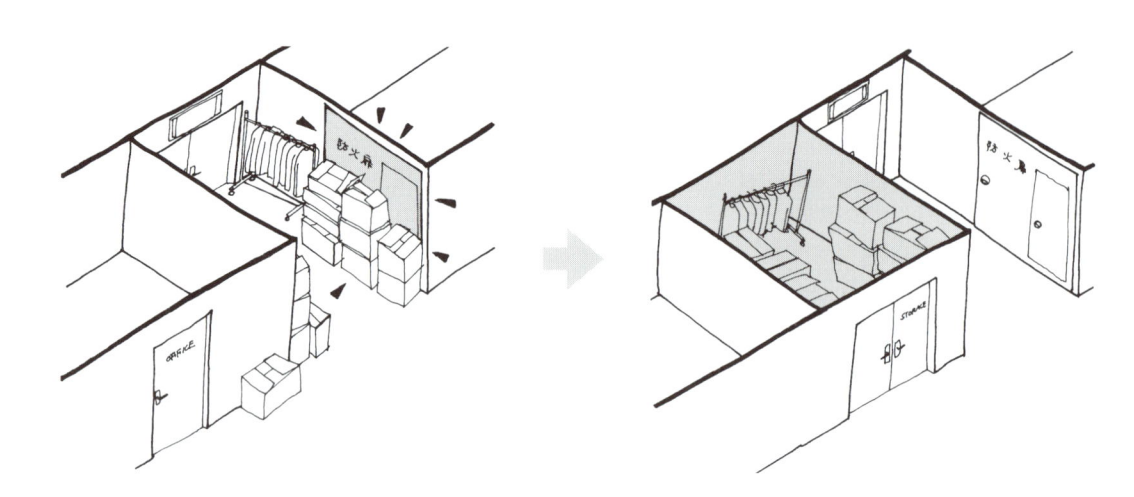

▶ 物販店舗では品切れがないよう商品をある程度ストックしておかなければならないので，倉庫（ストックヤード）を設ける必要がある．この面積が不十分だと，ダンボールや商品が通路や避難階段にあふれだし，これが避難の妨げとなったり火災時に火が燃え移ったりして危険である．

14　生鮮食品，惣菜売場の裏に作業室を設ける

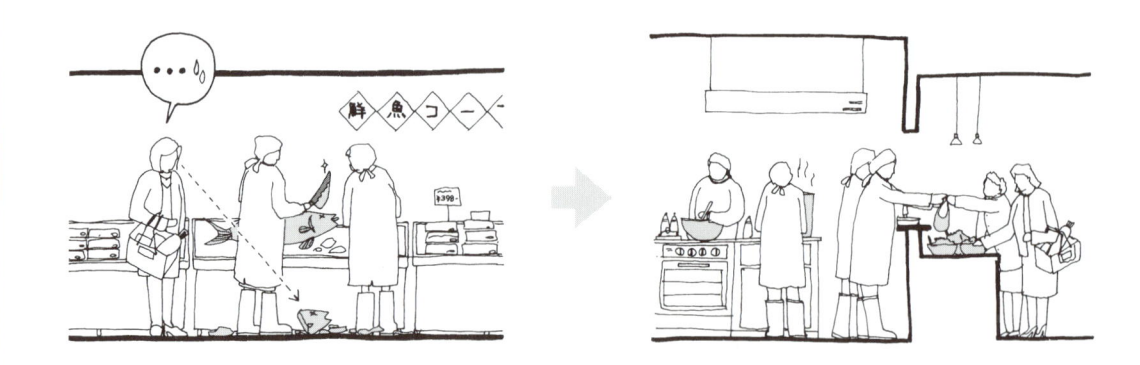

▶ 生鮮食品は，加工してパックにつめるといった作業スペースが売場の近くに必要である．また惣菜売場にも調理するスペースが必要である．新鮮さをアピールするために，客から調理している様子が見えるようにすることもある．

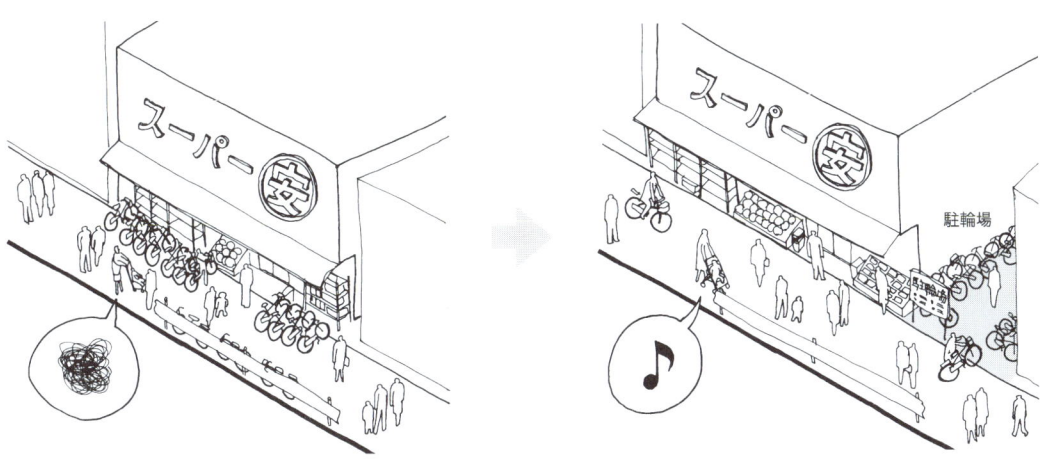

15 　歩道に不法駐輪があふれないようにする

▶ 大勢の人が自転車を利用して来店する場合には，入口近くに自転車が置かれ，他の店舗や歩行者，車の通行の迷惑となってしまう場合が多い．十分な駐輪スペースをなるべく入口の近くに確保しておく必要がある．

16 　営業時間帯ごとに店舗をまとめてにぎわいを出す

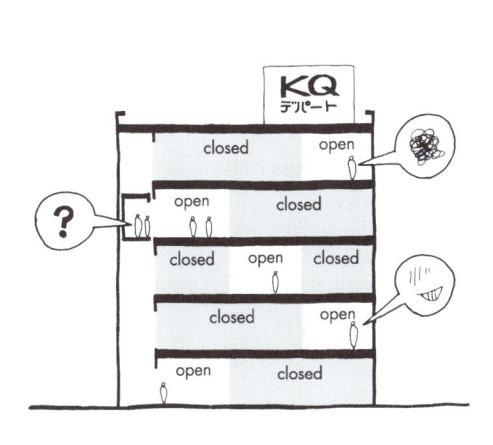

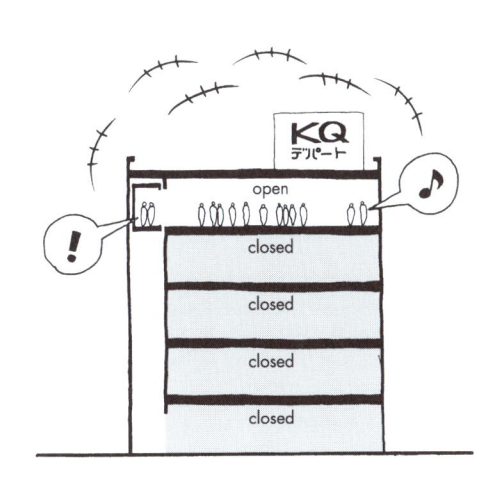

▶ 夕方開店して夜遅くまで営業している飲食店と19時で閉店する物販店舗など，営業時間帯の異なる店舗が混在するのを避けるべきである．営業時間帯の似た店舗をまとめることでにぎわいが増し，集客力を上げることができる．

商業施設

| 17 | 一部の店が閉まっても避難経路が確保されるようにする |

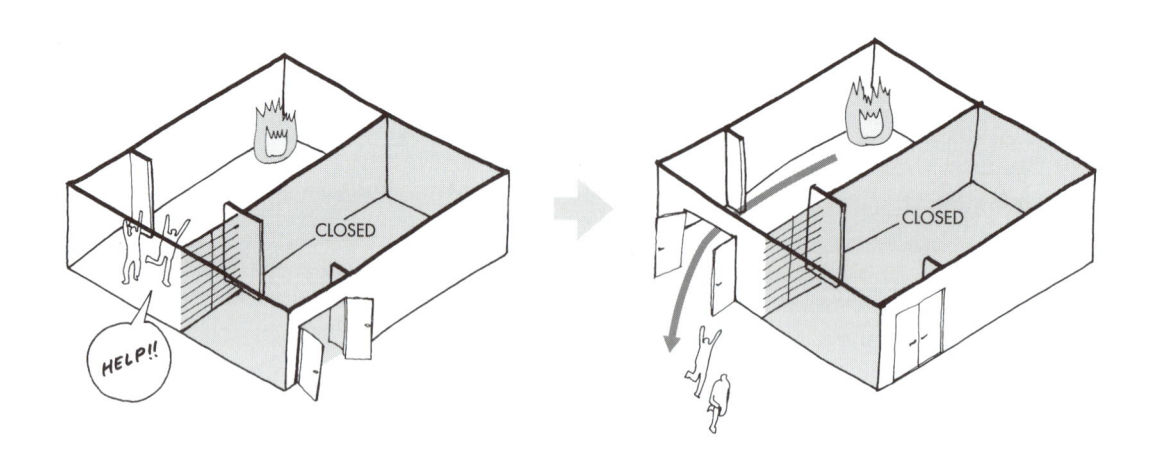

▶ いくつかの業種が複合した商業施設などでは，曜日や時間帯によって一部の店舗が閉まっている場合がある．この時，閉まっている店の前の通路が閉鎖されて避難経路が確保されなくなることがないよう注意する必要がある．このために営業時間帯ごとに店舗をまとめておくとよい．

| 18 | 防火シャッターが降りる場所をわかりやすくする |

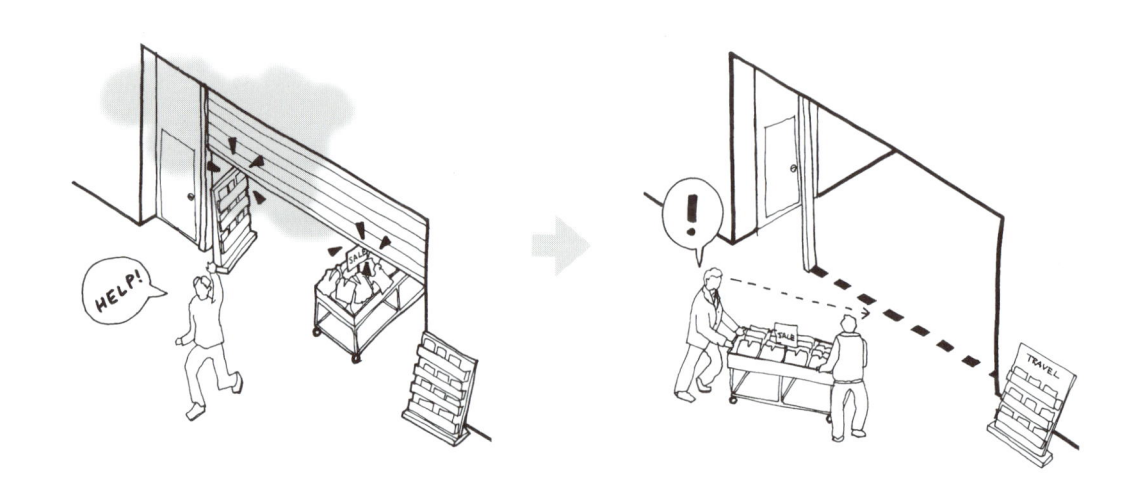

▶ 可燃物を扱う物販店舗では，火災が起きると火のまわりが速いので，エスカレータの周囲などを早くシャッターなどで**区画**（▶p194）し，煙が伝播しないようにしなければならない．シャッターが降りる場所に陳列棚などが置かれることがないよう，床の色を変えるなど，普段から意識できるよう，わかりやすくしておくとよい．

各種施設

| 19 | **反射光でショーウィンドー内が見えづらくならないようにする** |

▶ 外部に設けたショーウィンドーは，光の反射などで中の商品がよく見えなくなってしまうことがある．庇を設ける，ガラス面を傾斜させる，外部よりも明るくするなど，中の商品がよく見えるように工夫する必要がある．

| 20 | **エスカレータからの視界を広くとる** |

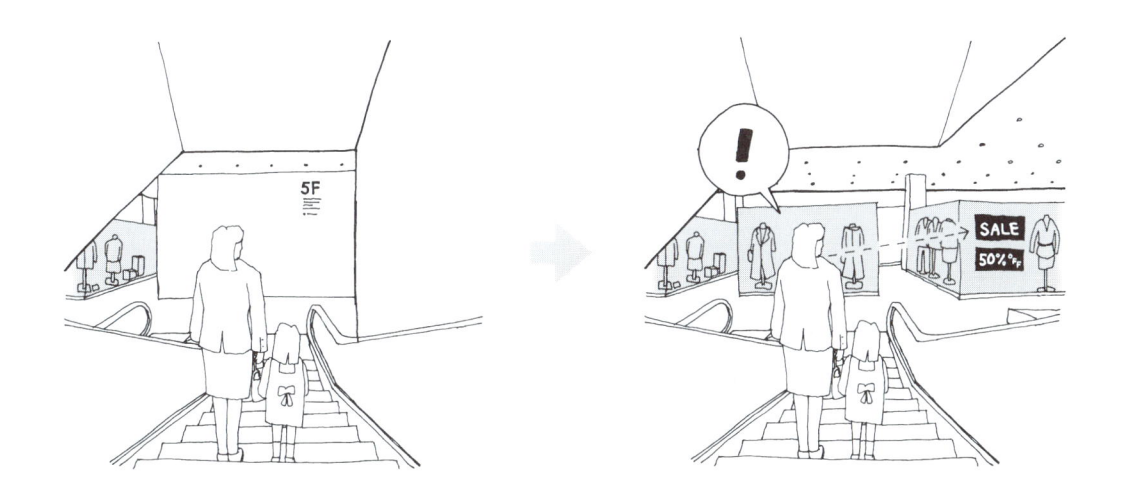

▶ デパートなどでは，エスカレータに乗っている人が階を通過せず，足を止めてもらうことがその階の店舗にとっては非常に重要である．そのためには，エスカレータからなるべく多くの商品を目にすることができるように，視野を広くとれるようにするとよい．

商業施設

21　柱スパンを大きくし，見通し，レイアウトの自由度を増す

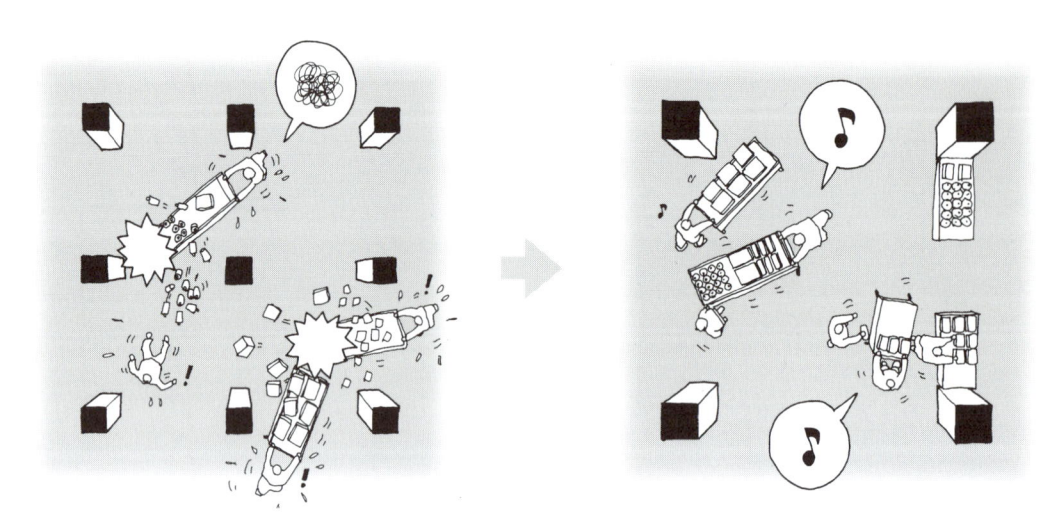

▶ 物販店舗では，商品を探しやすいように店内を見渡せるようにしておくとよい．また商品のレイアウトを季節ごとに一部変更するなど，客に飽きさせないような工夫も必要である．店内に柱が多いと見通しが悪く，陳列のレイアウトも限定されて不都合である．そのため**柱スパン**（▶p195．スパン）はなるべく大きくしたい．

22　入口で客と店員の視線が合わないようにする

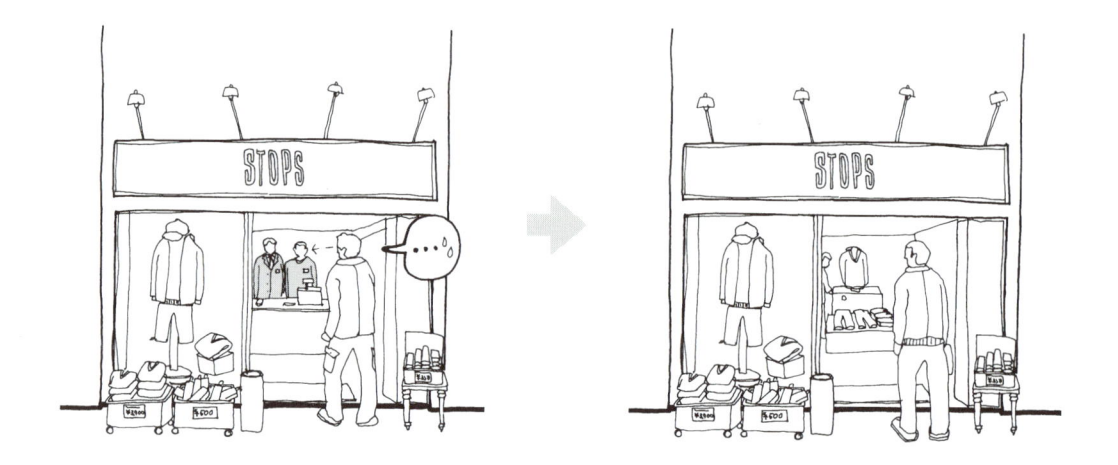

▶ 買い回り品を扱う店舗などでは，気軽に店舗に入って商品を自由に見比べたりできる雰囲気が必要である．入口の先で店員が正面を向いて待ち構えていると，常連でもない限り店には入りづらいものである．客と店員の視線を正対させないようにして，店に入りやすい雰囲気をつくる．

23　店員から死角になる場所をつくらない

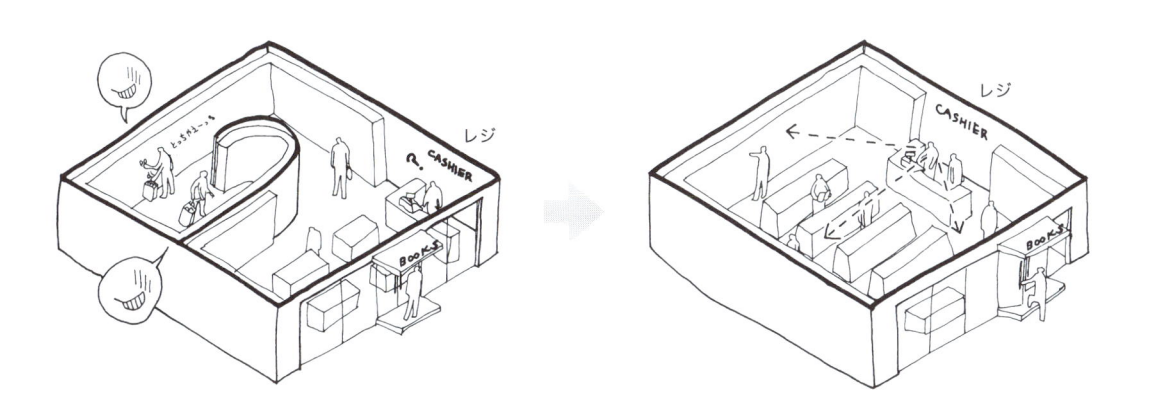

▶ 店舗を設計する場合は，客の立場だけでなく，店員の立場についても考えてみよう．物販店舗で店員から客の様子が見えない部分が多いと防犯上問題であり，かといってカメラや反射鏡などがたくさん付けられた店内はあまり印象の良いものではない．店員からも店の様子が見渡せるよう，レジからの視線などを考慮して平面を検討する必要がある．

24　接客の仕方に応じたレイアウトを行う

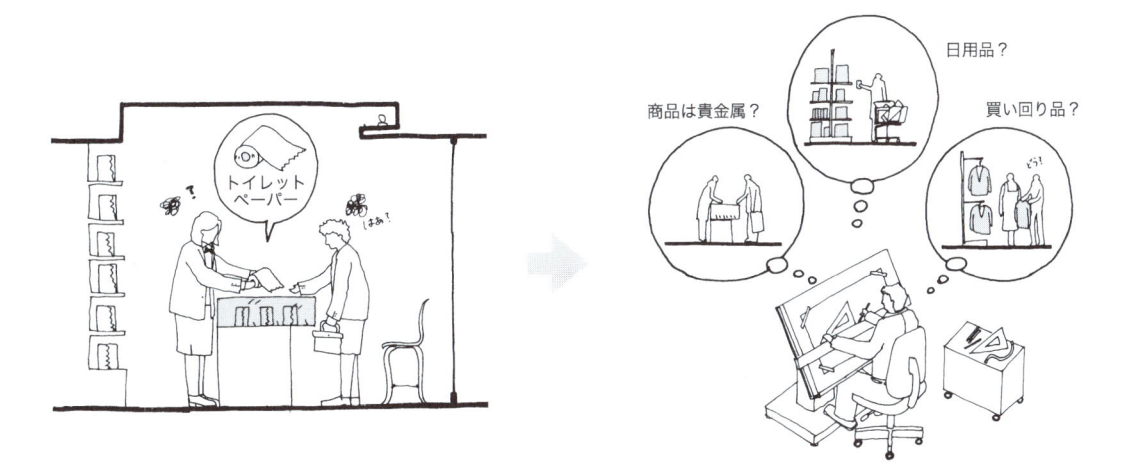

▶ 物販店舗の場合，扱う商品によって店員はレジで待つ，客の隣で説明する，陳列棚をはさんで応対するといったいくつかの接客の仕方がある．扱う商品と適した接客の仕方を考え，それに応じた陳列棚のレイアウトを行うようにする．

商業施設

25　商品が傷まないよう西側の大きな開口を避ける

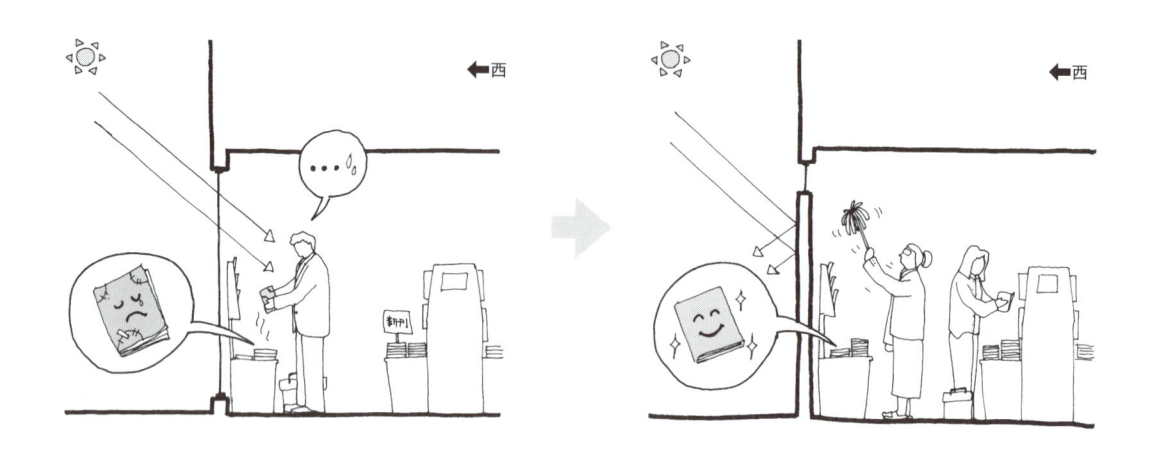

▶　洋服や本などは，長時間日光にさらされると紫外線で商品が傷み，売り物にならなくなってしまうので，西側に大きな開口を設けるのはできるだけ避けたほうがよい．

26　厨房の天井高を高くする

▶　飲食店舗では調理を行う場所の煙やにおいが客席部分にもれ出さないようにする必要がある．そのためには，垂れ壁などで調理室からの煙を遮ったり，厨房の天井高を高くして煙をためるスペースを確保しておくとよい．

| 27 | **調理室の床は防水性材料を使用し，排水溝を設ける** |

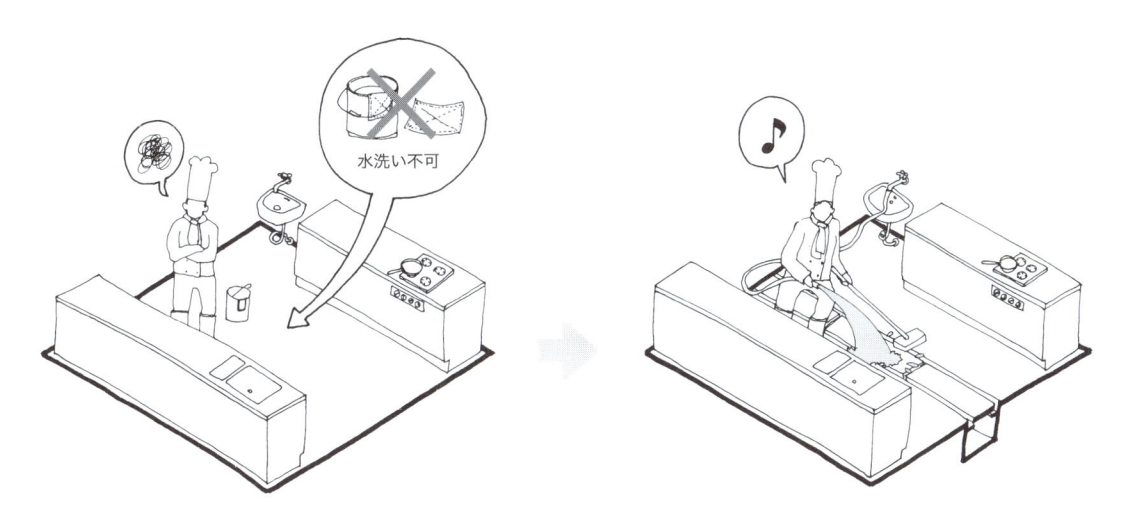

▶ 調理室は衛生上清掃がしやすいようにつくる必要があるので，水を流しても問題が生じないように防水性のある材料を使用する必要がある．また排水溝を調理室の中央に設けて水はけをよくするといった工夫も必要である．

| 28 | **飲食店では便所の水洗音が聞こえないようにする** |

▶ 飲食店の便所は，水洗音が食事をしている人に聞こえないようにする必要がある．テーブルから離れた位置に配置し，食事をしている人の気分を損ねることがないように注意したい．

29　飲食店舗で調理を見せると集客力が増す

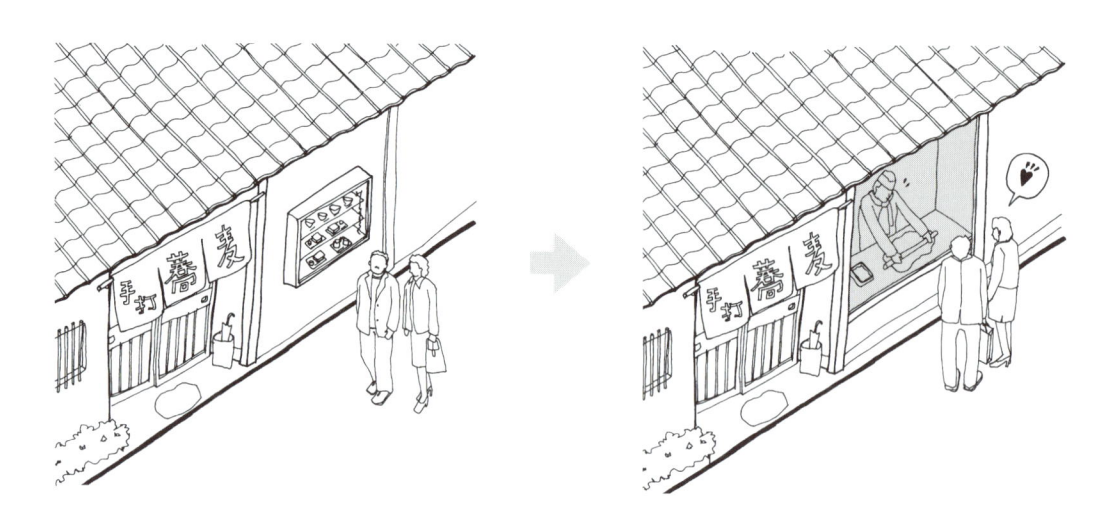

▶　飲食店舗の厨房は，搬入出経路などを考えると奥の方に配置するほうが都合がよい．しかし厨房の一部をあえて店の正面に配置し，調理している様子を見せることで集客力を高める効果をねらうこともある．商業施設では，一般的なセオリーにとらわれず色々な工夫を試みることが必要である．

30　高級感を出すためには照明を暗くする

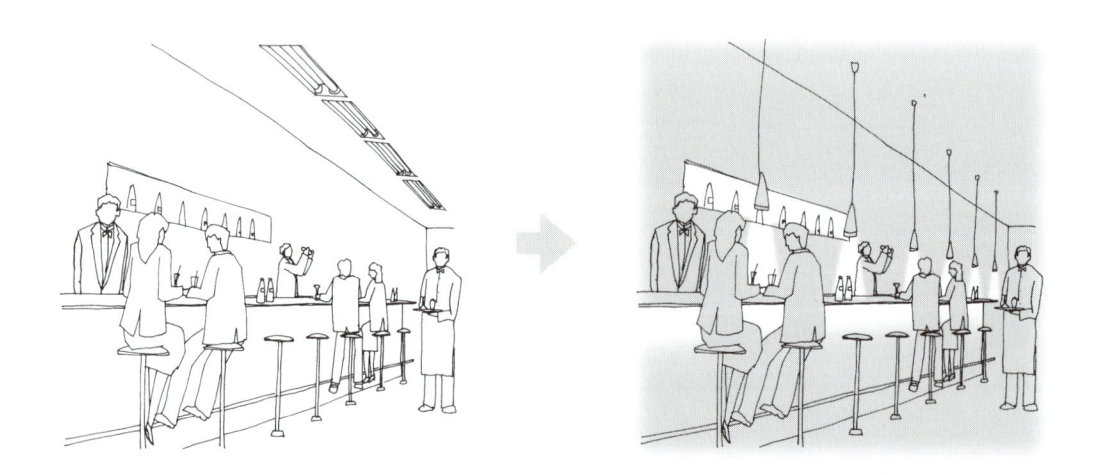

▶　飲食店舗や高級品を扱う店舗では，全体的な照明を暗くし，必要な部分だけスポットライトを用いると高級な印象を持たせることができる．ただし，これは温かみのある色の白熱球やハロゲンランプなどが光源の場合であり，これを蛍光灯で行うと逆効果になるので注意したい．

| 31 | **大規模店舗の駐車場には屋根付きの通路を設ける**

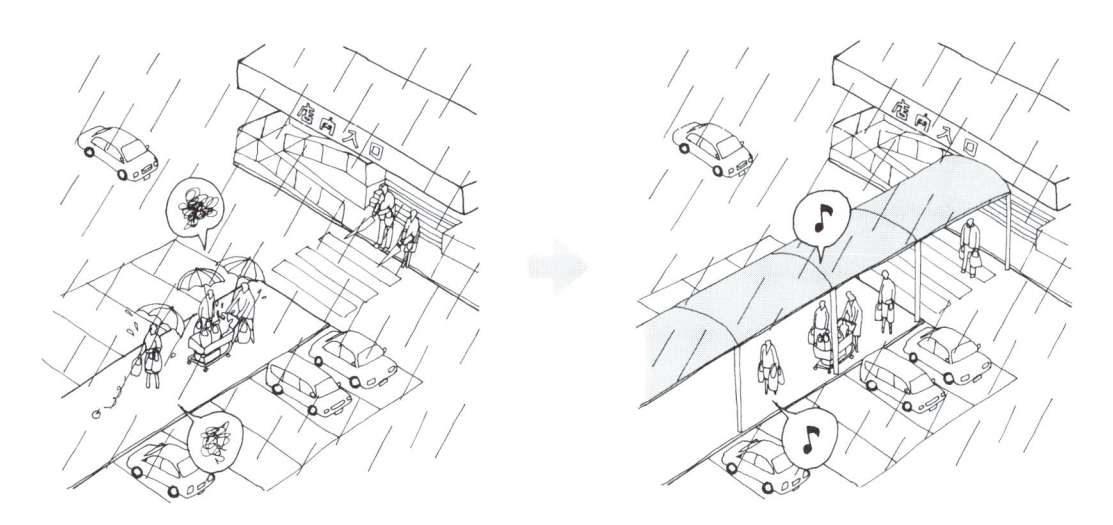

> ▶ 郊外型の大規模な物販店舗では大きな駐車場を設けることが多い．雨の日に買い物の荷物を抱えて遠くにある車まで行くのは大変である．屋根付きの通路を設置し，雨の日でも買い物をしやすいような工夫をする．

| 32 | **大規模な物販店舗の便所にはベビーベッドを設置する**

> ▶ おむつの取り替えなどができるスペースがあると，小さな子供を連れた客が安心して買い物をすることができる．大規模な物販店舗には，便所に身障者はもちろん誰もが使いやすい広いブースを設け，ベビーベッドを備え付けて，子供連れの客が使用できるようにするとよい．

11 複合施設

01 各施設の連係を機能図，相関図によって検討する

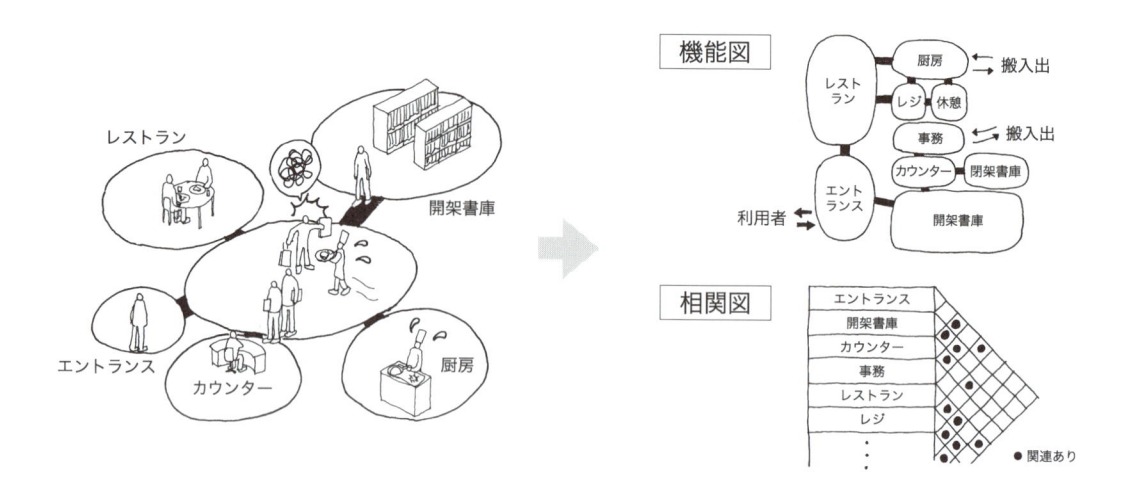

▶ 施設を複合させるときには，人の行き来や施設の特徴などを検討して，施設どうしの連係がうまくいくように各施設の位置関係の概略を計画の初期段階で十分に検討しておく必要がある．これらの検討を行うためには**機能図**（▶p193）や**相関図**（▶p195）などを用いると便利であり，問題点などが見つけやすい．

02 施設個別のゾーンと共用ゾーンを明確に分ける

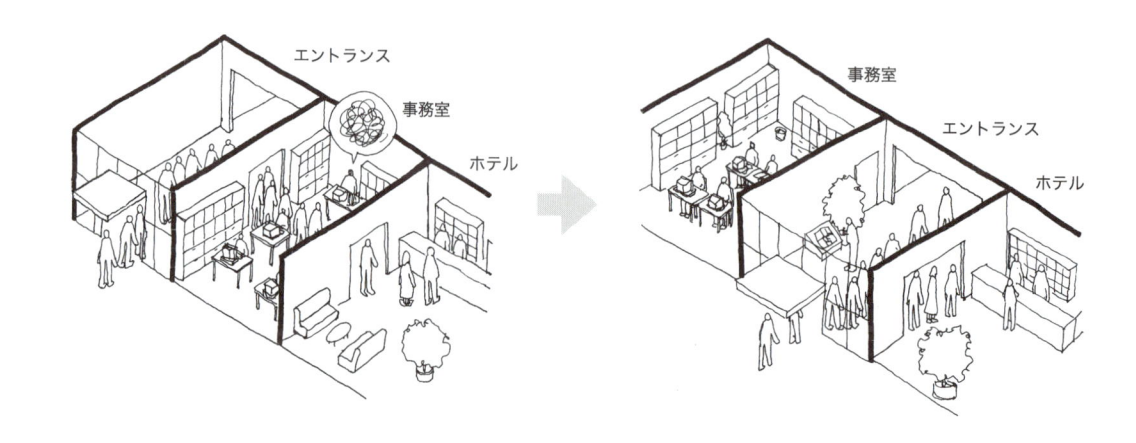

▶ 複合施設のなかでも，さまざまな人が自由に行き来してかまわない部分もあれば，出入りする人をチェックしておかなければならない部分もある．このようなそれぞれの施設の特徴を把握し，共用のゾーンと個別のゾーンを明確に動線上分けておく必要がある．

03　業務時間の異なる施設を分けて配置する

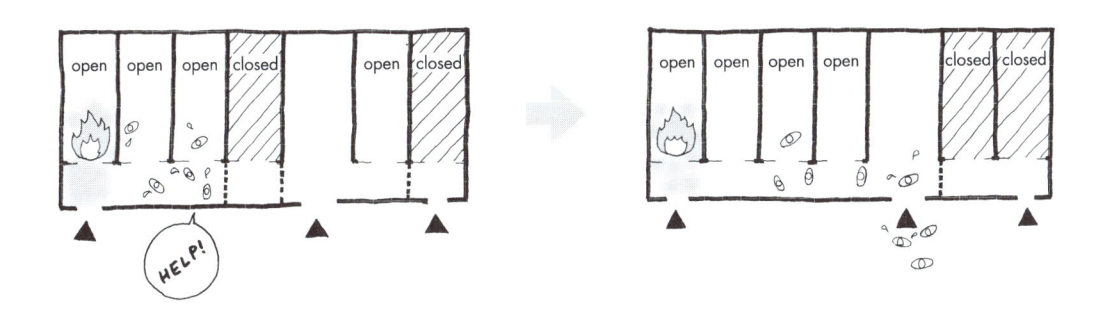

▶　複合施設内の施設によって業務時間や休業日が異なる場合がある．ある施設が休業日であるために，他の施設から休業している施設を経由した避難が確保されなくなってしまうといったことがないように，業務時間の同じ施設をまとめておくとよい．

04　施設内容と配置が一覧できる案内板を設ける

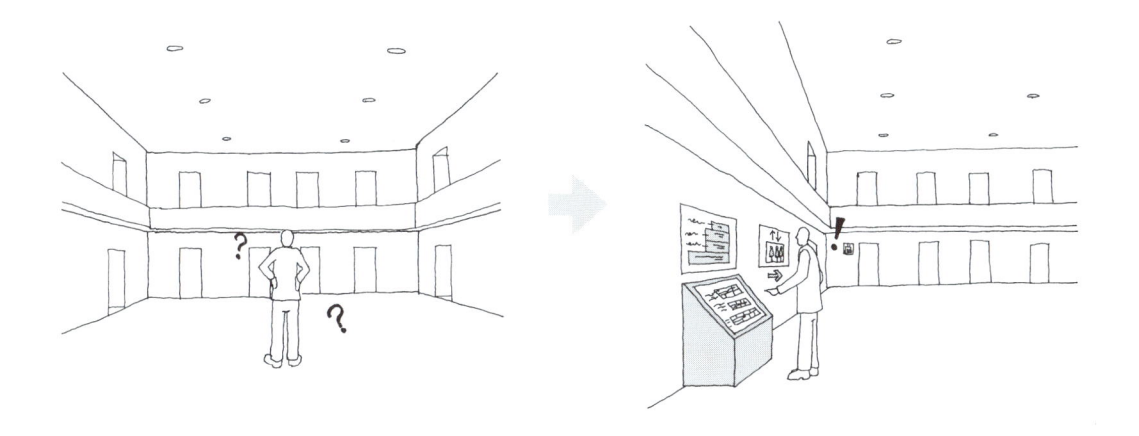

▶　複合施設内は動線が複雑になりがちであり，目的の施設への経路がわかりにくい場合がある．入口付近のわかりやすい位置，さらに階段やエレベータロビーなどに案内板を設置し，来訪者が迷わないような工夫をするべきである．

05 劇場では大型トラックが出入りしやすい搬入口を設ける

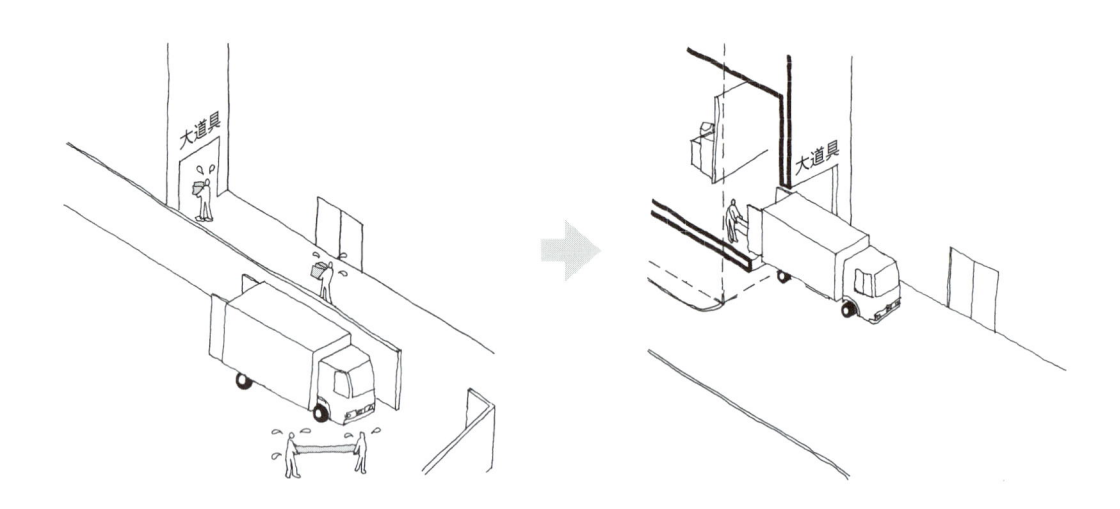

▶ 劇場では，舞台の大道具など大きな物品を運び込む必要があるので，搬入のために大型トラックが用いられることがある．搬入口はこのようなことを想定し，大型トラックが出入りしやすいようにスペースを確保しておく必要がある．

06 劇場では反射音が1点に集中する断面，平面を避ける

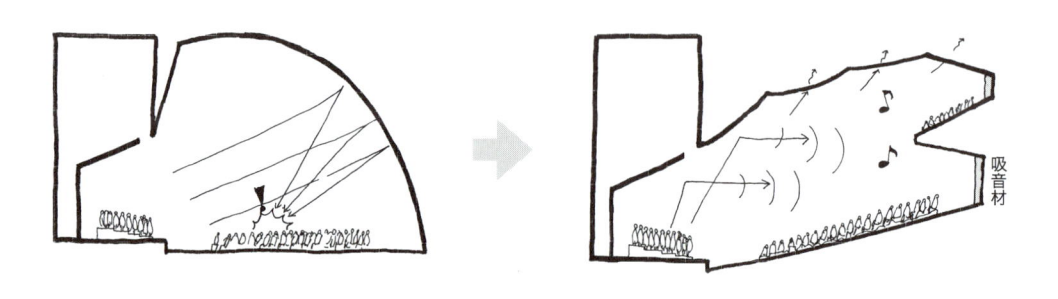

▶ 壁面を同じ材料にして平面や断面が円形や楕円形の劇場をつくると，パラボラアンテナのように反射した音が1点に集中してしまう．観客がなるべく同じように演奏などを楽しむためには，このような形を避け，ステージ背面は音が反射するようにし，客席後部には吸音材を配置する．

07 良い音を聞くためには騒音を遮断しておかなければならない

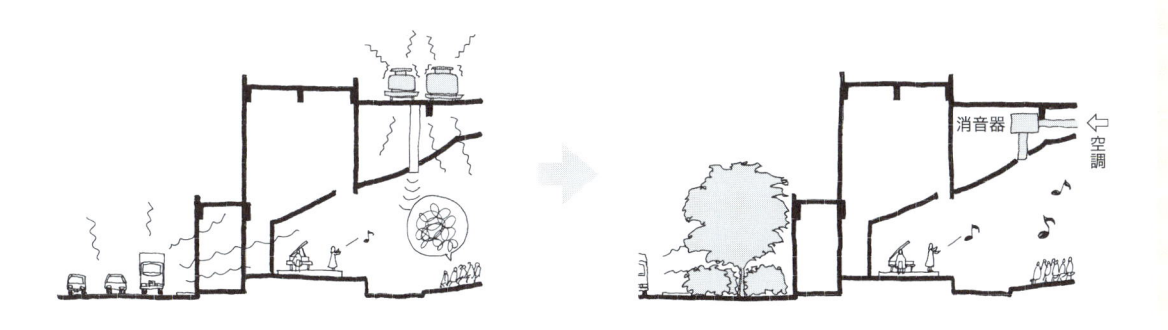

▶ 音楽ホールの設計では，**残響時間**（▶p194）といったホールそのものの音響効果が大切であるが，道路の自動車騒音，建物の空調から出る騒音を遮断することも重要である．道路に面した所にホールがあるようでは騒音防止が難しい．ホールの位置がどこにくるか，空調設備をどこに配置するのか設計の初期段階から考えておく必要がある．

08 舞台近くの端に客席を設けない

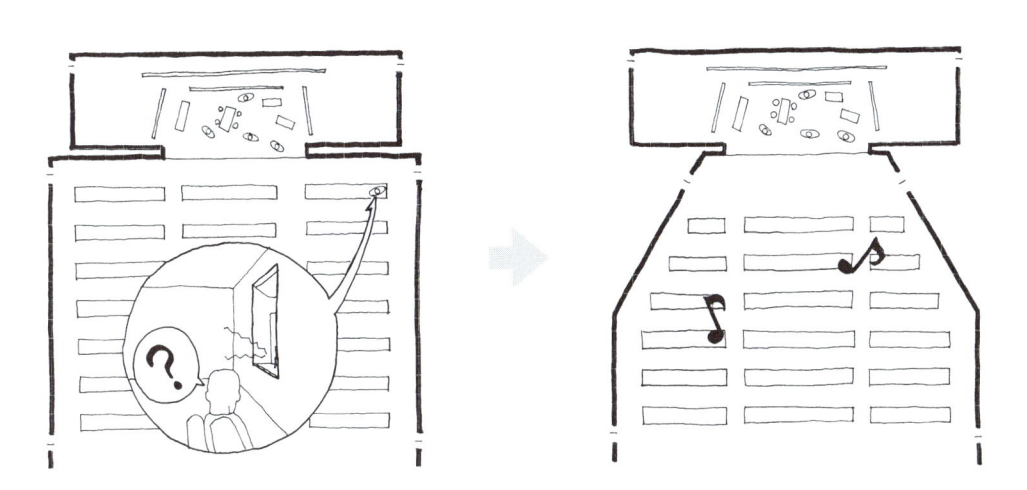

▶ 劇場ではどの客席からでもステージがよく見えるようにすることが重要である．舞台の近くの端は舞台が見づらいのでこのような場所に客席を設置するのは避けたい．その他にも前の人の頭がじゃまにならないか，客席から舞台を見上げる・見下ろす角度が適切かなどについても検討しておく必要がある．

12 交通施設

01 駐車場出入口は交通量の多い道路を避ける

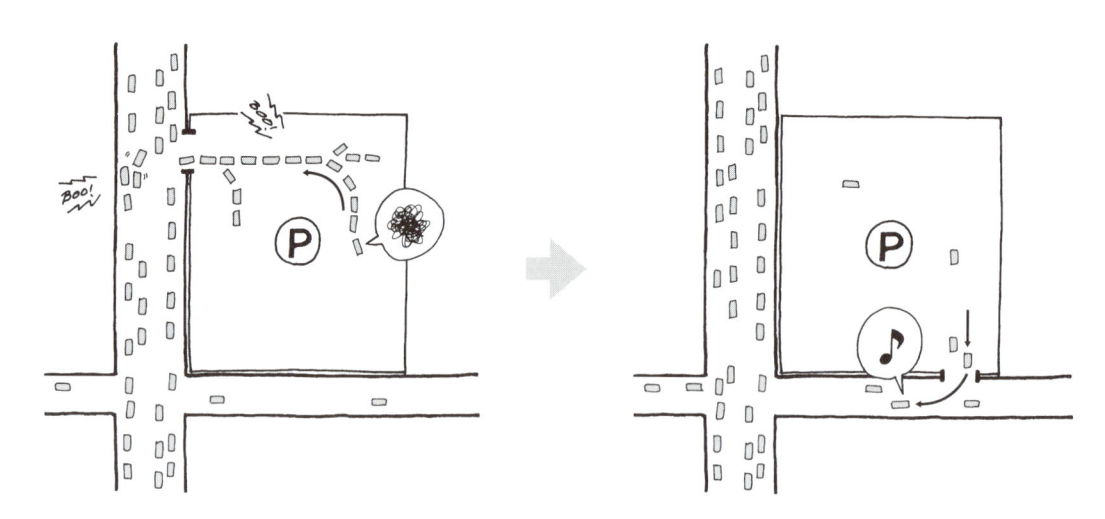

▶ 駐車場の出入口では，車が駐車場へ入るために減速したり，低速の車が駐車場から出てくる．交通量の多い道路では，これは渋滞や事故の原因となってしまう．駐車場の出入口はなるべく交通量の大きな道路を避けるようにしたい．

02 駐車場の出入口は，交差点や曲がり角から離れた場所に設ける

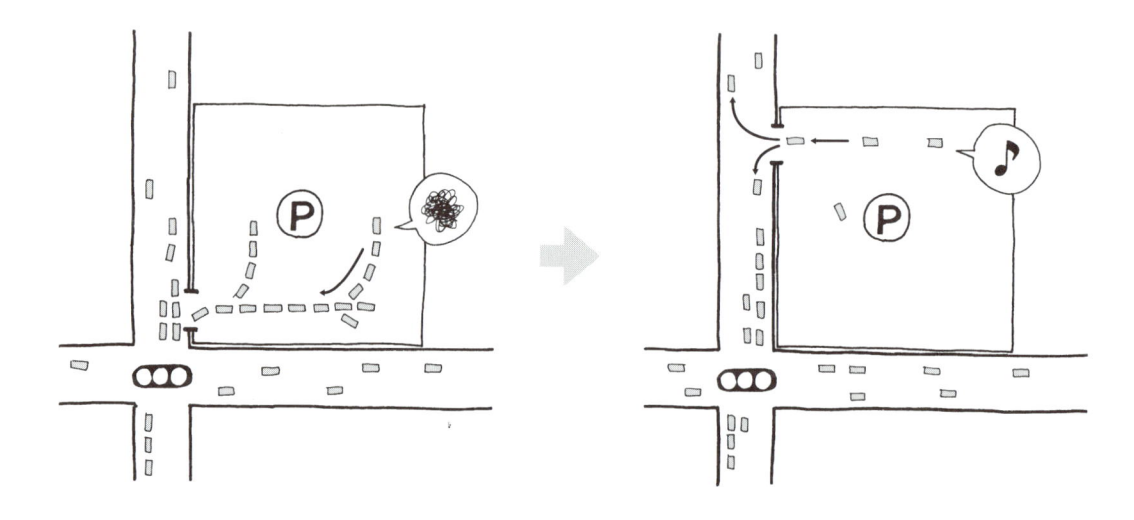

▶ 交差点の近くに駐車場の出入口を設けると，信号待ちの車が駐車場の入口をふさいでしまうので，商業施設の場合は客が来なくなってしまう．また，曲がり角は角を曲がってやってくる車にとって駐車場の出入口が死角になるため，事故が起こりやすく危険である．交差点，曲がり角の近くには駐車場出入口を設けない．

| 03 | **車と歩行者の動線を分離する** |

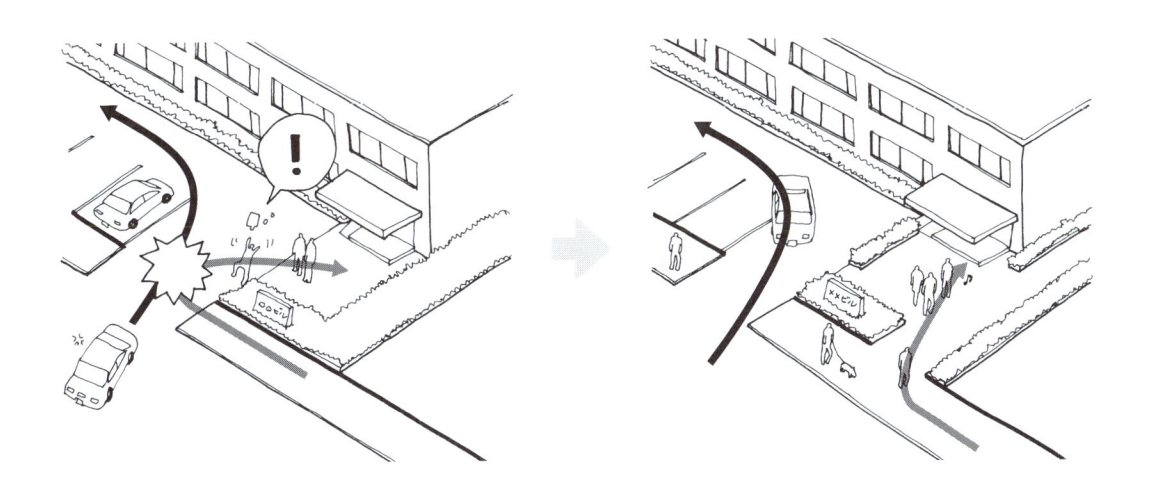

> ▶ 敷地内の歩行者の動線が駐車場の動線を兼ねていると，敷地の中で歩行者と車の動線が交錯し，歩行者の急な飛び出しなどで事故が起こりやすい．敷地へ入る時点から歩行者と車の出入口を分けておくと，このような問題を避けることができる．

| 04 | **駐車場出入口からの視界をふさがない** |

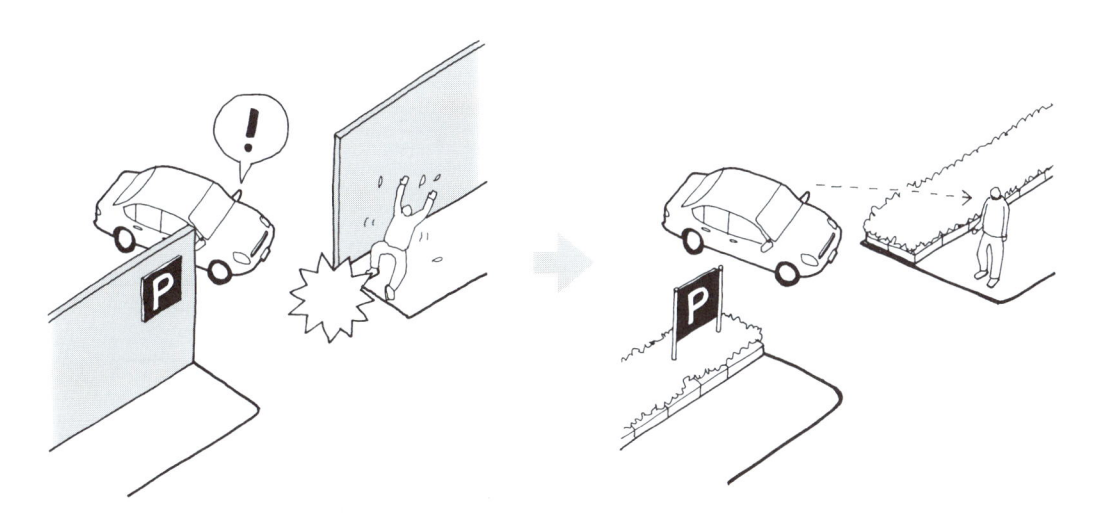

> ▶ 駐車場から道路へ出るためには，歩道と車道をよく見て安全を確認しなければならない．駐車場の出入口のそばに大きな樹木や塀などがあると，歩行者や他の車が見えず，安全を確認できないので事故が起こりやすい．歩道を車が横断する前に左右が確認できるよう，出入口からの視界を確保する必要がある．

05 斜路を設ける場合は前後に緩和勾配を設ける

▶ 地下駐車場などへの斜路を設ける際，勾配は最大1/6まで可能であるが，斜路の両端がそのままの勾配で水平部分と接続していると，車の底面を傷つけたり，左右の安全確認がしづらいといった問題が生じる．斜路の前後には半分の勾配の緩和勾配を設けておく必要がある．この緩和勾配は，運転者に傾斜の終わりを知らせる役目もある．

06 避難経路が建物内の駐車場を通過しないようにする

▶ 車はガソリンを積んでいるので火災になると大変危険である．建物の一部として駐車場をつくる場合に，避難経路が駐車場の中を通っていると，駐車場で火災が起きている時には建物の中に閉じ込められることになってしまう．駐車場を経由せずに直接外部へ出られるようにする．

07　駐車場の中は右回りとする

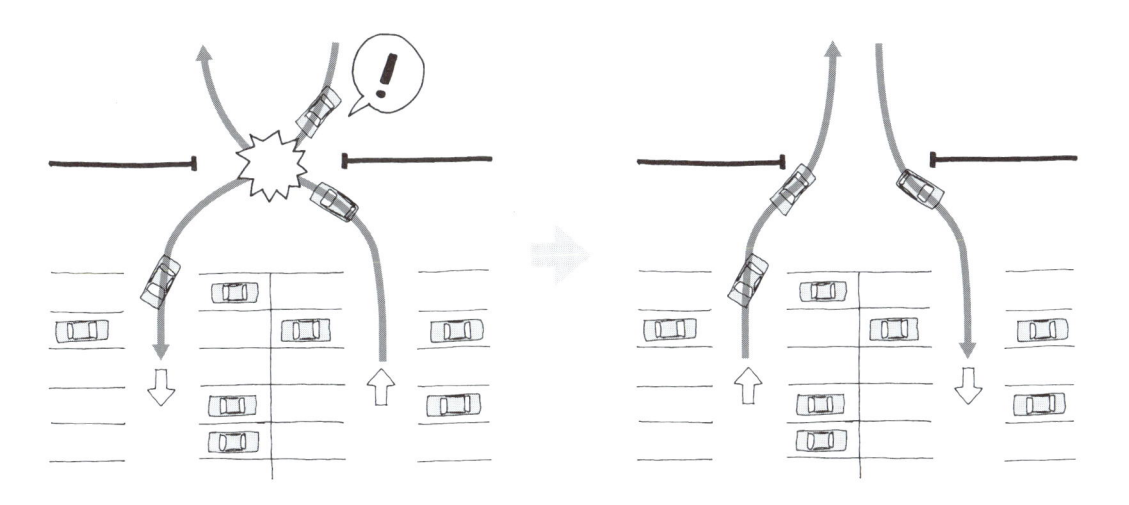

▶ 駐車場の出入口での車の動線について考えてみよう．左側通行で出入りする車が左回りで駐車場の中を走ろうとすると，出入口付近で出る車と入る車の動線が交わることになってしまう．不必要な動線の交錯は事故の可能性を増やすだけであり避けるべきである．車がスムーズに流れるよう右回りとするのが望ましい．

08　車道を何度も横断するような駐車場配置にしない

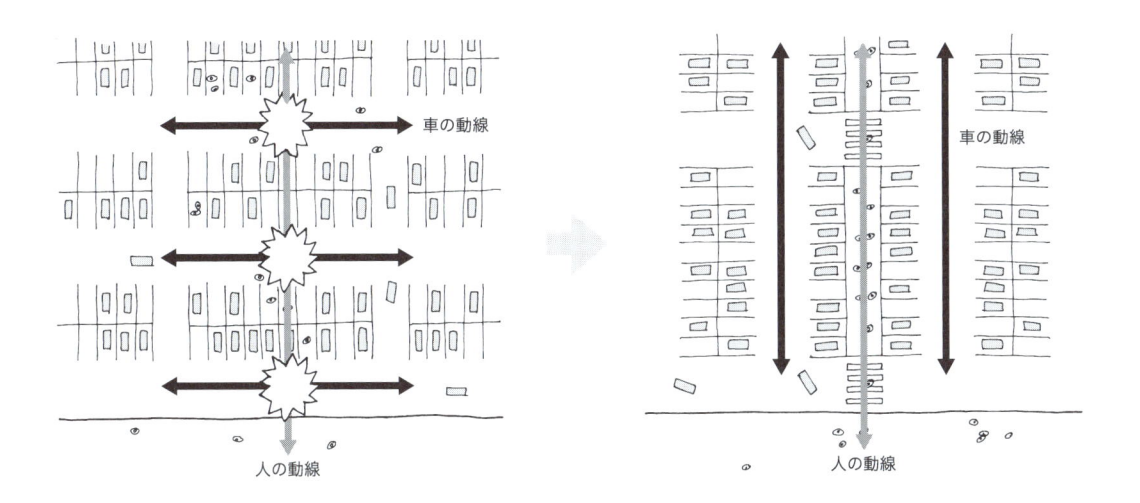

▶ ショッピングセンターなどの大規模な駐車場で駐車したところから施設までが離れている場合，駐車場内での交通事故にも注意するべきである．歩行者の歩く方向と直交して車道が何本もあると，歩行者が車道を横断する回数が多くなり望ましくない．歩行者の歩く方向と平行に車道をつくり，歩行者が横断する回数をなるべく減らす方が安全である．

交通施設

09　敷地内の車道をなるべく短くする

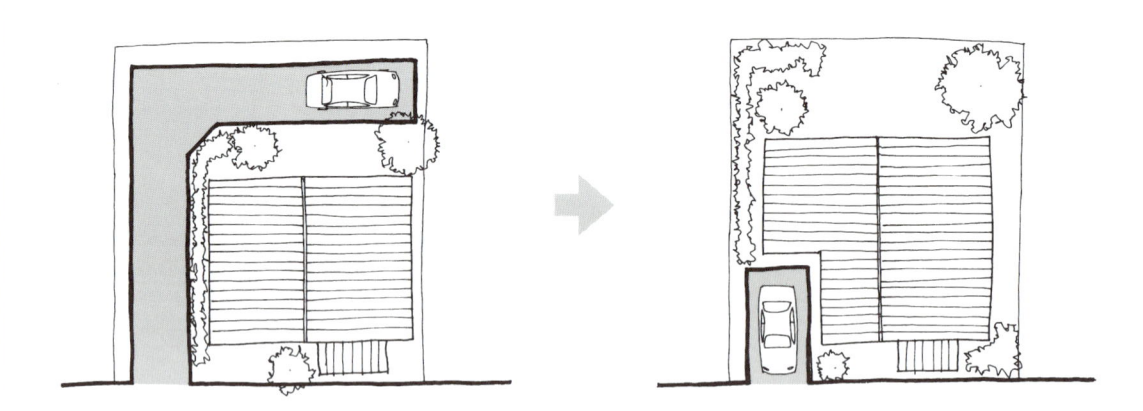

▶ 歩行者の動線や立面を考えて駐車場を敷地の奥の方にすると，そこまでの車道に必要な面積が大きくなり，外部空間を有効に利用できない，歩行者の動線と交錯するなど，かえって問題を増やしてしまう．道路からすぐに駐車できる位置に駐車場をあらかじめ決めておくほうが後々問題を増やさずにすむ．

10　駐車場の基本スケール（普通車）をおさえよう

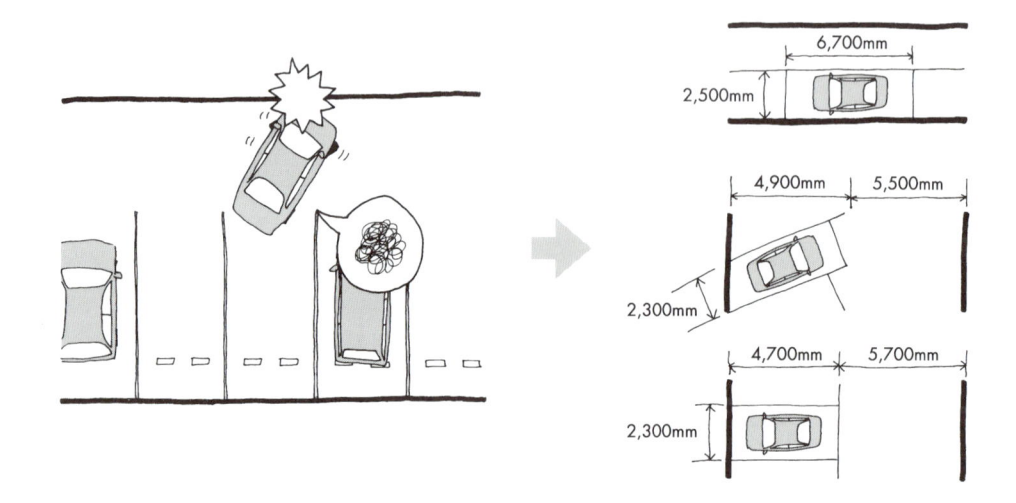

▶ 駐車場の基本的なスケールはあらかじめ頭の中に入れておこう．また，駐車場は車路を含めおおよそ1台あたり30m^2必要．車の並べ方では直角駐車がもっとも面積を有効に使えるといったことも知っておくと便利である．

11 駐車場の梁下高さは一般車両が通行可能な寸法を確保する

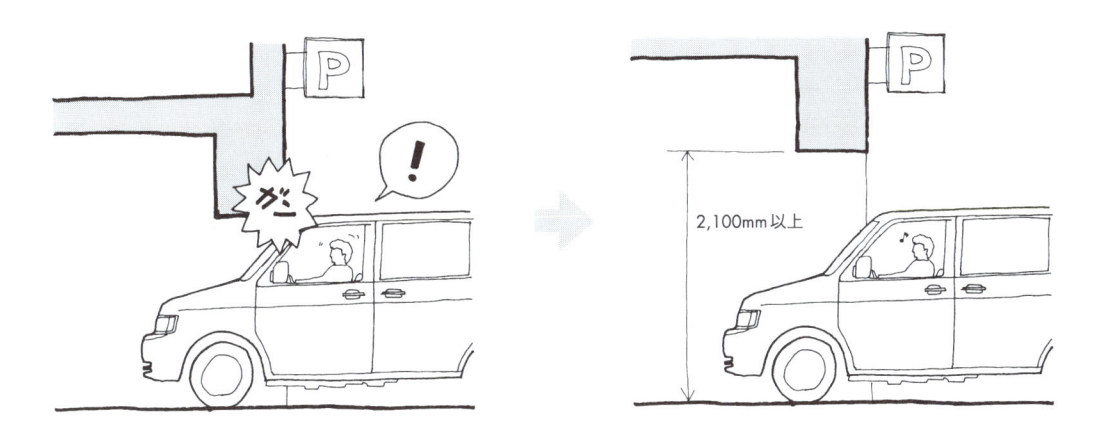

▶ 立体駐車場や地下駐車場では，なるべく小さい空間でたくさんの車を停めるために階高をなるべく抑えたい．ただし一般車両が梁に接触してしまうことがないよう，最低限の梁下高さとして，駐車部分で2,100mm，斜路部分で2,300mmが確保されているか確認しておきたい．

12 駅と他の交通機関どうしの連携をよくする

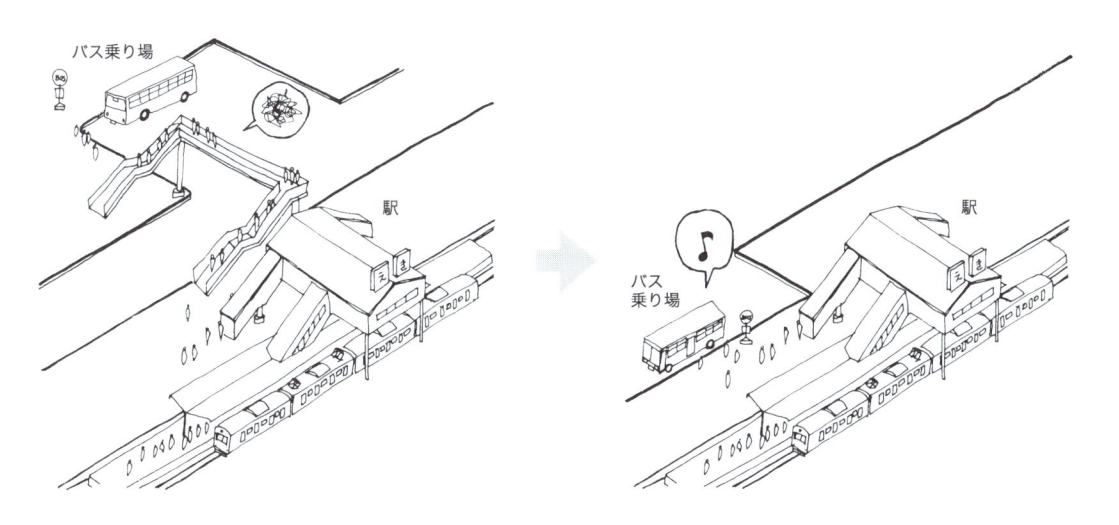

▶ 駅はバスやタクシー，モノレールなど他の交通機関との乗り継ぎを考慮して計画する必要がある．商店街の人通りを増やすためにバスターミナルを駅から意図的に離す場合もあるが，このときもわかりやすい経路とし，不必要な上下移動を少なくする必要がある．

13　駅前の道路が通過交通として使用されるのを避ける

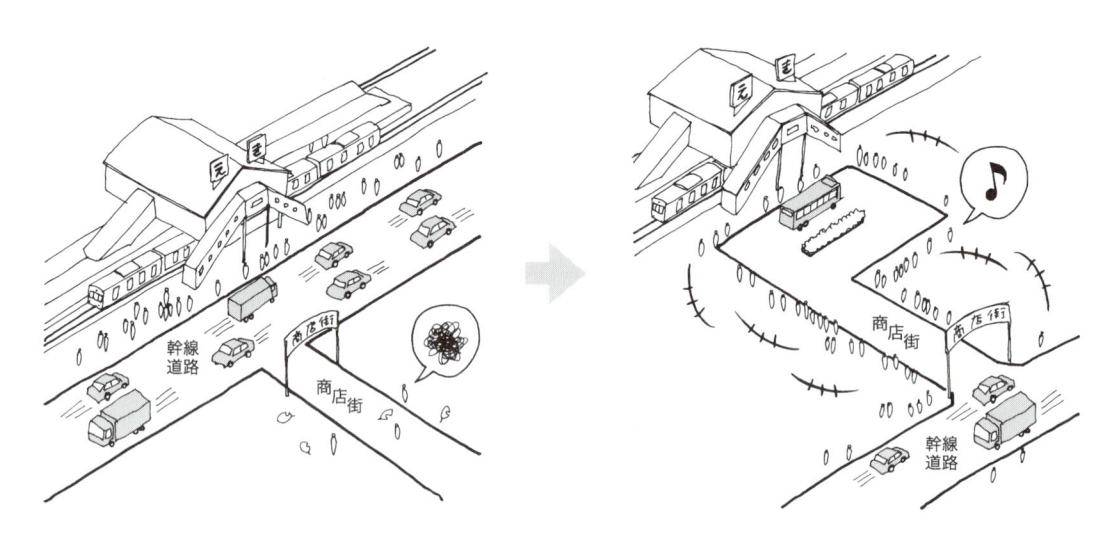

▶ 駅前に交通量の多い道路があると，道路が混雑したり，歩行者を向こう側の商業施設へ呼び込むことが難しくなるといった問題が生じてしまう．駅を幹線道路などと離したり，駅前の道路が通過交通に用いられないようにする必要がある．

14　ロータリーは車の乗降を考慮した回り方にする

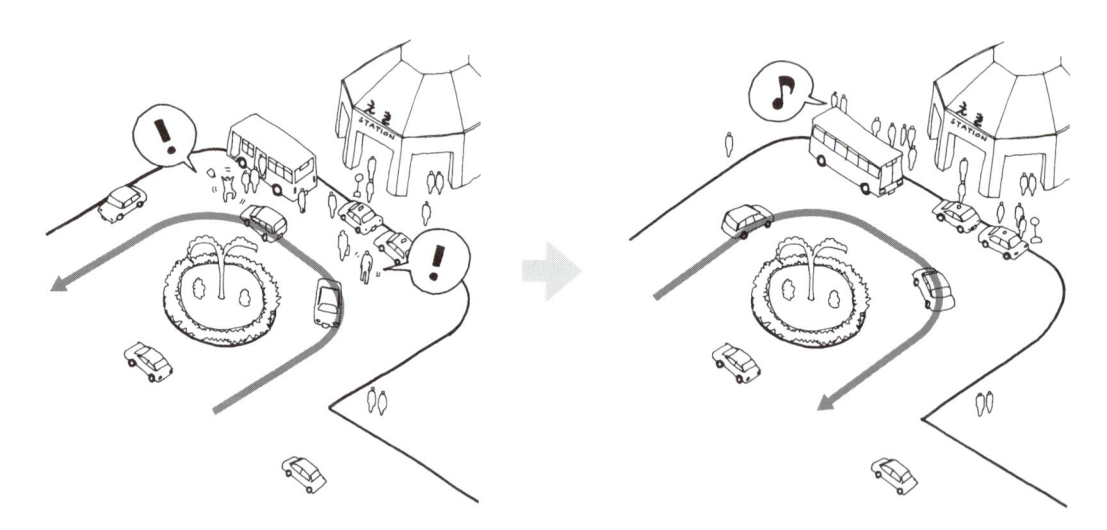

▶ 車は左通行なので，バスやタクシーの乗客は左側から乗り降りする．駅前ロータリーの乗車場が右側にあると，人は車道の真中に降ろされることになってしまう．あたりまえのことだが注意したい．実際，なぜかタクシー乗り場がこのようになってしまっている有名な駅がある．

| 15 | **駅付近で送迎の自動車が待てるようにする** |

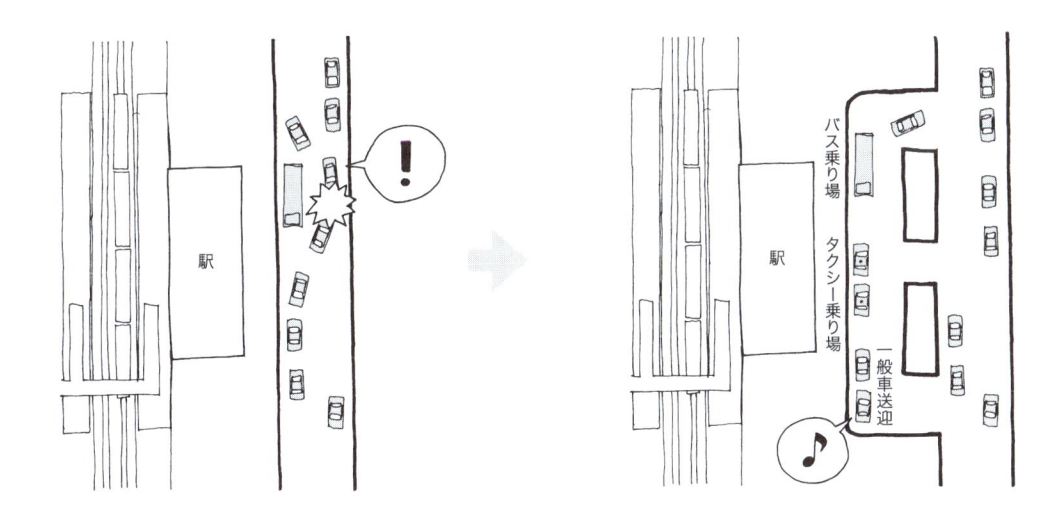

▶ 深夜や雨の日など，家から送り迎えする自家用車が駅前に停車する場合がある．この車がバスやタクシー乗り場に停車して営業妨害をしてしまわないように，一般車両用の送迎スペースを設ける必要がある．

| 16 | **駅には待ち合わせ等に利用できる場所を設ける** |

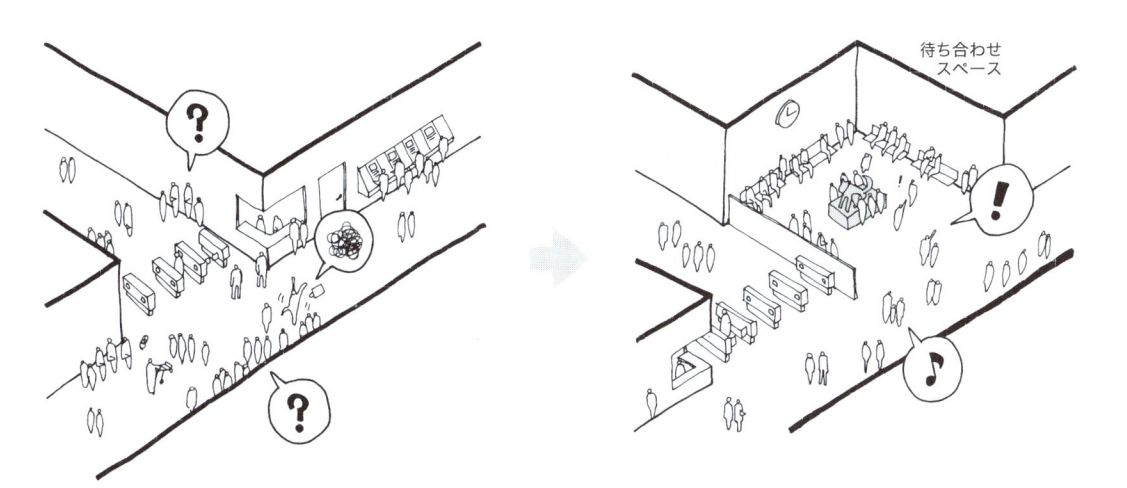

▶ 駅前は待ち合わせに用いられることが多い．待ち合わせをしている人が改札や切符売場の人の流れを妨げないように，待ち合わせのスペースを計画しておくことが望ましい．その場所には目印となりやすい物を置いたり，屋根を設けて雨の日などでも利用しやすいようにしておくとよい．

17 駅員の動線を客動線と分ける

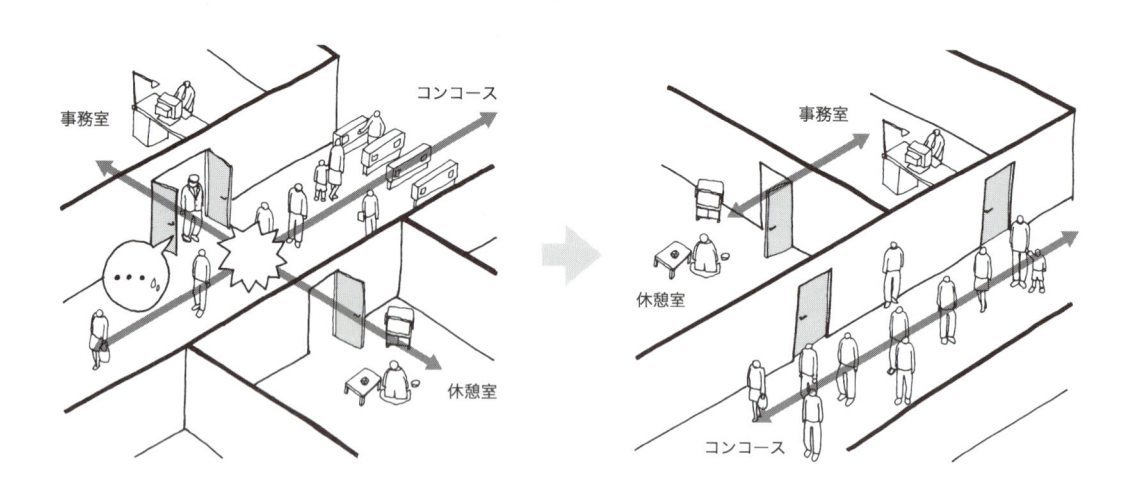

▶ 利用者が大勢通る通路をはさんで事務室などがあると，駅員が利用者の動線を横切ることになり，移動が困難になる．このような事務室の配置を避け，駅員の動線が利用者の動線と交錯しないように分けておくとよい．

18 動線が交錯しないよう券売機，改札を配置する

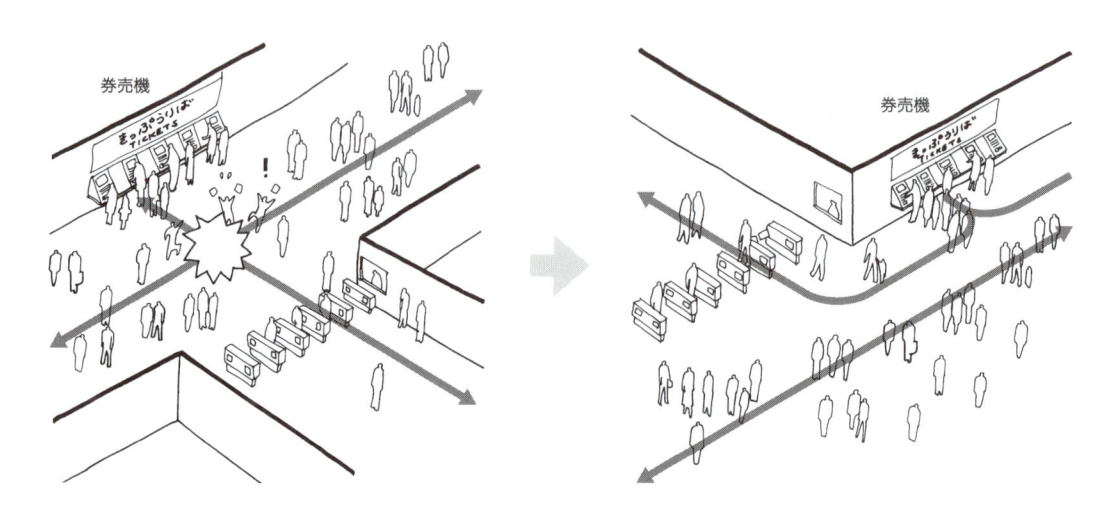

▶ 規模の大きい駅では，券売機，改札付近で人通りを横切るような動線があると混雑が大きくなり，人が転倒したりして危険である．人の流れを把握し，スムーズに人が移動できるように券売機と改札の配置を注意するべきである．

各種施設

19　駅事務室と券売機を隣接させる

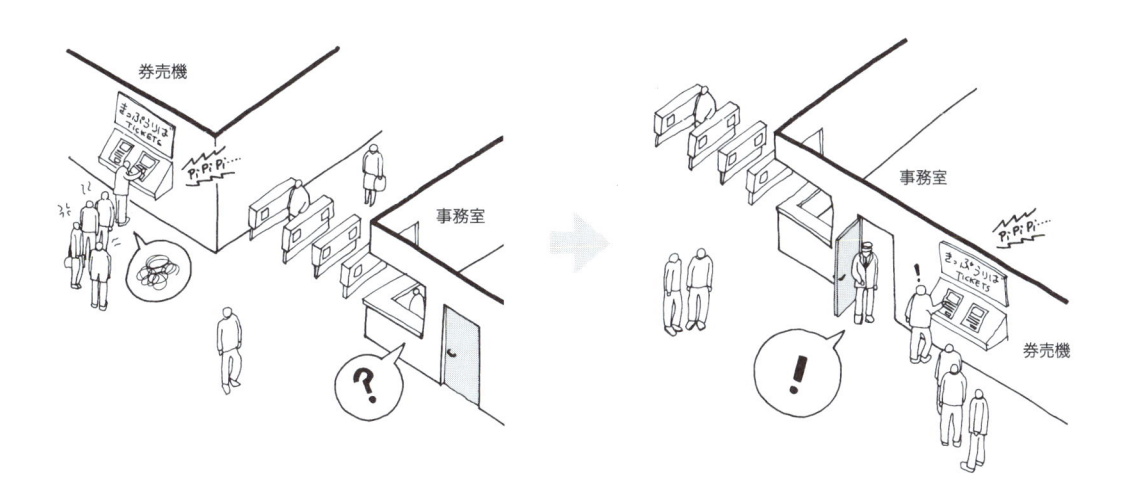

▶ 券売機の使い方などで駅員を呼び出したい時に，事務室から離れていたり，駅員が人ごみを横切って行かなければならないようなことは避けるべきである．駅員がすぐに対応できるよう，券売機と事務室は隣接して配置するとよい．

20　駅内での車椅子の動線をわかりやすくする

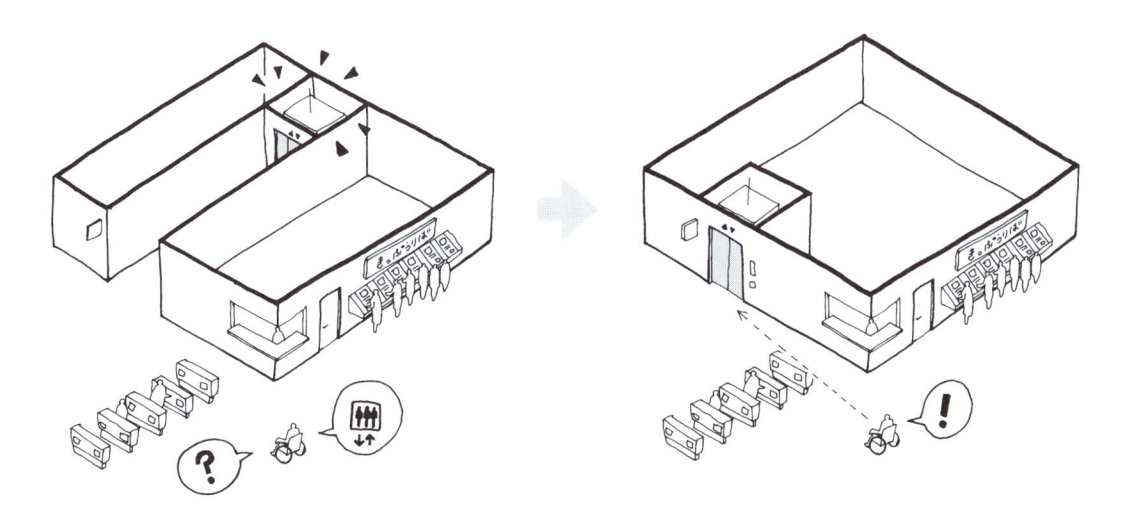

▶ 駅はホームへの上下移動などが多いので，階段を利用できない車椅子の人にとっては，エレベータの位置などがわかりづらい位置にあると迷いやすい．車椅子の人の動線が複雑にならないようにし，エレベータをわかりやすい位置に設けるといった工夫が必要である．

コラム5　公共建築のオープン化

　公共建築が開放されるべき性質をもっていることは自明であるが，その種別によっても状況は異なる．また，同一種別でも児童室や老人室などのように利用者が特定された領域と，ロビーのように誰もが使える領域がある．利用行為も特定した場所と多目的室のように不特定な場所があり，その制限の度合いに差がある．さらに利用手続きも，同施設内で予約が必要な空間と不要の空間がありさまざまである．

　住民利用を主とする施設空間の秩序は，空間に与えられた制限，言い替えれば自由度の違いによって決まるといえる．公共的性格は利用者に対する受入状態がオープンな場合に成立するものであり，受入状態はアクセシビリティ，行為の自由度，管理運営の方法などの関連で判断されるものと考える．しかし，ここでの主体は不特定あるいは多数の集合体であり，当然個の自由度が他の自由度を阻害しない必要がある．そのために空間に制限があるともいえる．このように公共性の成立には相反する側面が関わっていることになる．

　そこで，公共建築が公共性を損なわずに，施設利用者に対する受入状態がオープンになる，すなわち「オープン化」するための方法が課題となる．まず，入りやすく自由に使える施設にするための空間構成と管理運営方法の一致が必要となる．

　公共建築の第一の役割は，住民一人ひとりへのサービスであり，各種建物別に需要に伴う施設機能が計画されている．これらの施設がオープン化され，地域住民のより身近に開放された場所として存在することは，公共空間として一人ひとりの個人活動の場所の増加につながり，選択の幅も広がることとなる．これは，地域コミュニティ形成においても，より多くの住民交流・学習の場を供給することとなり，好ましいことと言える．また，近年多くみられる複合化された生涯学習関連施設においては，相互の機能的連携を成立させるために，各々の施設のオープン化が必要となる．

コラム6　shopは店舗にあらず

　設計課題で店舗を設計する時，単に室名に「shop」とだけ記入して満足してしまうことはないだろうか．店舗を賃貸とすることを想定しているならば，確かに具体的に本屋なのか衣料品店なのかまで考える必要はないようにも思われる．しかし，どのような店舗が入ってもかまわないからといって，何の想定もしていない「shop」では，結局どんな業種の店舗でも不都合が生じることになってしまう．店舗として使えるために店舗の業種をある程度想定して，最低限必要な設計をしておくことが必要である．

　まず，どのような店舗にも対応できるためには，搬入出を客の動線と分けて確保しておくべきである．またつい忘れがちなのはストックヤードである．この部分が少ないと通路に荷物が出てしまい，火災時などは避難の妨げとなって大変危険である．さらに，店舗が飲食店舗なのか物販店舗なのかは少なくともはっきりと想定しておくべきである．飲食店舗ならば，水や火を用いる厨房がどこにあるのかを考えておく必要がある．また，立地条件についても考えておくべきである．大雑把にいうと，物販店舗では同じ品揃えでも2階では売上が半分になってしまう．また間口と売上はほぼ比例する．物販店舗は1階に入口があるのが原則で，何の工夫もない2階以上の「shop」は，常連相手の限られた業種にならざるを得ない．飲食店舗の場合は，店内の雰囲気や店からの眺めなどが大きく影響するため，必ずしも1階で間口が広いことが望ましいとは限らない．

　このように業種を想定して店舗を設計することは，単に問題を減らすだけではなく，デザインを考えるきっかけにもなるはずである．2階以上に物販店舗を想定するならば，吹き抜けをつくって開放的な空間を設けたり，スキップフロアにしてなるべく人を上に引き込むような工夫をすることで，単に片廊下の部屋に「shop」と書いて満足している時よりも，結果として魅力的な空間が生み出されるだろう．

用語解説

あ行

▶ICU（▶p65）

病棟では治療の看護度別で看護単位が区別される．常時医療スタッフが付きっきりで観察をしなければならず，自立して動けないでいる重体の患者が入院する部屋あるいは病棟がICU（Intensive Care Unit）である．集中治療室（大規模な病院では集中医療病棟）といわれる．ベッドの周辺には医療機器を置く広いスペースとともに，医療用ガスの供給弁が付けられている．

▶アトリウム（▶p22）

ガラスなどで覆われた前庭，中庭空間を指す．もとは古代ローマ時代の住宅の，天窓のついた主要空間を指していた．建築内部に自然光を取り込み，開放的な印象を与えるので大規模な商業施設などでは集客力を上げるのに効果的である．ただし，火災の際にアトリウムを経由して煙が上の階へ伝わることがないように，アトリウム部分を他の室と区画する必要がある．

▶エプロン（▶p120）

建物の搬入出口からバルコニー状に突き出した床で，地面と床レベルの差を解消するための作業スペース．車の荷台の高さに合わせて，搬入出口の床を設けることで，搬入出の利便性を高める．図書館，美術館，劇場などで見られる．

か行

▶核店舗（▶p164）

ショッピングセンターなどの複数の店舗の中で，最も多くの人が訪れる，代表的な店舗を指す．ショッピングセンターを訪れる人の主な目的は核店舗へ行くことなので，核店舗以外の店舗は，核店舗へ行く人の目にふれやすいように配置するとよい．

▶可動間仕切り壁（▶p133）

必要に応じて，容易に取り付け・取り外しができ，他の場所への再取り付けなどが可能な間仕切り．あらかじめ天井部分にレールを取り付けておき，そのレールに吊るして壁を移動させる仕組みの既製品が多い．遮音効果はそれほど期待できないものの，大きな空間を分割して利用する際は有効である．

▶換気効率（▶p50, 51）

室内の汚染空気を排出し新鮮な空気と入れ換えることを換気という．自然風，室内外の圧力差，温度差を利用して行う自然換気と，送風機，排風機を用いて強制的に行う機械換気がある．前者の場合は，単位時間あたりの換気量は開口部や室形状に依存する．狭い開口面積の割りに換気量が多くなる場合を換気効率がよいという．

▶間接照明（▶p50）

光源からの直接光ではなく反射させた光で照明する方式で，光と陰が柔らかな雰囲気を生む．

▶起居様式（▶p113, 145）

住宅などの室内における，日常生活の姿勢や振る舞いの様式．主に椅子式と座式に分かれる．日本の生活を歴史的にみると，土間床の上にムシロや敷物を敷き，男はあぐら，女はたてひざといった床座式が定着し，和式生活を創り上げたとされる．明治以降，西洋文化が入り，椅子式の生活様式が急速に普及したが，日本では今でも上足空間と下足空間は明確に区分され，座式が生きている．

▶機能図（▶p178）

建築の各室の関係を模式的に表した図で，さまざまな形式があるが，一般には各室を丸や四角で表し，そのつながりを線で結んで示す．具体的な平面図に表現する前に，建築全体の機能の構成や人の動きなどに着目して検討することができる．病院や複合施設など複雑な構成の施設では，あらかじめ機能図で大まかな構成を検討しておきたい．

▶キャットウォーク（▶p136）

劇場建築の天井裏などにおいて，客席部分の照明や舞台上部の設備の点検，メンテナンスを行うための通路．幅は600mm程度で，屋上や上階の梁やスラブから吊るのが一般的．

▶キャノピー（▶p116）

公共施設やホテルなどのエントランスの車寄せ部分に，日除けや雨除けの目的で差し掛けられた大型の庇．商店の店先に屋根状に張り出したテントもキャノピーという．

▶キャレル（▶p124, 126）

図書館の書庫および閲覧室などに置く一人用の閲覧机をいう．閲覧机の大きさは600×900mmが一般的である．キャレルが隣り合ったり，向かい合ったりする場合は，前方と側面に隔ての仕切りや棚を付け，プライバシーが保てるように配慮する．書庫内に設けるキャレルは，窓際・壁際など他者から妨げられることの少ない位置に設ける．

▶キュービクル（▶p126）

図書館における個人用の研究室．研究者が一定期間

資料を専有し，利用・研究するために有効．3〜4m²が一般的で，パソコンなどを使える電気設備と壁の十分な遮音性能が要求される．資料・空間をある期間専有利用するため施錠可能にするが，目的外使用を防止するために小窓かガラス入りドアを設ける．研究個室は大学の図書館などに多くみられるが，公共の図書館では数人のグループで利用できる共同研究室に人気がある．

▶区画 (▶p22, 23, 64, 170)

火災時に火炎や煙を外へと広がらないようにした空間領域のことを区画という．具体的にはコンクリートの壁や鉄の扉などで囲む．また区画を構成することを区画化という．

目的別に区画の種類をあげると，火災延焼を防止する防火区画，煙の伝播を阻止する防煙区画が基本的な区画である．上階への延焼を防止するために水平に区画する水平区画があり，パイプスペース等で使用される．

上記は火煙の面からみた区画であるが，安全な避難を達成するという観点からは，廊下などを第1次安全区画，階段附室を第2次安全区画と呼ぶこともある．さらに，スーパーマーケットのような大規模な空間では煙の伝播が早く，避難できない人が発生する恐れがあるので，シャッター等で区画化し，火災発生の区画からひとまず非火災の区画へと水平避難する方法がとられ，このときの区画を水平避難区画と呼ぶ．前記の水平区画と紛らわしいがこれも水平区画と略称されることもある．避難に時間がかかる病院病棟部でも水平避難区画が用いられる．

▶グループホーム (▶p81)

自宅周辺地域において，障害者や高齢者が少人数でグループとなり，共同生活をする住宅のことをいう．この共同住宅の運営にかかわるボランティアや職員が介護サービスや看護にあたる．

1997年からは痴呆性高齢者のためのグループホームが制度化され国による補助がなされている．ここでは食事・歩行・排泄などの行為が自立してできる高齢者を対象として，5〜6人がそれぞれに個室を持ちながら共同生活する．介護職員は入所者3人に1人が付き，きめ細かいサービスがなされている．在宅介護にかわる制度である．このほか知的障害者を対象としたグループホームも普及しているが，現在ではグループハウスと呼ばれ区別されている．

▶グローブ付き照明具 (▶p50)

透明または拡散透過性の材料で光源の周囲を覆うものをグローブといい，このグローブが付いた照明のこと．グローブの材料としてはガラスやプラスチックが用いられ，光の強さを和らげる効果を持つ．

▶ケアハウス (▶p79)

老人福祉法に規定された老人ホームには，養護老人ホーム（介護が必要な高齢者対象）・特別養護老人ホーム（日常生活行動ができない高齢者対象）・軽費老人ホーム（家庭の事情等なんらかの事情で自宅で生活できないが，日常動作の上で介護を必要としない高齢者対象）がある．ケアハウスとは，この軽費老人ホームのことをいう．老人福祉法によらない民間設置の有料老人ホームもある．

ケアハウスは原則として，60歳以上で，自宅での自立した生活が困難な高齢者が対象となる．夫婦での入所も可能である．ただし入居時に日常生活ができる身体機能を維持していることが条件である．入居後は食事や清掃などで，ホームヘルパーの助けを受けながら自立した生活をする．

▶コア (▶p154)

エレベータ，階段といった縦動線や，便所，浴室，台所などの水まわりや空調の配管スペース，電気，通信等の配線スペース，構造用耐震壁を平面上で集中させた部分を指し，それぞれを動線コア，設備コア，耐震コアという．建築の中では，人をはじめとして，水，空気，電気などさまざまなものを移動したり，伝える必要がある．特に建築を高層化するとき，これらの経路をなるべく短くし，メンテナンスを行いやすくする必要がある．そのためにそれぞれのスペースをまとめてコアを形成しておくと効率的であり，耐震壁も同様にまとめてコアを形成しておくと構造計画上有効である．

さ行

▶残響時間 (▶p181)

音源から発した音が室内の壁や天井に反射し，音源が停止した後も音が残る現象を残響という．音のエネルギー密度がある値以下となるまでの時間を残響時間と定義している．残響時間があまりにも長いと話し声が聞きづらくなるが，音楽などを聞く場合にはある程度長い方がよい．一般に室容積が大きく，壁材などが固く音が反射しやすいと残響時間は長くなる．このため，音楽ホールなどでは室形状，壁材の選択が重要となる．

▶**シールドルーム**（▶p77）

　医療施設では，電磁波によって人体の生理検査を行う部門がある．心電図や筋電図などの電磁波測定に際しては，テレビモニターや携帯電話などが発する外部からの電磁波をシールド（遮蔽）しなければならない．そのために外壁や内壁に金網状の板を埋め込むなどの工事をする．このように遮蔽された部屋をシールドルームという．遮蔽が必要なのは電磁波だけではない．聴覚検査では音が，眼科検査では光が，レントゲン検査ではX線が遮蔽の対象となり，それぞれに適切な仕上げが必要となる．

▶**自社ビル，賃貸ビル**（▶p154, 159）

　ある会社が自社で使用するために建設した事務所ビルを自社ビルといい，業務空間を複数のテナントに賃貸している事務所ビルを賃貸ビルという．自社ビルの場合には，役員室をまとめて上層部に配置したり，ある階を食堂や会議室群として使用するといったように，用途を階ごとに分けて計画することがある．賃貸ビルの場合は，賃貸する空間ごとに，人の出入りの管理や，便所等の利用が行えるようにしておく必要がある．

▶**ストレッチャー**（▶p75, 76, 111）

　病院などで使われている患者を移送する台のこと．身動きできない患者が病棟のベッドから手術室や浴室などに移動するために必要である．救急車から病院内への病人の移送にも使われる．キャスター付きで人力で押して移動するが，安全性と看護師の負担軽減のために電動の補助駆動付きのものもある．寸法は長さ1,800～1,970mm，幅620～644mm，高さについては昇降式のものがある．部屋に入りベッドに横付けできる通行幅が確保されていなければならない．患者がベッドからストレッチャーに移乗するには看護師3人の手がいる．移送については患者の体感速度に合わせてゆっくりと移動することが望ましく，傾斜や勾配のある廊下は不適となる．各種傷病者に合わせた仕様のストレッチャーがある．

▶**スパン**（▶p57, 58, 118, 155, 172）

　梁やアーチの支点間の長さを指す．通常よりも柱の間隔を広くする時には「スパンをとばす」といった表現をする．日本建築の1間，2間のように，「この部屋の長手方向は2スパン分ある」と大まかな寸法を表す時にも用いる．ラーメン構造では各室の大きさに対してスパンをどのようにとるかをよく検討する必要がある．また地下に駐車場を設ける場合では，地下部分で柱が駐車の邪魔にならないようにスパンの寸法に注意しておく必要がある．

▶**生活騒音**（▶p88, 95）

　日常生活において住居内部から発する音がある．空調機や換気扇の作動する音，便所や浴室の給排水の音，子供やペットが走り回ったり飛び跳ねたりする音，物を床に落とした音，椅子などの家具を移動させるときの音，人の大声，ピアノや音響機器の音などで，これを生活騒音という．当人や家族には何でもない生活上の物音が，隣家では騒音として耳障りな音となる．

　とくに集合住宅では，建物の構造体を伝わって音が伝播するため，機器の取り付け場所や方法において，遮音効果を高める必要がある．床の衝撃音に対しては，柔らかい材質の床仕上げにするとか，二重床や浮き床にするなどの対策がある．話し声や音響機器からの音は，開口部の位置，壁仕上げ材とも関係する．

▶**相関図**（▶p178）

　建築内のある二つの室の関係の重要度をわかりやすく表した図．各室の名前を一列に並べ，総当り戦の表のように二つの室の全ての組み合わせの欄をつくり，その欄に，二つの室の関係の重要度に応じて，数字や記号を書き込む．例えば，人の行き来が多い室どうしをこの表で確認し，設計の際になるべく近づけて配置することで，使いづらいプランをつくってしまうといったミスをチェックして修正することができる．

▶**ゾーニング**（▶p90, 112, 139）

　建築空間全体をいくつかの性質，用途の集合により区分，区画すること．動的空間と静的空間の区分，大人と子供の利用空間区分，開放と非開放の空間区分，昼間利用と夜間利用の空間区分など，空間に必要な機能や利用主体，管理運営方法などによって，施設全体のしくみを明確にするために行う．ゾーニングには，法令による防火区画，避難区画や空調や給水設備などの系統分けなどもある．

た行

▶**竪穴**（▶p22, 23）

　アトリウム，吹き抜け，エレベーターシャフト，階段などは上下に空間が連結している．火災がこの部分に及ぶとちょうど煙突のように一気に上階への火災拡大となり被害が甚大となる．そこで，縦に連結した空間を竪穴と呼び，この部分を区画化することが防火対策の基本となる．竪穴の区画を竪穴区画と呼ぶ．

▶建具 (▶p79, 87, 91)

　建物の開口部をふさぎ，可動な仕切りの道具が建具である．板戸・ガラス戸・ガラリ戸・障子・襖などがある．特に日本の家屋にあっては建具の役割は大きい．建具をすべて取り外せば，屋根と床だけの空間となってしまうという特色が日本の家屋にはある．夏涼しく住むためには，建具を取り外して開放的な風通しのいい間取りに変える．外からの視線を遮りたいところでは，簾や御簾を掛ける．簾障子というのもある．冬の寒さには，襖や障子を幾重にも巡らしてしのぐ．外部への備えには雨戸がある．すき間なくきっちりと建て付けられた雨戸は外からは容易に外せない．部屋と部屋の間の鴨居の上には欄間がある．これも開閉式にして通気調整や温度調整に役立つ．建具の種類は豊富である．取り付ける部位によって，用途によって建物はさまざまな建具で構成されている．

▶痴呆症 (▶p81, 82)

　記憶障害をおこした知的障害のこと．段階的に，社会的関心の低下，妄想的になる，判断力の低下，手足の硬直，昏睡状態へと進行していく．アルツハイマー病，脳血管障害などの疾患がこれに当たる．高齢者の時間や場所，人間関係を忘れてしまう症状もこれによっておこる症状である．

▶ドレイン (▶p53)

　汚水，雨水などを排水するための管や溝のこと．ときにはドレンと表記することもある．陸屋根の雨水の排水のためのルーフドレインでは，ゴミなどが入るとつまるので，集水口を網状にするなどの対策が必要である．

な行

▶日影規制 (▶p85)

　日照は各人に平等に与えられた自然の恵みとして考えると，それは各人の権利としてとらえられ，誰しも太陽の日差しを遮られない権利（日照権）があることになる．日影を人為的につくられたことに対する補償問題が出てくる．そこで建築基準法では，高層建物などによる日影を規制する規則がある．日影は基準水平面上（1.5mまたは4m）に生ずる建物の影で測定され，1日の日影曲線（日影図）で示される．

▶日常生活動作 (▶p98)

　日常生活での基本動作，すなわち，身の回りの動作（食事・排泄・入浴・就寝など）と，移動動作（歩行や起居，玄関の出入り）をいい，ADL（activity of daily living）とも表現される．ADLは自立して生活するためのリハビリテーション医療の目標とされている．回復すべき身体機能はADLを可能にするためのものである．これに掃除や洗濯，電話，買い物・生活事務手続きのための外出などの生活関連動作を加えて，IADL（instrumental ADL）という．ADL，IADLの状況は高齢者や障害者の自立した生活の可能性の尺度であり，介護目標を立てるにあたっての重要な指標となる．とくに高齢者対応の住宅改修にあたっては，改善すべき箇所の特定と改善方法を検討するために，当該者および家族のADL，IADLの確認作業は欠かせない．

▶日照時間 (▶p85)

　日照時数ともいう．地表において日の出から日没までの間に実際に日の当たった時間数をいう．日本はヨーロッパなどに比べ太陽高度が高く日照時間には恵まれている．もっとも多いのは沖縄県の7月の日照時間約300時間，少ないのは12月の北海道の約90時間である．冬季では太平洋側と日本海側の格差が大きく，宮崎県の12月の日照時間は180時間，日本海側の倍近くある．各地において太陽の出ている日中の時間数に対する日照時間数の割合を日照率といい，月の平均値で表される．冬季で日本海側が15〜25％，太平洋側が45〜60％となる．

▶二方向避難 (▶p24)

　火災は建物のどこで発生するか事前に特定できない．そこで，どこで出火したとしても避難経路が確保できるように設計しておかなければならない．この避難経路確保の原理として，どこの場所からでも二つの異なる避難経路があるならば，同時に2か所以上の出火がないときには，たかだか一つの避難経路が使用不能になるだけなので，もう片方の避難経路が使用可能である．この二つ以上の異なる避難経路を確保することを二方向避難あるいは二方向避難の原則と呼ぶ．

は行

▶排煙 (▶p23)

　火災時には煙が大量に発生し，避難行動を阻害し人的損害を与える．そこで，煙が避難のための空間に拡大しないように煙を外部に排出することが講じられる．排煙窓を開放し煙を排出する自然排煙と，天井部の排煙口から機械的に吸引しダクトを経由し外部へ排出する機械排煙がある．後者では，天井の隙間部分から天

井上部に煙を吸引し，この部分に設置した排煙口から
ダクトに煙を入れる天井チャンバー方式も用いられる．

▶バリアフリー (▶p18)

　健常者にとっては気にならないような小さな段差で
も，高齢者や身体が不自由な人にとっては，動作や歩
行の障害になり，一種のバリアが立ちはだかっている
ことになる．段差，一部の人にとって使用不可能なも
のなどの物的障害に限らず，精神的な障壁，制度的障
壁のない状態をバリアフリーと呼び，また，そのよう
な視点で設計することをバリアフリーデザインという．

▶避難階 (▶p25)

　建物で火災が発生したとき，火災場所から遠ざかる
ように避難する．こうして，通常地上にまで避難でき
れば安全と考える．その階まで到達できれば後は，外
部に避難するだけとなる階のことを避難階という．傾
斜地に建つ建物では，東側では1階が地上とつながっ
ているが西側では地下1階で地上になる場合もあり，
このときには，避難階が1階および地下1階というこ
とになる．

▶平土間 (▶p135, 137)

　江戸の歌舞伎劇場で，舞台の正面にある1階の客席
を指すが，現在では劇場における観客席の平らな1階
部分のことも指す．ファッションショーなどの舞台と
客席が入り混じった形式の利用には適しているが，大
規模になると客席からの良好な視界確保が困難となる．
地方の文化センターには，演劇や音楽会，講演会の他，
ダンス，展示会，結婚披露宴などの需要もあるため，
平土間の多目的ホールとするところが多い．

▶ピロティ (▶p128)

　建築物の1階部分で，壁によって囲われず，独立柱
だけの外部に開かれた空間．独立柱が近世の建築に出
現するのは，1800年以後であり，20世紀に入るとコ
ルビュジエによってピロティという言葉は近代建築の
五原則の一つとしてとりあげられ，近代建築のボキャ
ブラリーとして定着した．当初ピロティの意義は，建
物の足元を人々に開放し，大地を公共のものとするこ
とであったが，手法が一般化してくると，立面の審美
的配慮に伴って用いられるようになる．

▶不快指数 (▶p44)

　高温のときや湿度が高いときに人間が感じる不快感
を計量的に示すために用いられる指数のことで，

　　　不快指数＝0.72（気温＋湿球温度）＋40.6

で表される．この値が85以上となると全員が不快で
あると感じるとされている．

▶ブックディテクションシステム (▶p121)

　図書館における貸出手続きの忘れ，無断持ち出しを
防止する目的で考案された機械装置を用いた資料管理
システム．BDS（book detection system）とも表現さ
れる．装置には磁気式と電波式があるが，日本では磁
気式がほとんどで，カウンターの館員によって資料に
付けられた磁気テープの磁気を消去してもらってから
資料をもってゲートを通る方法が一般的．磁気消去処
理を行わない方法に，借りる資料を一旦館員に渡し，
ゲートを通り出たところで再び資料を受け取るバイパ
ス方式もあるが，利用者が多いと混乱するため小規模
な図書館以外には向かない．この他，禁帯出の資料の
あるスペースだけに設置している例もある．

▶ブックモビル (▶p120)

　図書館に来られない人に対する補完的サービスで，
数千冊の図書資料を積み，あらかじめ定めた地点を定
期的に巡回し，そこで一定時間図書館サービスを行う
小型バス．主に図書館に日常的に来館しにくい地域の
住民を対象に，全域公平奉仕の理念から貸出サービス
やリクエストを受け付ける．BMともいう．

▶ブラウジングコーナー (▶p126)

　図書館において，新聞，雑誌などの軽読書や試し読
み，長時間利用者の息抜きのためのスペースを指す．
図書館の入口近くや開架室の一部で環境のよい場所に
設け，くつろいだ雰囲気にしつらえる．

▶防災センター (▶p157)

　火災時に出火場所の確認や防災設備の管理などを行
う部屋．火災時には消火活動の拠点となるので，この
部屋からの出火が絶対にないようにする必要がある．
また出火した他の部屋からの煙などが入ってこないよ
うに排煙できること，消防隊などが外部からすぐに入
ることができること，非常用エレベータの近くにある
ことなどが必要である．

ま行

▶メンテナンス (▶p96, 136, 154)

　建物の維持管理のこと．建物は竣工後，時間ととも
に状況変化していく．建物に使われた天然材料は年々
老朽化し，コンクリートといえどもその耐力は劣化し
ていく．このような建物を竣工時の姿で保全し安全管
理していくことがメンテナンスである．メンテナンス
工事のやりやすい建物にする建築計画が望まれる．
　また建物の当初の機能が求められなくなり，用途変

更をしたり模様替えをしたりしながら，建物を資産として運用し，その固定資産価値を維持していくこともメンテナンスである．

住宅においては日常の手入れと適切な保守管理が継続されれば，長持ちする住まいとなる．定期的保守管理を必要とするものとして，以下のものがあり，一般的に（ ）に記入した期間を目安に行うのがよいとされている．室内では畳（2年に一度の畳表の裏返し），障子の張り替え（3年ごと），障子の桟直し（5年ごと），建具の建て付け直し（10年ごと），木部の清め洗い（20年ごと）がある．外部では，塗装・防腐剤の塗り替え（3年ごと），屋根瓦点検差し替え（5年ごと），外壁塗装（8年ごと），木部腐食部分取り替え（10年ごと），雨戸敷居埋め木（20年ごと）などである．木造建築は竣工した時がはじまりで，メンテナンスによって古くなるほど美しくなるといわれる．

コミュニティ施設や事務所建築にあっても，長期的維持管理計画のもとで，建物の安全と良好な室内環境が保全され，その建築空間が資産価値のあるものとして維持されることが求められる．

▶**面取り**（▶p117）

角断面を持つ部材の角を削り取り，面をつくること．つくる面の形から，切り面，唐戸面，几帳面などの区別がある．日本建築において，古くは丸柱を多用していたが，角柱を用いる場合には，大きな面（大面取り）を付けていた．時代が下がるにつれて，角柱の面の大きさは徐々に細くなっていく．柱幅の七分の一の面の七面取り，十分の一の十面取り，さらに十四面取りと細くなり，最後には，角を削っただけの糸面取りとなってゆく．面取りには設計における細部のこだわりがあり，建築全体の美の規範が込められている．

▶**モデュラー・コーディネーション**（▶p58）

建築を設計するときに基本として用いる寸法を建築モデュールという．建築各部の寸法が，この寸法の整数倍，あるいは整数で割った値となるように調整しておくと，無駄がなく，各部の納まりがよくなる．また，その結果として，組み立てなどの作業効率もよくなる．このように寸法体系を設計当初から考えておく方法を，モデュラー・コーディネーションという．

ら行

▶**レファレンスサービス**（▶p122, 123）

図書館員が資料と検索ツールを活用して，利用者の求める資料や情報の提供，および質問に回答するサービス．情報サービスともいう．情報端末機器の発達により施設間の情報ネットワークが整備されたことで，自館では所蔵されていない情報を求める利用者のために，他の情報機関を紹介する人的支援サービスも可能となった．これをレフェラルサービスといい，多くの図書館でレファレンスを担当する部門が行なっている．このサービスは，所蔵している資料・情報では利用者への回答ができないか不足が生じる場合に，利用者が必要とする情報を外部の専門機関等に照会したり，ときには利用者をそうした機関などに紹介するものである．

▶**レンタブル比**（▶p154）

賃貸事務所ビルにおいて，建物全体の総床面積に対する有効部分の比率を表した数値で，賃貸面積比，有効比ともいう．賃貸事務所ビルは，事務室，倉庫などの収益部分と，廊下などの非収益部分とに大きく分けられる．このときの収益部分を有効部分という．事務所ビルのうち貸し出せる部分がどれだけあるかをレンタブル比は示しているので，床面積，坪当りの賃貸料が同じならば，この数値が大きい事務所ほどオーナーの利益が多いことになる．

あとがきにかえて──本書作成の経緯と謝辞

　本書のきっかけとなったのは，次の図書と著者との出合いから始まる．
　G. C. Barkley, D. D. Autore, T. L. Patterson ;
　Architectural Drawing and Design, Macmillan Publishing Company, 1984
アメリカの大学の建築設計製図教育のための本である．この本では初学者が建築設計に必要な建築知識が一通り述べられている．鉛筆の持ち方から始まって図学，建築史，美学，設計方法，構造，環境設備など必要事項がぎっしりつまっている．アメリカの大学では，建築学科というのは芸術学部にあり，工学は必要最低限の範囲に絞られており，その点ではこの本の水準で建築の全体をカバーしているといっても過言でない．しかし，この本の注目すべき特徴は，徹底的に初学者向けに書かれている点である．たとえば，透視図法の説明では，廊下の左右の幅木のような平行線がグラビア写真の中では，延長すると1点に集まることを確認し，それが焦点であることから具体的な説明が始まる．著者が注目したのは，日本の大学で建築計画学として教えられている内容についてである．この本では，主にThe functional consideration in designという章の中で説明されている．その説明の仕方が，文章の他に，不都合なプランと推奨すべきプランを並べて図示してあり，何が問題でどうするとよくなるのかがはっきりと，また，一瞬にしてわかるように表現されている．

　東京工業大学青木研究室でゼミの一環として，建築計画，建築設計に必要な知識を，『一目でわかる』ように「不都合なこと」とそれを改善した「こうした方がよいこと」を左右に並べて表現することを試みてみた．参加した学生も最初のうちは，『一目でわかる』ように描くことの難しさに戸惑っていた．しかし，ゼミの回を重ねるに従い学生の表現力が目ざましく向上してゆくのがわかった．同時に学生が建築計画の知識を楽しみながら学んでいるように見えた．1学期が終わる頃には，『一目でわかる』図集が製本して2分冊にもなった．

　そこで，日本大学浅野研究室と一緒に同じことを試みようということになり，合同ゼミを数回にわたって行った．合同ゼミの終わった後のアルコール入りのパーティも和やかに，ときには騒々しく行われ，両大学の学生交流の場としても盛り上がっていた．本書は，このようにして学生達が，アイディアを出して表現したものをベースにしている．この意味で，下記の，ゼミに参加した学生諸氏に最初に感謝の意を表したい．

　その後，成果を出版したいということになり，学芸出版社の吉田隆さんに相談をしたところ快諾していただき，出版へ向けてのアドバイスもいただいた．表現がわかりやすいことがポイントであるため，編集者の越智和子さんには，文章，図表現の細部にわたってのご指摘いただいた．このご指摘のおかげで，『一目でわかる』ようにしたいという著者らの希望により近づけることができた．お礼と感謝の意を表したい．

▶東京工業大学ゼミ参加学生

| 石原久一郎 | 金子　牧子 | 納富　大輔 | 百々海　大 | 村阪　尚徳 |

▶日本大学ゼミ参加学生

| 金　　潤煥 | 秋庭竜太郎 | 池田紗与花 | 傳法　一成 | 星　　裕樹 |
| 樋口　英輔 | 直井　宏樹 | 山崎　裕子 | 山田　直樹 | |

著者紹介

▶青木義次（あおき・よしつぐ）

1946年生まれ．東京工業大学卒業．建設省建築研究所研究員，カーネギーメロン大学客員助教授，東京工業大学教授を経て，現在，東京工業大学名誉教授．計画の基礎理論に興味を持つ．著書に『やさしい火災安全計画』（学芸出版社），"Decision Support System in Urban Planning"（E&FN SPON）など．

▶浅野平八（あさの・へいはち）

1945年福岡県生まれ．1971年日本大学大学院理工学研究科修士課程修了．1989年「地域集会施設の機能構造に関する研究」で工学博士取得．1994年日本大学教授，現在に至る．主な著書に『地域集会施設の計画と設計』（理工学社），『木造住宅のしくみ』（共著），『風土の意匠』（以上 学芸出版社）．

▶木下芳郎（きのした・よしろう）

1973年北海道釧路市生まれ．1997年東京工業大学大学院理工学研究科修士課程修了．同年，東京工業大学大学院理工学研究科助手．2002年「建築空間における方向性分析方法の確立と使用からみた方向性出現モデルの構築」で博士（工学）取得．2006年株式会社ベクトル総研入社，現荏に至る．

▶広田直行（ひろた・なおゆき）

1959年北海道生まれ．1986年日本大学大学院生産工学研究科修士課程修了．同年㈱日本工房入社．1999年「生涯学習関連施設のオープンスペースに関する研究」で博士（工学）取得．現在，日本大学准教授．共著書に『卒業設計の進め方』（井上書院），『公民館・コミュニティ施設ハンドブック』（エイデル研究所）．

▶村阪尚徳（むらさか・なおのり）

1977年三重県松阪市生まれ．2006年東京工業大学大学院理工学研究科建築学専攻修士課程修了．現在，設計事務所勤務．

一目でわかる建築計画
設計に生かす計画のポイント

2002年 8月30日	第1版第1刷発行
2023年 3月20日	第1版第7刷発行

著　者　青木義次　浅野平八
　　　　木下芳郎　広田直行
　　　　村阪尚徳

発行者　井口夏実

発行所　株式会社　学芸出版社
　　　　京都市下京区木津屋橋通西洞院東入
　　　　〒600-8216　tel：075-343-0811

イラスト作成・レイアウト・DTP
　　木下芳郎・村阪尚徳

装　丁　上野かおる
印刷所　イチダ写真製版
製　本　山崎紙工

© 青木義次・浅野平八・木下芳郎・広田直行・村阪尚徳　2002
Printed in Japan　　　ISBN978-4-7615-2290-2